追赶

CATCH UP

世界经济中的发展中国家

DEEPAK NAYYAR

[印度]
迪帕克·纳亚尔

—

著

周媛
桂姗

—

译

DEVELOPING
COUNTRIES
IN
THE
WORLD
ECONOMY

南京大学出版社

CATCH UP: DEVELOPING COUNTRIES IN THE WORLD ECONOMY
by Deepak Nayyar
Copyright © Deepak Nayyar 2013
Simplified Chinese edition copyright © 2020 Shanghai Sanhui Culture and Press Ltd.
Published by Nanjing University Press
All rights reserved.
"CATCH UP: DEVELOPING COUNTRIES IN THE WORLD ECONOMY, FIRST
EDITION" was originally published in English in 2013. This translation is published by
arrangement with Oxford University Press.
版权登记号：图字10–2019–367 号

图书在版编目（CIP）数据

追赶 : 世界经济中的发展中国家 / (印) 迪帕克·纳亚尔 (Deepak Nayyar) 著 ;
周媛, 桂姗译. —— 南京 : 南京大学出版社, 2020.1
书名原文: Catch Up: Developing Countries in the World Economy
ISBN 978–7–305–22341–9

Ⅰ. ①追⋯ Ⅱ. ①迪⋯ ②周⋯ ③桂⋯ Ⅲ. ①发展中
国家—经济发展—研究 Ⅳ. ①F112.1

中国版本图书馆CIP数据核字(2019)第118686号

出版发行　南京大学出版社
社　　　址　南京市汉口路22号　　邮　编　210093
出　版　人　金鑫荣

书　　　名　追赶 : 世界经济中的发展中国家
著　　　者　［印］迪帕克·纳亚尔
译　　　者　周　媛　桂　姗
策　划　人　严搏非
责任编辑　官欣欣
特约编辑　张少军　孔繁尘

印　　　刷　山东临沂新华印刷物流集团有限责任公司
开　　　本　880×1240 1/32　印张 9　字数 206千
版　　　次　2020年1月第1版　2020年1月第1次印刷
ISBN 978–7–305–22341–9
定　　　价　49.00元

网　　　址　http://www.njupco.com
官方微博　http://weibo.com/njupco
官方微信　njupress
销售热线　（025）83594756

献给罗西尼

目录

序言

第一部分 / 渐渐落后

第二部分 / 追赶

前　言

本书的写作目标在于从长远的历史角度，分析发展中国家在世界经济发展过程中发生的演变。研究从第二个千年伊始的历史开始，但会把重心放在 20 世纪下半叶和 21 世纪的头十年。这也许是最早在如此宽泛的时间与空间范围内针对此主题进行的研究之一。本书就像在巨幅画纸上大胆挥毫，用粗线条描绘出的宏大图画，而并非简单的连点成线。它大致描画了现在被称为发展中世界的那片大陆和那些国家，在 18 世纪晚期之前这些国家都有压倒性的重要意义，但它们的故事却无人提及；1820—1950 年，它们的经济发展又出现衰退之势。自 1950 年以来，发展中世界经济增长迅速，推动了输出、收入、工业化和贸易水平的提高，在接下来的三十年，即 1980—2010 年又获得了更大的发展动力，本书就是对这次"追赶"的程度、性质和分布状况进行的分析。发展中世界一步步展开的发展故事非常重要，因为它开始改变着世界经济既有的平衡，并能够改变未来。

一开始的时候，我所做出的只是微不足道的努力。2009 年 2 月，我在赫尔辛基为联合国大学下设联合国世界发展经济研究所做了年度演讲，这让我进一步对这个主题进行了反思，并开始思考那些没有得到回答的问题。一段时间之后，我才有了针对这一主题写一本书的想法。进行经济学和历史的交叉研究似乎有激动人心的发展前景，但要写这样一本时间跨度达数个世纪、空间跨度达多个大洲的书，还要涉及这么多现代经济学中有关发展问题的辩论，这项任务就算不是令人生畏，也是一项野心勃勃的工程。尽管如此，两年前，我还是决定冒险一试。研究过程其实是不断探索和发现的一段旅程，这本书就是这一过程的产物。

在进行这样的学术追求的过程中，总是会不断地受到专业同僚们智慧的启迪，比如洞察力很强的问题、对研究大有裨益的评论，以及其他建设性的建议。我深深感谢张夏准（Ha-Joon Chang）和兰斯·泰勒（Lance Talyor），在我写书的过程中，他们从头到尾阅读了本书的文稿。我还要感谢罗米拉·塔帕（Romlia Thapar），他提出了很多引人思考的问题和宝贵的建议，并在百忙之中抽出时间阅读了整份文稿。何塞·安东尼奥·奥坎波（José Antonio Ocampo）阅读了大部分的章节，并提出了深刻的评论和有益的建议。邓肯·弗利（Duncan Foley）、帕德马纳巴·戈皮纳特（Padmanabha Gopinath）、罗尔夫·冯·德·霍文（Rolph van der Hoeven）和威尔·米尔博格（Will Milberg）阅读了令他们感兴趣的一个或更多的章节，并提出了有益的评论。

有很多人在研究的过程中帮助到我。阿纳尼亚·高希-达斯蒂达尔（Ananya Ghosh-Dastidar）协助整理了历史数据，并阅读了数个章节，提出了非常有用的建议。纽约联合国总部的玛丽安吉拉·帕拉（Mariangela Parra）和维也纳联合国工业发展组织的希亚姆·乌帕德亚雅（Shyam Upadhyaya）帮助我进行了信息的搜索。我要特别感谢过去的两年内担任我的助理研究员的杰西卡·辛格（Jessica Singer），她非常地认真负责、一丝不苟，并且工作高效。在工作的早期阶段，我当时的助教乔纳斯·申德（Jonas Shaende）为我提供了宝贵的研究协助。联合国总部的尼克尔·亨特（Nicole Hunt）在我们处理联合国数据库的时候也提供了极大帮助。

在我写作著述的早期阶段，有很多人给了我建设性的批评意见和很有价值的建议，我要感谢阿米特·巴哈杜尔（Amit Bhaduri）、罗纳德·芬德利（Ronald Findlay）和约瑟夫·斯蒂格利茨（Joseph Stiglitz）。同时，我也要感谢已经过世的爱丽丝·阿姆斯登（Alice Amsden）和安格斯·麦迪森（Angus Maddison），他们在这个领域做了很多先驱性的工作，我要感谢他们一些极具洞察力的评论和引人入胜的讨论。目前，我正在写的书当中有一部分以纽约社会研究新学院和在里约热内卢的塞尔索·富尔塔多（Celso Furtado）国际会议上的公开演讲的内容为基础，听众们在会后提出了很多启发思考的问题。我还记得在许多国家的大学里，研究学者和学生在一些学术年会上对此问题展开的评论。

这本书是学术研究成果。但它并不是一本传统意义上的为专家写的学术专著。它能吸引更广范围内的读者。我很确信，经济是——也应该是——让所有对这一主题感兴趣的相关读者都能理解的一个话题。经济学也许很难，但是它并非神秘晦涩。尽管如此，有的时候经济学家的一些术语会让非专家读者感到迷惑，从而变得更加难以理解。但是，是有可能用一种简单的方法去揭示那些复杂的事物的。更重要的也许是要避免用很复杂的方法去解释原本很简单的事！在写这本书的时候，我曾试图简化概念、详细解释，并主动与读者接触。不管是哪方面的经济专家，做到这一点都很重要。同时，我也希望这本书能够吸引一些进行社会学科研究的跨学科学者，我也希望能够吸引一些政策制定者和关心这一问题的公民。

在试图对读者友好的同时，本书并没有很多琐碎艰涩的有关学术争论的脚注，注释也非常少，参考文献在文中就用括号进行了标注。表格和图例经常涉及较长的一个时间段，并且是根据很多一手资料而来。但是表格或者图例下方的引用内容都非常简短。为了便于那些研究型学者，数据来源的细节和有关编辑方法的注释都在附录当中进行了说明。在正文中，偶尔会有过多的信息量，或者大量的数据堆积，因为这些事实非常重要，而且并没有大范围的普及开来。读者如果愿意，对数据也可做针对性的选择。但是正文本身就足以自足了。并且，也可以不研究这些图表就读完整本书。但是确实有必要注意一下这些图表，因为它们描绘了全局框架，或者是讲述了一个故事。

本书的很多研究和内容都是在过去的两年内，在纽约的社会研究新学院完成的，还有一部分是我在新德里的贾瓦哈拉尔·尼赫鲁大学时写就的。我想感谢我所在这两所学校经济学院的同事，他们为我提供了一个智识之家。我还想感谢纽约的艾伦公寓，它为我提供了另一个一样舒服的家，使我能在曼哈顿的喧嚣纷乱中开辟出一片静谧之地，完成这本书的写作。

从头至尾，我的家人给予了我巨大的、无价的支持。我能想起与我那已是著名记者的大儿子迪拉吉的许多次谈话，我们谈论如何与那些对经济感兴趣但是又望而生畏的读者建立起联系。我的小儿子格拉夫是崭露头角的经济学家，在我的写作过程当中他阅读了整部文稿，提出了很多颇具洞察力的问题，也提出了宝贵的建议。我的妻子罗西尼，为我提供了情感上和智识上的支持。她一直为我提供意见的反馈。她是耐心的听众，也是仔细的读者，她提出的建议都很智慧。沮丧和绝望几乎是一个作家所无法回避的问题，而每当此时刻她总能成为我不竭的力量源泉。这本书是她想让我写的，我也将本书献给她。

迪帕克·纳亚尔

纽约，2012 年 11 月

所有图例

2.1 世界总人口和 GDP 总量中各部分比重变化所显示出的不对称的趋势："西方国家"和"其他国家"，1820—1950 年

2.2 世界总人口和 GDP 总量中的对称与不对称：亚洲、非洲和拉丁美洲，1820—1950 年

4.1 世界总人口和 GDP 总量中各个国家组所占比重的变化趋势：1950—2008 年

4.2 发展中国家被分解为各个区域后在世界 GDP 总量中占比的变化趋势：1950—2008 年

4.3 发展中国家被分解为各个区域后，其人均 GDP 水平与工业化国家人均 GDP 作比得出的百分数：1970—2008 年

4.4 世界经济中 GDP 总量的分配情况：1970—2010 年（即在世界 GDP 总量中的占比）

4.5 发展中国家 GDP 总量的分配情况：1970—2010 年（即在世界 GDP 总量中的占比）

4.6 发展中国家的人均 GDP 和其各组成区域占工业化国家人均 GDP 的百分比：1970—2010 年

5.1 发展中国家在世界商品贸易总额中所占比重：1950—2010 年

5.2 发展中国家的进出口量在世界服务业出口和进口总量中所占比

所有表格

序
言

第1章
一个不为人知的故事

世界发生了变化。60 年前，也就是 1950 年，那时第二次世界大战刚刚结束，后殖民时代也刚刚开始，世界上出现了两种极端的分化：共产主义国家与资本主义国家之间的东西分化；富裕国家与贫困国家之间的南北分化。1990 年，共产主义政权在苏联和东欧国家失势，东西之间的差异随之消失，资本主义占据了上风。政治意识形态相互竞争的状态不复存在，取而代之的是一种政治意识形态占主导地位。随着时间的推移，在过去的 30 年间现实情况不断发生变化，南北之间的差异也逐渐扩散开来。2008 年末的金融危机导致了经济大衰退，这成为自 75 年之前的大萧条以来，资本主义世界中发生过的最深重的危机。尽管后来情况有所好转，但经济仍旧不堪一击，发展前景也充满了不确定性。这大大削弱了资本主义所获得的胜利。但这也进一步加强了经济实力平衡重心的转移，使其越来越向南偏移。这一过程已经进行了一段时间，但直到现在才更加清晰明了。即便如此，人们观念意识的转变依然非常缓慢。人们过于简单化地将世界分成拥有 10 亿人口的富裕国家和拥有 60 亿人口的贫穷国家，却没有提到在富裕国家也有穷人，在贫穷国家也有富人。现在是时候来进行公平客观地分析了，看看现实到底发生了怎样的变化。

从一开始，我们需要注意到一件很重要的事，就是用来形容亚洲、非洲和拉丁美洲国家的词汇总是在很短的时间内就会发生变化。最早的时候，是称这些地方为"贫穷"或者"不发达"国家。冷战时期，东西之间界限分明，这些国家被统称为"第三世界"。后来，它们被称为"欠发达国家"。最近很长一段时间里，它们都被称为"发展中国家"。这些描述在不断地发生着变化，人们或者是采取最符合时宜的用法，或者是采取被视为政治正确的用法，但这些不同的词汇在使用的过程中也可以进行互换。需要说明的一点是，本书自始至终使用的描述是"发展中国家"（developing countries）或者"发展中国家世界"（the developing world），主要是由非洲国家、除日本以外的亚洲国家和包括加勒比海一带的拉丁美洲国家组成。

　　本书目标旨在从长远的历史视角分析在世界经济中发展中国家的发展与变化过程。研究时间是从第二个千年伊始入手，但主要聚焦于20世纪下半叶和21世纪的头十年。这可能是首次在如此广阔的时间与空间跨度之下讨论这个主题。本书提出并努力尝试解答一些未曾被探究过，或者被忽视了的问题。

　　第一层问题针对的是遥远的过去。富裕和贫穷国家之间的差异是否可以溯源到很久以前？如果不是，那么现在这些被称为发展中世界的国家和地区是从什么时候开始渐渐走向衰落的？从所占世界人口总数比例和占世界输出总量的比重这些方面来看，这些国家在一千年前、五百年前，甚至两百年前，在世界经济中有什么样的重要性？在第二个千年里，与世界上的其他地区相比，这些国家所在地区的人均收入水平如何？两个世纪之前，这些国家和地区的制造业产出占世界总量的比重是多少？这一数字在殖民时代又发生了怎样的变化？自19世纪中期以来，它们通过国际贸易和国际人口迁移的方式与世界其他地区在经济上进行互动，这些互动是否对它们在国家间的劳动分工中的参与程度的本质产生了影响？

　　第二层问题针对的是最近的过去，即 1950—2010 年，这也是本书最初的焦点所在。自 1950 年以来发展中国家高速的经济发展进一步积攒势能，这在多大程度上致使它们在世界输出总量中的比重得到恢复？相对于世界上的其他国家和地区，它们在人均收入上的分歧是否走向终结？其趋同又是否开始？与发达国家相比，它们在国民收入和人均收入上取得怎样的进展？借助国际贸易、国际投资、国际移民，它们对世界经济活动的参与是否在程度上、性质上产生了重要变化？在工业化过程中，追赶的程度究竟如何？

　　第三层问题也和近期的历史有关，即从 1950 年开始算起。这段时间整个地被分解为多个部分。这种经济上的赶超，特别是从总生产额、人均个人所得和工业生产等方面，究竟是如何在发展中国家世界的三个主要组成大区之间分配的？而这种分配在区域内的各国之间是否有不均衡或者不平等的情况？在工业化的过程中，领头的国家与发展较为滞后的国家之间有哪些不同？奋起直追的过程是否能缩小国与国之间以及世界范围内人民之间的不平等？这将会导致发展中国家世界汇聚到一起还是渐行渐远？经济的飞速增长会使各国的贫困和不平等减少还是增加？

　　从这三层问题中又产生了另一个问题：在过去的 60 年里，甚至追溯到更久以前，关于发展中国家在世界经济中的发展前景，有什么是可以从中学习和借鉴的？

　　本书的结构非常简单。本篇序言用作基本情况介绍。在此序言之后，书的内容分为两个部分。第一部分发生在重头戏拉开序幕之前，它概括了一个几乎从未被人所知的故事，即直到第二个千年的中期，亚洲、非洲和南美洲这三块大陆在世界经济中有着压倒一切的重要性。之后的三个世纪则目睹了变化的最初阶段，并聚焦于 1820—1950 年，观察这些地区是如何渐渐落到了后面。第二部分是本书的主要内容和根本重心所在。这部分分析了 1950—2010 年这段时间内发展中国家在世界经济中奋力赶超的程度和这一过程的本质。通过这些分析，本书比较了这些国家地区在总生产额中所占比重的变化情况、它们的人均收入水平、在世界经济中的参与程度以及在工业化过程中的追赶速度，突出强调了在发展中国家世界的各地区以及各国内部这一过程的不平衡。从这一分析中所得出的变化的大致轮廓也反映出了一个几乎完全不为人所知的故事。

　　第一部分由两个章节组成。第 2 章介绍了情况概要。其内容追踪记录了第二个千年里这三块大陆在世界人口总数和世界总收入中所占的比重，并突出强调了 1820 年左右，世界经济开始发生的翻天覆地的变化，这一系列变化导致到了 1950 年在富裕国家与贫穷国家之间出现了巨大的鸿沟。本书还考虑了这种变化在短短的 130 年里对亚洲、非洲和拉丁美洲所造成的影响。这种影响具体反映在人均收入方面出现的分歧、制造业生产的崩溃和参与世界经济活动时一些不平等的要求。第 3 章则针对这些情况进行了分析，认为欧洲自 1500 年开始的发展与进步决定了世界经济在未来的三个世纪里的进步轨迹。本章对比了 18 世纪中叶欧洲和亚洲的经济发展情况，探讨了工业革命为什么会发生在英国，而不是在欧洲的其他国家或者亚洲，并审视了这一事件的发生对欧洲、亚洲和世界经济造成了怎样的后果。之所以把情况概述和具体分析分开，就是希望读者能够更加方便地在一系列错综复杂的事实中紧跟故事最基本的脉络，并能通过简化后的分析来理解这些潜在因素的复杂性。

　　第二部分从第 4 章开始。作为综述，这一章首先分析了从 1950 年到 2010 年这 60 年里，与发达国家相比，发展中国家在世界总收入中所占比重的变化以及它们人均收入水平的变化。然后又分别分析了亚洲、非洲和拉丁美洲各自的情况，强调了国家与地区层面上国内生产总值（GDP）及人均 GDP 的增长速度在根本上的不同。根据这种体会，本章又讨论了一些设想，比如非常规的经济历史的聚合和一些正统的经济理论，从而提供一个批判性的评估。

第 5 章探讨了自 1950 年以来发展中国家在世界经济中的参与情况，并且将之与过去的历史状况进行比对，检查了发展中国家在世界贸易中的参与程度，从而追踪整个变化的大致轮廓，把货物贸易与服务贸易严格划分开来，并突出强调了区域间的一些重大不同之处。本章讨论了不同形式的国际投资，聚焦于重要性各自不等的发展中国家，及其各个组成部分之间的不对称性。通过分析国际人口迁移，强调了发展中国家的重要意义所在，并一再重申它们对于世界经济发展的重要含义。

第 6 章研究了在 1950—2010 年这段时间内发展中国家为实现工业化所做出的努力是否获得了成功，并按照实际可能的情况将这些国家进行了区划。本章考虑了总产出和就业率的各组成部分发生了怎样的结构性变化，审视了发展中国家在世界制造行业生产总量中所占的比重发生了怎样的变化，探讨了这些变化是如何影响发展中国家的贸易模式及其在世界生产出口总量中所占的比重。本章重点关注包括开发与干预——这些是有关政策和战略部署的讨论中的关键议题——在内的工业化的进展，并由此来进一步分析一些潜在的因素。

第 7 章的分析从地区进一步向外扩大，开始考虑这种工业化程度上的赶超在发展中世界的不同国家之间是如何分布的。研究显示，仅仅在 14 个国家中就有这种高度的集中，本书将这些国家称为"未来十四地"（Next-14），并对这个小团体内部巨大的多样性进行了研究。这一章分析了这几个国家为什么能在工业化过程中取得根本性的成功，以及那些把它们和发展中世界的其他国家区分开来的不同之处，并强调了到目前为止这些在赶超过程中走在前列的国家身上有很多宝贵的经验，下一批后进者也许可以从这些经验中学到很多。

第 8 章讲的是在世界经济中可以看得出来的正在逐渐产生的分歧，分析了在富裕国家和贫穷国家之间存在的巨大鸿沟和这种国际范围内的不平等，以及在世界各国内富人与穷人之间收入分配的不公。本章考虑到了那些被排除在外的国家，特别是那些最不发达的国家和某些国家内最落后的地区，强调在发展中世界的内部也渐渐出现的这种分歧。本章提出这样一个问题：经济的快速增长，即在总收入方面的这种赶超，是否真的提高了普通人生活的幸福感——尤其是考虑到国家范围内的贫困和不平等的状况。

作为收尾的第 9 章对全书进行了总结。在一个历史视角之下，概述了发展中国家在世界经济中所经历的一系列变化的大致轮廓，也为本序言开头所提出的问题提供了答案，并概括了这个未曾被人所知的故事的基本要素。从可能性和局限性方面考虑了在 1950 年到 2010 年这 60 年里，这些奋起直追的国家未来的发展前景，以及那些可能会尾随其后的其他国家的发展预期。本章还思考了发展中国家在世界经济中的未来，很明显这种未来充满了不确定性和不可预测性，而本章试图预测这种奋起直追会如何重塑国际大环境，或者又会受到国际大环境怎样的影响。

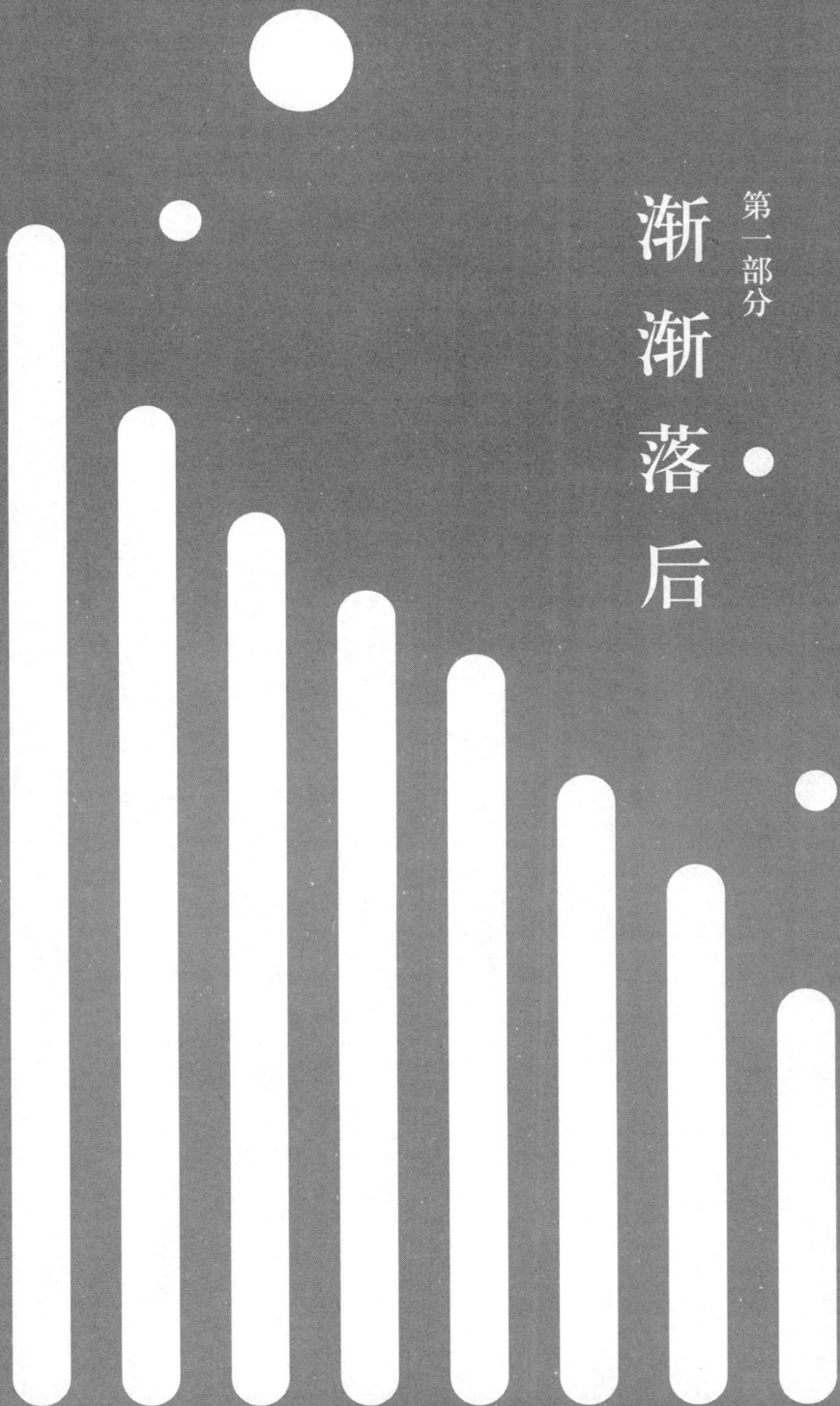

渐渐落后

第 2 章
大分歧和大型专项化

在世界上划分出工业化国家和发展中国家的时间远比大多数人想象的要近。并没有追溯到很久以前。本章力图把重心放在发展中国家在世界经济中的兴起上。如此一来，下面的内容站在一个长远的历史角度，思考了亚洲、非洲和拉丁美洲（即现在被描述为发展中世界的地区）在与西欧、东欧、北美、日本和大洋洲（即现在被描述为工业化世界的地区）相比之下，在世界经济中所代表的经济重要性的变化。本章重在叙事，概述一个未曾被讲述过的故事。对于潜在因素的分析将在下一章中展开。讨论的结构如下。第一部分仔细研究了这两组国家在世界人口总数和世界总收入中所占的比重。第二部分比较了这两组国家之间，以及内部的各个地区之间的人均收入水平，并从时间上寻找分歧出现的那个时刻。第三部分列举了这两组国家的工业生产或制造业生产总量在世界经济中各自所占的比重。第四部分回溯了亚洲、非洲和拉丁美洲国家通过国际贸易、国际投资和国际人口迁移，在世界经济中的参与程度，但重点放在 19 世纪末这段时期。

1. 在世界人口总数和总收入中所占的比重

各个国家或地区在世界经济中重要性的变化，随着时间的推移，会从它们占世界人口总数和总收入的比重所发生的变化上反映出来。但是，如果需要进行考量的时间跨度达几个世纪，那就是说起来容易做起来难了。原因很简单。大部分国家是在 20 世纪开始进行人口统计和国家收入总计的。事实上，大部分国家从 1950 年甚至更晚，才开始出现按时间整理的系统化数据，而一些富裕国家则是在 1900 年甚至更早就已经收集这类数据了。安格斯·麦迪森曾做过研究（分别于 1995 年、2001 年、2003 年、2007 年），为挑选出来的基准年里世界人口总数和总收入发生的长期变化提供估测。如果要在国家之间进行 GDP 水平的对比以及对区域或者世界总量进行估计，那就很有必要将各国货币转换成一个通用的单位，或者参考货币兑换率计价标准，这样就能反映出在一段时间内各个国家购买力方面的区别。在购买力平价基础上对收入进行国际范围内的对比，购买力平价水平通常都是二进制的，并且只作用于较短时期之内，所以这种对比都有方法论方面的问题。这些局限性会在第 4 章中继续讨论，该章研究了 1950 到 2010 年这段时间，不仅仅是在购买力平价的基础上，还根据市场汇率体现出的收入上的变化趋势。但是，后一种方法对于本章的历史分析而言并不是一个可取的选择，因为世界上的大部分国家都是在 20 世纪之后才出现国家收入总计的。麦迪森对于购买力平价 GDP 的预测是按照 1990 年的（国际）美元算的，这主要是用来估算总量。这些计算都是以一种特定的定义国际价格的方法为基础，来辅助一定时间内跨国对比的进行。[1] 需要说明的是，麦迪森对总人口和总收入的估算在研究经济史的学术界也是被批评的对象［克拉克（Clark），2009 年］。尽管如此，这大概是唯一一份全面的有关历史数据的资料，所以它一直被广泛使用。在分析中，非常重要的一点就是要认识到这些数据的局限性，并且只要有机会，就要使用其他资料来对此数据进行证实。

从长远的历史角度来看，从第二个千年初期开始，有必要区分出三个明显的时间段。1000—1500 年，亚洲、非洲和南美洲（那个时候还不是拉丁美洲）加起来，在世界经济中占有压倒一切的重要地位。1500—1820 年，可以明显察觉到开始发生变化。1820—1950 年，这三个大洲的重要性明显下降。有一点值得引起注意，就是在 19 世纪之前，世界主要是在地理意义上进行区分的，而在 19 世纪之后，则主要是通过经济水平来进行划分。

根据麦迪森预测制成的表 2.1，其中展示出了 1000—1820 年的某些特定年份里，总人口与总收入在世界经济中的分配情况。第一组由亚洲、非洲和南美洲组成；第二组由西欧、西海岸分支（美国、加拿大、澳大利亚和新西兰）、东欧、后来隶属苏联的地区和日本组成。在几个特定的年份，如 1000 年、1500 年、1600 年和 1700 年，这些地区的总人口和总收入数据建立在对区域内 20 个主要国家数据的估测之上，区域内其他国家的统计则在残差估计中得以体现。1820 年的数据建立在对更多国家的估算之上。很明显，这些估值是从各种各样的资料中汇集而成，所以这些数字只具有指示作用，而并不是精准的数据。即便如此，这些数据还是强调了不同地区相应的重要程度，并勾勒出了世界经济所发生的变化的大致轮廓。

压倒一切的重要性：1000—1500 年

比率非常令人吃惊。公元 1000 年，亚洲、非洲和南美洲加起来，总共占世界人口总数的 82% 和世界总收入的 83%。实际上，亚洲、非洲和南美洲这种压倒一切的重要性在第二个千年里也延续了一段时间。仅在五百年前，也就是 1500 年的时候，它们还在世界人口总数和世界总收入上占 75%。这种在世界人口总数和总收入中占主导的比重主要

表2.1 世界经济中总人口与GDP的分布情况：1000—1820年（百分比）

世界总人口

	1000	1500	1600	1700	1820
组1					
亚洲总人口	65.5	61.2	64.7	62.1	65.2
中国	22.1	23.5	28.8	22.9	36.6
印度	28.1	25.1	24.3	27.3	20.1
非洲	12.1	10.6	9.9	10.1	7.1
南美	4.3	4.0	1.5	2.0	2.1
组总人口	*81.8*	*75.8*	*76.2*	*74.2*	*74.4*
组2					
西欧	9.6	13.1	13.3	13.5	12.8
西海岸分支	0.7	0.6	0.4	0.3	1.1
东欧	2.4	3.1	3.0	3.1	3.5
后来隶属苏联的地区	2.7	3.9	3.7	4.4	5.3
日本	2.8	3.5	3.3	4.5	3.0
组总人口	*18.2*	*24.2*	*23.8*	*25.8*	*25.6*
总计	100	100	100	100	100

世界GDP

	1000	1500	1600	1700	1820
组1					
亚洲总人口	68.2	61.9	62.6	57.7	56.5
中国	22.7	24.9	29.0	22.3	33.0
印度	27.8	24.4	22.4	24.5	16.1
非洲	11.3	7.8	7.0	6.9	4.5
南美	3.8	2.9	1.1	1.7	2.2
组总人口	*83.3*	*72.6*	*70.8*	*66.4*	*63.1*
组2					
西欧	9.0	17.8	19.8	21.8	22.9
西海岸分支	0.6	0.5	0.3	0.2	1.9
东欧	2.1	2.7	2.8	3.1	3.6
后来隶属苏联的地区	2.3	3.4	3.4	4.4	5.4
日本	2.6	3.1	2.9	4.1	3.0
组总人口	*16.7*	*27.4*	*29.2*	*33.6*	*36.9*
总计	100	100	100	100	100

来源：数据来自麦迪森线上数据库，详见附录。

可以归功于亚洲，而在亚洲又可以归功于两个国家，即印度和中国。在1000到1500年间，印度和中国合起来，大约能占世界人口总数的50%、世界总收入的50%。同时也很明显的是，这个时候西欧、西海岸分支、东欧、后来隶属苏联的地区和日本，即便加在一起，在世界经济中也远远没有这么重要。它们在世界人口总数中所占的比重，从1000年的不到五分之一增长到1500年的四分之一左右。在同一段时间内，它们在世界总收入中的比重从 1000 年的六分之一，增长到 1500 年的四分之一，即增长了 10 个百分点。在这样的增长中，有九个百分点可以归功于西欧。而这种增长是取代了非洲（近 4 个百分点）和亚洲（6 个百分点）的部分比重，但是中国和印度加起来所占的比重依然没有变化。看起来，第二个千年的头五百年目睹了西欧在经济重要程度方面发生变化的迹象。

变化的开始：1500—1820 年

在接下来的三个世纪里，这种变化开始变得更为显著。1500—1820 年，亚洲、非洲和拉丁美洲在世界人口总数中所占的比重没有变化，依然占四分之三，但是它们在世界总收入中的比重从 73% 下降到了 63%。在同一段时期内，西欧、西海岸分支、东欧、后来隶属苏联的地区和日本，这些地区和国家加起来，在世界总收入中所占的比例从 27.4% 增长到了 36.9%，尽管它们的总人口仍是世界总量的四分之一。收入增长的部分主要归功于西欧（5 个百分点）、东欧和后来隶属苏联的地区（3 个百分点）以及西海岸分支（1.5 个百分点）。这主要是取代了非洲（3.3 个百分点）和亚洲（5.4 个百分点）的部分比重，但是中国和印度加起来所占的比重依然没有变化。在这种背景之下，必须认识到的是，直到 18 世纪末，国家和地区之间的差异更多来自地缘或者政治上的差异，而非经济方面的差异。把世界明确划分为工业化国家和发展中国家，或者富裕国家和贫穷国家，还是在此之后的事情。

走向衰落：1820—1950 年

很难为世界经济中的这种区分在时间上找到一个具体的转折点。变化过程开始于 1820 年左右，到 1870 年结果就已经很明显了，这一

表2.2 "西方国家"和"其他国家"在世界总人口和世界GDP总量中所占的比重
1820—1950年（百分比）

世界总人口

	1820	1870	1900	1913	1940	1950
西方	25.6	32.2	35.8	36.8	35.2	33.0
西欧	12.8	14.7	14.9	14.6	12.8	12.1
西海岸分支	1.1	3.6	5.5	6.2	6.7	7.0
东欧	3.5	4.2	4.5	4.4	4.1	3.5
后来隶属苏联的地区	5.3	7.0	8.0	8.7	8.5	7.1
日本	3.0	2.7	2.8	2.9	3.2	3.3
其他	74.4	67.8	64.2	63.2	64.8	67.0
亚洲的总人口	65.2	57.6	53.0	51.7	50.7	51.5
中国	36.6	28.1	25.6	24.4	22.6	21.6
印度	20.1	19.8	18.2	16.9	16.8	14.2
非洲	7.1	7.1	7.0	7.0	8.4	9.0
拉美	2.1	3.2	4.1	4.5	5.7	6.5

世界GDP

	1820	1870	1900	1913	1940	1950
西方	36.9	57.4	67.4	70.4	71.0	72.9
西欧	22.9	33.0	34.2	33.0	29.7	26.2
西海岸分支	1.9	10.0	17.6	21.3	23.2	30.7
东欧	3.6	4.5	5.2	4.9	4.1	3.5
后来隶属苏联的地区	5.4	7.5	7.8	8.5	9.3	9.6
日本	3.0	2.3	2.6	2.6	4.7	3.0
其他	63.1	42.6	32.6	29.6	29.0	27.1
亚洲	56.5	36.1	25.6	22.3	19.9	15.6
中国	33.0	17.1	11.1	8.8	6.4	4.6
印度	16.1	12.2	8.6	7.5	5.9	4.2
非洲	4.5	4.1	3.4	2.9	3.5	3.8
拉美	2.2	2.5	3.6	4.4	5.6	7.8

来源：数据来自麦迪森线上数据库，详见附录。

变化一直持续到 1950 年。表 2.2 展示出了 1820—1950 年的某些特定年份里，两组国家和地区在世界人口总数和世界 GDP 中所占的比重。第一组被称为"西方"，由西欧、西海岸分支、东欧、俄罗斯和日本组成。第二组被称为"其他"，由亚洲、非洲和拉丁美洲组成。本表所使用到的麦迪森对 GDP 的估测数据，同样是按照 1990 年国际美元的标准，并参考了购买力平价，从而帮助在国家间进行一段时期的对比。需要说明的是，从 1820 年开始的这些估算，在数据基础上来说，远远比之前数年的数据要活跃。即便如此，表 2.1 和表 2.2 大致上也可以进行对比。

表 2.1 中的第一组和表 2.2 中的"其他"相对应,而表 2.1 中的第二组则和表 2.2 中的"西方"对应起来。

在 19 世纪和 20 世纪上半叶,情况发生了巨大的变化。1820—1950 年,"西方"在世界人口总数中所占的比重从原来的四分之一增长到了三分之一,它们在世界总收入中所占的分量则几乎翻了一番,即从 37% 增长到了 73%。在同一段时期内,即 1820—1950 年,"其他"部分在世界人口总数中所占的比重从四分之三下降到了三分之二,而它们在世界总收入中所占的比重则发生了更为显著地下降,直接从 63% 下降到了 27%。世界经济发生这种变化仅仅用了 130 年,这在历史上是很小的一个跨度。但就是在这段时期的头五十年里,能够很明显地觉察出一种新的国际经济秩序。到 1870 年,"西方"在世界人口总数中所占的比重已经增长到了三分之一,"其他"所占的比重则减少到了三分之二。同样,到 1870 年,"西方"在世界总收入中的比重已经增加到 57%,"其他"所占比则减到了 43%。对于世界经济而言,1870 年的重要性不言而喻。国际劳动分工也发生了变化。已经可以看到,现在被称作工业化国家和发展中国家的两者之间的区分开始慢慢显现。

世界总收入中比重的这种巨大的变化与其他资料中显示的结果大致一致。贝罗奇(Bairoch,1981 年和 1983 年)为世界经济中的两组国家估测了 1750—1950 年的某些特定年份里的国民生产总值(GNP)。两组国家中,一组是亚洲、非洲和拉丁美洲,另一组是欧洲、北美洲和日本。这些估测是以 1960 年的国际美元和购买力平价为基础,根据不同货币购买力的具体情况做出了调整。1830 年,亚洲、非洲和拉丁美洲在世界 GNP 总量中所占的比重为 69.1%;1860 年,所占比重为 57.4%(比麦迪森所估测的数据要高一些。麦迪森估测 1820 年所占比重为 63.1%,1870 年为 42.6%)。1900 年,这一比重急剧减少至

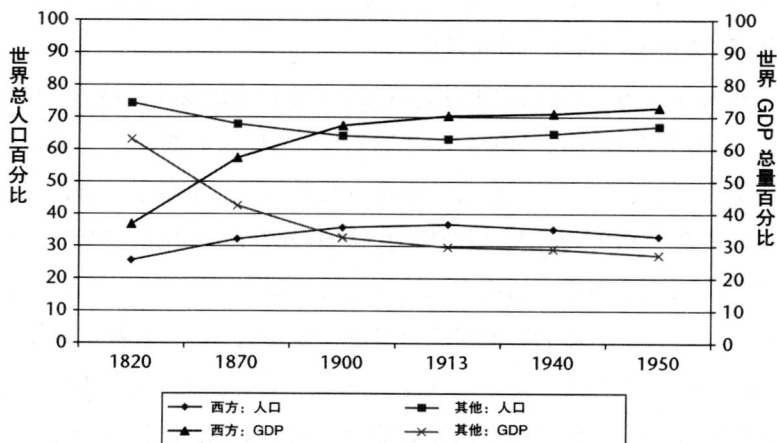

图2.1 世界总人口和GDP总量中各部分比重变化所显示出的不对称的趋势："西方国家"和"其他国家"，1820—1950年

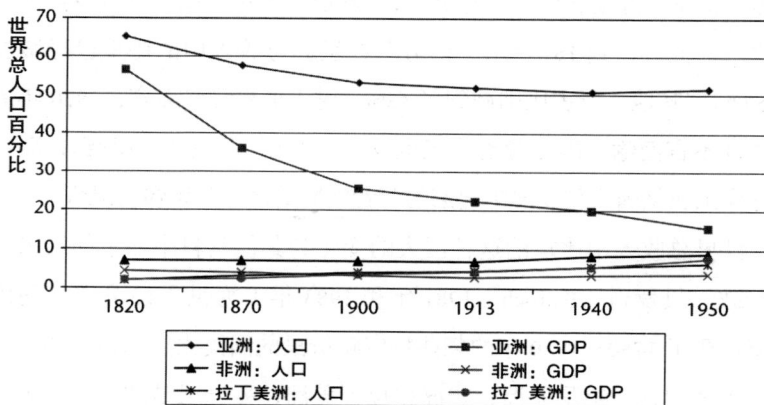

图2.2 世界总人口和GDP总量中占比的对称与不对称：亚洲、非洲和拉丁美洲，1820—1950年

来源：表2.2

38.3%，1913 年降至 33.5%（和麦迪森的估测差距没那么大了。麦迪森估测 1900 年的比重为 32.6%，1913 年的是 29.6%）。1928 年所占比重为 30.2%，1950 年为 27.5%（和麦迪森的估测几乎一致。麦迪森估测 1940

年所占比重为 29%，1950 年为 27.1%）。

　　看起来，贝罗奇对于亚洲、非洲和拉丁美洲地区在世界总收入中所占比重的估测要比麦迪森的估测数字高一些，特别是对于 19 世纪数据的估测。但是，一样很明显能够看出"其他"的衰落和"西方"的崛起。毫无疑问，在 1820—1950 年，这两组在世界人口总数和世界总收入中所占的比重出现了极为显著的不对称。这种不对称在图 2.1 中清楚地表现了出来。

　　但是，如果把"其他"当作一个整体来考虑，可能就会造成误解。需要对它们进行一定程度的分解，因为这三大地区有很明显的不同之处。这一点从表 2.2 的数据中就可以看出来。不平衡的加剧在亚洲尤为明显。1820—1950 年，亚洲在世界人口总数中所占的比例从 65% 降至 52%，但是它在世界总收入中所占的比重却由 57% 锐减至 16%。其中的下降大部分可以归因于中国和印度的衰落。1820—1950 年，这两个国家合起来在世界人口总数中所占的比重从 57% 降至 36%，而它们在世界总收入中的比重则从 49% 大跳水，降至 9%。这一点反映了也造成了"其他"作为一个整体所呈现出来的不对称发展。相比之下，非洲在世界人口总数和世界总收入中所占的比重则相对稳定，但后者一直以来都比较低。对于拉丁美洲而言，在 1820—1950 年这段时间里，它在世界人口总数和世界总收入中所占的比重一直都非常的匀称均衡。更有甚者，在所指的这段时间内，拉丁美洲在这两方面所占的比重都有显著的增长。1950 年时，拉丁美洲在世界总收入中所占的比重比在世界人口总数中的比重要高。亚洲发展趋势所表现出来的不平衡，以及拉丁美洲和非洲的均衡发展态势，都能从图 2.2 中很清楚地看出来。很明显，拉丁美洲在"其他"当中属于例外。1820—1870 年，拉丁美洲在世界 GDP 总量中所占的比重不但没有下降，反而出现了小幅增长。在

17

这之后的一段时间里，可以发现拉丁美洲在世界 GDP 总量中所占的比重从 1870 年的 2.5% 一下子增加了两倍还多，到 1950 年已经占到 7.8%。事实就是如此，在 1870—1950 年这一期间，拉丁美洲在"其他"当中书写了一个成功的故事。与之形成巨大反差，亚洲几乎就是一场灾难。亚洲的经济衰退从 1820 年开始并一直延续，其在世界 GDP 总量中所占的比重从 1870 年的 36% 锐减了一半还多，到 1950 年就只占了 16%。当然，其中的大部分下降要归因于中国和印度的衰落。

18

同样，如果把"西方"当作一个整体来考虑，可能也会造成误解。首先，西欧的不均衡发展就很明显。1820—1870 年，它在世界人口总数中所占的比重仅仅从 13% 增长到了 15%，而它在世界总收入中的比重则从 23% 增长到了 33%。西欧所占的比重一直到 1913 年都保持在同一水平，在这之后出现了下降。这种不均衡在西海岸分支的国家和地区则表现得更为突出，特别是在 1870 年之后。1870 年，它们在世界人口总数中所占的比重大约是 4%，1950 年达到 7%。而它们在世界 GDP 总量中所占的比重则从 1870 年的 10% 一跃达到 1950 年的 31%。这种不均衡要归因于西海岸国家，特别是美国——它在 1914 年超越了西欧和英国。看起来，"西方"的崛起，在 1870 年之前主要归因于西欧，而在这之后就应归因于美国的发展了。东欧、俄罗斯和日本并不能被算作这个故事中的一部分，它们只是组成了一个相对中立的团体，之所以被包括在"西方"当中，是因为它们并不属于"其他"国家。即便如此，对于东欧和俄罗斯而言，1820—1950 年的这段时间内，它们在世界人口总数和世界 GDP 总量中所占的比重差不多是均衡的，并且俄罗斯的这两个指数在这段时期内都出现了增长。对于日本而言，在这两者中所占的比重从始至终一直都非常均衡稳定。1868 年实行明治维新之后，日本成为亚洲的特例。这一点可以从它在 20 世纪上半叶的政治经济崛起中窥见一斑。很明显，日本不是"其他"中的一员。

2. 人均收入：收入水平和分歧

　　最难的事情，莫过于比较世界经济中各个国家和地区在第二个千
年伊始和中段时期的人均收入水平，因为这个时候对总人口和总收入
的估测最多只能说是个近似值。即便如此，麦迪森在国际美元标准之
下，对 1000 年、1500 年、1600 年、1700 年和 1820 年的世界人均 GDP
的估测值还是有参考价值的，数据在表 2.3 中得以标明。国家和地区的
分组和表 2.1 的分组一致。这份数据表明，一千年前，人均收入水平在
全世界范围内大致相等，甚至直到五百年前，都没有什么很明显的不同。
同样毋庸置疑，各地区和国家分组在世界人口总数和世界总收入中所
占的比重也都大致均衡。但是，这种情况在接下来的几个世纪里发生
了变化。第一组国家和地区（亚洲、非洲和拉丁美洲）的人均收入与
第二组国家和地区（西欧、西海岸分支、东欧、俄罗斯和日本）的人
均收入作比，1000 年时比率是 1.10，1500 年时是 0.84，1600 年时是 0.76，
1700 年时是 0.69，1820 年时是 0.59。当然，这种比较一般都是在西欧
和亚洲之间进行的。麦迪森的估测数据表明，亚洲的人均收入与西欧
的人均收入作比，1000 年时比率是 1.11，1500 年时是 0.74，1600 年时
是 0.65，1700 年时是 0.58，1820 年时是 0.47。

　　这一议题在有关这一研究的学术论文中引发了很多讨论。主要有
两种互相对立的观点。兰德斯（Landes，1969 年）认为，西欧早在工
业革命之前就比世界上的其他地区都要富裕了，而这要归功于几百年
来缓慢的累积、从欧洲之外占为己有的资源和大量的技术进步。库兹
涅茨（Kuznets，1971 年）以一种非直接的方式认可了这个结论，他认

表2.3 世界经济中的人均GDP水平：1000—1820年（1990年的国际美元标准）

组1					
	1000	1500	1600	1700	1820
亚洲	472	572	576	572	577
中国	466	600	600	600	600
印度	450	550	550	550	533
非洲	425	414	422	421	420
南美	400	416	438	527	691
组平均值	461	542	553	550	565
组2					
	1000	1500	1600	1700	1820
西欧	427	771	888	993	1234
西海岸分支	400	400	400	476	1194
东欧	400	496	548	606	1202
后来隶属苏联的地区	400	499	552	610	688
日本	425	500	520	570	669
组平均值	418	643	732	802	959
世界平均值	453	566	596	615	666

来源：数据来自麦迪森线上数据库，详见附录。

为世界上欠发达地区在 1965 年时的人均生产水平要比西欧在实现工业化之前还低很多。该分析为这样的一个观点打下了基础，即约 1750 年时，西欧的人均收入大约是亚洲人均收入的两倍。与这种观点相反，贝罗奇（1981 年）表明，在 1750 年，按照人均 GNP 算出来的平均生活标准来看，现在的这些工业化国家的水平比那些它们称之为第三世界国家的水平还要低一点。麦迪森（1983 年）研究了这些互相对立的观点并得出结论，即证据明显地更支持兰德斯而非贝罗奇的观点。当然，证据当中也有一些前后矛盾的地方。表 2.3 中，麦迪森估测的数据和他的结论表现一致。

几乎不可能通过任何方法来解决这些争议，因为考虑到 1965 年工业化国家和发展中国家在人均收入方面的鸿沟，最终的结论几乎完全依赖和工业化国家 1965 年的人均收入水平进行市场汇率基础上的购买力平价对比。针对发展中国家人均收入水平所做出的那些调整的因素，以及 1750—1965 年亚洲、非洲和拉丁美洲的人均收入增长态势也是如此推测的。对增长率进行调整的不同因素和不同的猜想可以造成非常不同的结果。尽管如此，还是有除了统计数据之外其他的对于人均收入的研究。研究表明，18 世纪中叶的时候，欧洲和亚洲的发展水平大致一致，并没有很明显的不同［彭慕兰（Pomeranz），2000 年；帕塔萨拉提（Parthasarathi），2011 年］。但这之后没过多久，工业革命就在英国发生了，并且在欧洲各国展开，从而引发了一场显著的变革。

　　在 1820—1950 年这段时间内，"西方"和"其他"在世界人口总数和世界总收入中所占的比重发生了很多变化，这些变化不仅影响深远，还有一种鲜明的特色，就是有着显著的不均衡性。这些不均衡在"其他"中的亚洲国家和地区最为突出，在"西方"国家中，则是西欧和西海岸分支的不均衡最为明显。因此，表 2.4 在人均 GDP 水平上以西欧和西海岸分支之和为基础将世界上的其他国家和地区与之做了比较。结果显示出了巨大的分歧——通常被描述为"大分歧"（Great Divergence）。1820—1950 年，与西欧和西海岸分支的人均 GDP 作比（以西欧和西海岸分支之和为 100），拉丁美洲的人均 GDP 数值从西欧和西海岸分支之和的五分之三下降到了五分之二，非洲从三分之一下降到了七分之一，而亚洲则从二分之一下降到了十分之一。在亚洲所发生的一切反映出亚洲两个最大经济体的崩溃。中国所占的比重从 50% 下降到了 7%，印度从 45% 下降到了 10%。很显然，这种发展过程中出现的分歧在拉丁美洲身上并不显著，在亚洲身上则非常明显，非洲则介于两者之间。值得注意的是，这种分歧不仅仅局限在现在被称为发展中世界的国家身上。在同一时期，即 1820—1950 年，俄罗斯地区的相对比重从 58% 下降到了 45%，东欧的比重从 57% 下降到了 34%，日本则从 56% 下降到了 31%。看起来，在短短的 130 年里，西欧和西海岸

21

表2.4 西欧国家、西海岸分支国家同世界上的其他国家在人均
GDP水平方面出现的分歧：1820—1950年

	人均GDP比例					
	1820	1870	1900	1913	1940	1950
西欧和西海岸国家	100	100	100	100	100	100
东欧	57.2	45.8	45.1	42.5	36.9	33.6
后来隶属苏联的国家	57.6	46.1	38.8	37.3	40.2	45.2
日本	56.0	36.1	37.0	34.8	53.9	30.5
亚洲[a]	48.3	26.6	19.1	16.5	14.4	10.1
中国	50.2	25.9	17.1	13.8	10.5[b]	7.1
印度	44.6	26.1	18.8	16.9	12.9	9.8
非洲	35.1	24.5	18.8	16.0	15.2	14.1
拉丁美洲	57.8	33.1	34.9	37.5	36.2	39.9

注：a.亚洲排除日本但包括中国和印度；b.中国（1940年）的数据特指1938年。
来源：数据来自麦迪森线上数据库，详见附录。

分支（主要是美国）一马当先，把世界上的其他国家和地区甩在了身后。亚洲出现的大分歧被广泛地注意到并且接受，但是其他地区也出现了相当大的分歧，在欧洲内部也出现了小小的分歧，即西北部分从南部和东部当中抽离出来［贝罗奇和理查德·科祖尔－莱特（Kozul-Wright），1996年；威廉姆森（Williamson），1996年］。

麦迪森和贝罗奇对人均收入的估测在水平上存在着非常显著的差异。但是两者都认为存在着一种非常突出的差异。贝罗奇（1981年）是按照1960年的国际美元和购买力平价做出调整之后，在1750—1950年的某些特定年份中，对世界经济中的这两组国家做出人均GNP上的估测。这些估测表明，亚洲、非洲和拉丁美洲的人均收入水平，如果和欧洲、北美洲以及日本的水平作比，在1800年占其总量的95%，1830年占其总量77%。但是之后这一比重急剧下降，到1860年就只占到54%，1900年为32%，1913年为29%，1928年25%，1938年24%，到1950年只有18%。必须说明的是，这些百分比不能和表2.4中的百分比进行比较，不仅仅因为人均收入水平不同，也是因为国家分组的不同。[2]即便如此，这两套估测都显示出，从19世纪早期到20世纪

表2.5 按区域划分，世界经济中各个地区的增长率：1820—1950年（年均百分比）

	GDP		
	1820–1870	1870–1913	1913–1950
西方			
西欧	1.68	2.12	1.19
西海岸分支	4.31	3.92	2.83
东欧	1.41	2.33	0.86
后来隶属苏联的地区	1.61	2.40	2.15
日本	0.41	2.44	2.21
其他			
亚洲其他地区	0.04	0.98	0.84
中国	−0.37	0.56	0.04
印度	0.38	0.97	0.23
非洲	0.75	1.32	2.56
拉丁美洲	1.22	3.52	3.39

	人均GDP		
	1820–1870	1870–1913	1913–1950
西方			
西欧	0.99	1.34	0.76
西海岸分支	1.41	1.81	1.56
东欧	0.63	1.39	0.60
后来隶属苏联的地区	0.63	1.06	1.76
日本	0.19	1.48	0.88
其他			
亚洲其他地区	−0.11	0.43	−0.08
中国	−0.25	0.10	−0.56
印度	0.00	0.54	−0.22
非洲	0.35	0.57	0.90
拉丁美洲	−0.04	1.86	1.41

来源：数据来自麦迪森线上数据库，详见附录。

中期，在西方国家和世界的其他地区之间，人均收入水平出现了极为显著的分歧。

由此，世界经济中的不同区域在人均收入增长率方面也呈现出了同样的分歧，也就不足为奇了。表 2.5 展示的是 1820—1870 年、1870—1913 年和 1913—1950 年这三个时间段内 GDP 和人均 GDP 的增长率。这些增长率都是建立在麦迪森对特定的区域、国家分组或者各国的 GDP 和人均 GDP 的估测之上，这些估测则是根据 1990 年的国际美元水平进行的，并挑选出了一些基准年份进行估测。一段时间以来，人均收入水平所呈现出的分歧在人均 GDP 增长率中都明显地反映了出

来。西欧的年均增长率的范围在 0.8%—1.4%；西海岸分支的年均增长
率的范围在 1.4%—1.8%。这些依照当下的标准来说都是很小幅的增长，
只是在 1820—1870 年这一时期内，世界其他地区的增长率要比这个水
平低更多。虽然情况如此，但在 1870—1913 年和 1913—1950 年，拉丁
美洲的人均 GDP 增长率相对高一些，俄罗斯地区和日本的情况相当，
东欧略微低了一点，而非洲则明显低很多。只有亚洲的人均 GDP 增长
率一直是个灾难，在长期之内都处于负增长状态，比如 1820—1870 年
和 1913—1950 年，仅仅在 1870—1913 年才有一点点正增长，但年均增
长率都不到 0.5%。在 1870—1913 年这段时间，世界经济正处于繁荣期，
几乎其他所有的地方在此时期的增长率都要比亚洲高出许多。中国和
印度的情况更糟。就是 130 年间混合增长率的变化导致了人均收入水
平方面出现的显著分歧。

就算数方面而言，人均 GDP 增长率之所以会出现不同，是因为
GDP 增长率和人口增长率方面出现了差异。而 GDP 和人口的增长率方
面出现的不同，转过来又决定了各个国家和地区在世界 GDP 总量和世
界人口总数中所占比重的变化。即便如此，值得一提的是，"西方"和"其
他"之间 GDP 增长率方面所出现的差异，即在表 2.5 中所展示的数据，
为这些不同组别的国家在世界 GDP 中所占比重随着时间发生的变化埋
下了伏笔。

对西欧而言，与世界其他国家和地区相比，它的 GDP 增长率能
够解释为什么 1820—1870 年它在世界 GDP 总量中所占比重有所增长、
1870—1913 年保持稳定、1913—1950 年出现下降。对于西海岸分支而言，
由于它的 GDP 增长率比世界其他任何地方都要高很多，这就能够解释
为什么 1820—1950 年它们在世界 GDP 总量中所占的比重能够不断地
增长。东欧和俄罗斯地区在 1870—1950 年努力保住了它们在世界 GDP

中所占的比重，因为它们的 GDP 增长率大致能够与其他地区相当，并且达到了世界平均水平。日本也努力维持住了现状，有段时间其在世界 GDP 总量中所占的比重也出现了增长，因为它的 GDP 增长率与其他地区持平，甚至高于其他地区。

在同一时期，即 1820—1950 年，亚洲在世界总收入中所占的比重大幅下降，这主要是因为它的 GDP 增长率与世界其他地区相比增长得太缓慢。这个问题在中国和印度身上更为突出。与之形成对比，在 1870—1950 年，拉丁美洲在世界总收入中的比重有所上升，这是因为它有高速的 GDP 增长率，增长水平和西海岸分支相当，比西欧的还要高。1820—1870 年，非洲在世界 GDP 中所占的比重保持稳定，1870—1913 年该比例出现下滑，1913—1950 年又恢复过来，这主要是因为相应的 GDP 增长率在第一个和第三个阶段内有所增长。在这样的局限条件之下，增长率方面的表现虽然不能完全解释，但也能说明过去所发生的变化。

需要一提的是，人均收入仅仅是一种算术方法，经常用来代表平均生活水平，这样就不用再去衡量人民的幸福指数。一些社会指标如平均预期寿命、文化程度，和诸如出生率、死亡率或者婴儿死亡率等相关的人口统计指标，也都可以起到有效的辅助作用。但是，这些方面的指标很少留有历史数据。尽管如此，现有的有关平均预期寿命的数据已经能够为上述的推断提供确认。在公元 1000 年时，平均预期寿命只有 24 岁，这个时候全世界各地差不多都是这个水平（麦迪森，2001 年）。1750 年，西欧和亚洲的人均预期寿命以及出生率都差不多（彭慕兰，2000 年，36—41 页）。但这之后情形发生了变化。在西欧、西海岸分支和日本，人均预期寿命逐渐增长，1820 年为 36 岁，1900 年为 46 岁，1950 年达到了 66 岁。而在亚洲、非洲和拉丁美洲，人均预期寿命则明显要低很多，1820 年时是 24 岁，1900 年为 26 岁，到 1950 年总算增长到了 44 岁（麦迪森，2001，31 页）。看起来，在人均收入上出现的分歧和人民生活的幸福程度上出现的分歧有一定的联系，所以到了 1950 年，富裕国家和贫穷国家之间的差异已经是非常尖锐和突出的了。

3. 工业化和去工业化

很明显，1500 年之前，现在被称为发展中世界的这几大洲还在世界人口总数和世界总收入中占有相当大的、压倒性的比重。这主要归功于亚洲。这些份额在接下来的三百年中逐渐缩减，但在 19 世纪初的时候，所占比重还非常显著。即便就世界经济中的生产能力而言，亚洲也具备突出的重要性，虽然非洲和南美洲生产的都是初级产品。确实，在 17 世纪和 18 世纪，世界经济的特征就是一批批的制成品从亚洲流向欧洲，又由白银从欧洲流向亚洲来保持平衡［芬德利（Findlay）和奥罗克（O'Rourke），2007 年］。这可不仅仅是香料贸易。印度的棉纺织品和中国的丝绸被很多人追捧。而在 18 世纪的欧洲，最具活力的行业中，就有一些是力图模仿甚至去和亚洲的货物进行竞争的产业［帕塔萨拉提（Parthasarathi），2011 年］。19 世纪英国发生的工业革命改变了这一现实。

在一项对自 1750 年以来全球工业化水平的研究中，贝罗奇（1982 年）对所选国家和国家分组的制造生产进行了估测。表 2.6 就是建立在这些估测之上，并概述了 1750—1953 年的两个世纪里制造生产在世界经济中的分配发生了怎样的变化。在两个国家分组中间出现了差别。第一组由亚洲、非洲和拉丁美洲组成，贝罗奇称之为"第三世界"；第

表2.6 世界经济中加工制成品生产总量的分布情况：
1750—1953年（百分比）

年份	欧洲、北美洲、日本	拉丁美洲、非洲、亚洲	世界
1750	27.0	73.0	100
1800	32.3	67.7	100
1830	39.5	60.5	100
1860	63.4	36.6	100
1880	79.1	20.9	100
1900	89.0	11.0	100
1913	92.5	7.5	100
1928	92.8	7.2	100
1938	92.8	7.2	100
1953	93.5	6.5	100

来源：贝罗奇（1982）

二组由欧洲、北美洲和日本组成，贝罗奇称之为"发达经济体"。制造
生产涵盖了对外输出的全部范围，并且没有在技术水平或者组织结构
方面进行区分。这样，它既包括了由手艺人进行生产的传统领域，又
包括了由工厂进行生产的现代生产领域。数据以每三年或每五年的年
均水平作为参考基础，这样就消除了短期波动带来的影响。表 2.6 中
所显示的数据也反映出了同一时期世界总收入中两组所占比重的变化。
表 2.6 显示，在 1750 年的时候，亚洲、非洲和拉丁美洲合在一起，占
到世界工业总产量的将近四分之三。那个时候大部分产量来自亚洲。
这个份额一直保持较高水平，虽然有所减少，但 1800 年还占到三分之
二，1830 年占到五分之三。然而，该份额从 1830 年的 60.5% 急剧下
降到 1880 年的 20.9%，到 1913 年就只占了 7.5%，在接下来的 40 年里
也大致保持如此水平。同时，欧洲、北美洲和日本在世界工业生产总
量中所占的份额从 1830 年的 39.5% 增长到了 1880 年的 79.1%，以及到
1913 年的 92.5%。事实上，在 1830—1860 年的三十年间，这两个国家
分组在世界制造生产总量中所占的比重几乎完全颠倒过来。即便如此，
1860 年时，按制造生产总量来看，中国排世界第二，印度排世界第三，

紧跟在位于首位的英国之后。法国排第四、美国排第五、德国排第六（贝罗奇，1982 年，284 页）。很让人吃惊的是，中国和印度在 1913 和 1953 年的时候，其制造生产总量仍能够排在世界前十名之内，这在根本上还是因为它们的国家规模极大。

去研究这两组国家中，在生产过程中每个工人的生产力如何随着时间发生变化会是一件很有意思的事情。但是这不可能实现，因为没有任何证据能够体现出在工业领域所雇佣的工人的总数。因此，贝罗奇从人均生产总量的角度研究了工业化的水平。此项研究的结果令人震惊。亚洲、非洲和拉丁美洲的人均生产总量与欧洲、北美洲和日本的总量作比，该比例从 1750 年的 7∶8 降到 1800 年的 3∶4，再降到 1860 年的 1∶4，1880 年的 1∶8，1900 年的 1∶17.5，最后到 1913 年的 1∶27.5（贝罗奇，1993 年，91 页）。在 1860 年，按人均生产总量来算，中国和印度就已经不在世界前二十之列，更不用说是在 1913 年或者 1953 年了（贝罗奇，1982 年，86 页）。

直到 18 世纪晚期，前资本主义时代的工业生产在世界各地都还非常分散，还存在各种工匠、手艺人和行会。所以，存在一种合情合理的推测，即亚洲将逐渐让出在世界工业化经济中的主导地位，正如随着工业革命的不断发生和扩散，西欧的重要性注定会逐渐增加——在工厂出现了以资本主义模式来进行组织的生产活动，它们雇佣工人，通过劳动分工和运用新的技术来提高生产力。这种猜想部分正确，但并非完全如此。工业生产的转变是一个渐进的过程。在 1830 年，高新技术产业在世界制造生产业中所占的比重只有 5%，到了 1860 年，即它们出现近一个世纪之后，这一比重在 20% 左右。即使是当今的工业化国家，在 1860 年时，伴随工业革命而生的高新技术产业仅占到制造生产总量的三分之一，但在英国这一比重要更高，几乎达到了三分之二（贝罗奇，1982 年，288 页）。但毫无疑问的是，亚洲——特别是在印度和中国，但也在其他各国发生——的去工业化，很大程度上是因为西方出现了工业化的进程。非洲的情况和亚洲差不多，但是规模上要小。拉丁美洲的情况不同，特别是 1870 年之后。但很明显的是，19 世纪时，欧洲的工业化和亚洲的去工业化其实是一体两面的。

4．与世界经济的一体化

　　亚洲和非洲参与到世界经济中已经有很长时间了。自从发现新世界之后南美洲也加入了进来。但在全球化的不同时期，这种参与的性质和程度也随时间发生着变化。观察它们在世界经济中繁荣、削弱和衰退的一个个过程会非常有意思，但是很难找到 19 世纪末之前那段时间的数据。所以，这一部分的讨论试图聚焦于 1870—1950 年的这段时间内，因为可以找到这个时期它们融入世界经济当中的证据，比如通过国际贸易、国际投资和国际人口迁移等方式，即便这些只是部分的并不完整的证据。

国际贸易

　　表 2.7 展示了 1900—1948 年的某些特定年份里，按照市场汇率水平进行计算，亚洲、非洲和拉丁美洲的出口总量，以及亚洲、非洲和拉丁美洲的进口总量。这些数据并非面面俱到，但也提供了一个相对来说合理准确的情况。[3] 表 2.7 显示，这些现在被称为发展中世界的国家的出口总量从 1900 年的 17 亿美元增长到 1928 年的 79 亿美元，再到 1948 年的 154 亿美元，而这些国家的进口总量也相应地从 15 亿美元增长到 65 亿美元再到 149 亿美元。它们在世界出口总量中所占的比

27

表2.7 亚洲、非洲和拉丁美洲在世界贸易大背景下的出口与
进口总量：1900—1948年（百万美元）

年份	拉丁美洲、非洲、亚洲的出口	拉丁美洲、非洲、亚洲的进口	世界贸易中的百分比占比	
			出口	进口
1900	1694	1490	16.9	14.9
1913	3899	3310	19.9	16.9
1928	7894	6450	24.1	19.7
1935	4495	3660	23.4	19.1
1938	5219	4640	22.9	20.4
1948	15421	14890	26.9	26.0

来源：数据来自联合国，详见附录。

重从 1900 年的 17% 增长到 1928 年的 24%，再到 1948 年的 27%；而它们在世界进口总量中所占的比重，尽管相对低一些，也相应地从 15% 增长到了 20%，再到 26%。不同来源的数据则表明，它们在世界出口总量中所占的比重在 1870 年时为 16%。[4] 看起来，亚洲、非洲和拉丁美洲通过国际贸易与世界经济的一体化，对外贸易额在 1870—1928 年经历了显著的增长，并在这之后开始稳定发展。

一些人认为，这种在国际贸易中的扩张应该归因于自由贸易。这是部分原因，但并非完全如此。事实上，自由贸易是被强加给亚洲、非洲和拉丁美洲的，帝国主义国家通过炮舰外交或者殖民统治撬开了这些市场的大门。1842 年，中国和英国签订不平等条约，被迫打开市场，接受贸易，并把关税压低至 5%。19 世纪 40 年代，英国和荷兰分别把自由贸易强加于印度和印度尼西亚。1858 年，日本在美国海军准将马休·佩里的武力胁迫下签订了《日美亲善条约》，从专制独裁转向自由贸易。韩国则通过与日本市场的融合，也走了类似的发展道路〔威廉姆森，2002 年；纳亚尔（Nayyar），2006 年〕。

拉丁美洲是个例外。在 19 世纪初取得独立之前签订的不平等条约，到了 19 世纪 70 年代就已经过期，在这之后拉丁美洲的关税水平之高

在世界上位于前列，从而使其在工业化进程中呈现爆发式增长。而此时亚洲的关税水平在世界上最低，导致其在去工业化进程中表现不佳[克莱门斯（Clemens）和威廉姆森，2002 年]。在 19 世纪晚期和 20 世纪早期，印度、中国和印度尼西亚的自由贸易程度和英国与荷兰是一样的，而且平均关税水平在 3%—5%，几乎可以忽略不计（纳亚尔，2006 年）。与之形成对比，德国、日本和法国的关税水平明显高出很多，在 12%—14%。而美国的关税水平又要高出来很多，高达 33%（贝罗奇，1993 年；麦迪森，1989 年）。

在 1870—1914 年，这种国际贸易中的一大部分都是产业间贸易，在这一过程当中初级产品被用来交换制成品。这一时期进行贸易的主要国家英国，将制成品出口至亚洲、非洲和拉丁美洲，并从这些地区进口初级产品[弗里曼-派克（Foreman-Peck），1983 年]。在西北欧也是差不多的情况。北美洲有一段时间以出口初级产品为主，但是由于工业化进程迅猛，到 1914 年美国已经转变成为一个制成品净出口国了（芬德利和奥罗克，2007 年）。这种贸易模式中所暗示的国际劳动分工，被称作是"大型专项化"（Great Specialization）[罗伯特森（Robertson），1938 年]，这只是从工业化和去工业化过程中得出来的一个推论。

国际投资

亚洲、非洲和拉丁美洲的外国资本总量，按照当前价格，从 1870 年的 53 亿美元，增长到 1900 年的 113 亿美元、1914 年的 227 亿美元，再到 1928 年的 247 亿美元（麦迪森，1989 年，30 页）。这一数值等同于 1900 年从亚洲和拉丁美洲选出来的 15 个国家 GDP 总产值的 32%，这些地区也是国外投资的主要目的地。[5] 同样根据估测，1914 年世界经济中的外国投资总额为 440 亿美元，其中 300 亿美元为间接投资，

140 亿美元为直接投资［邓宁（Dunning），1983 年］。谈及投资目的地，则分布如下：在欧洲有 140 亿美元（占 32%），在美国有 105 亿美元（占 24%），在拉丁美洲有 85 亿美元（占 19%），在亚洲和非洲有 110 亿美元（占 25%）［联合国贸易和发展会议（UNCTAD），1994 年，158 页］。谈及资金来源，则更为集中：190 亿美元来自英国（占 43%），90 亿美元来自法国（占 21%），60 亿美元来自德国（占 13.5%），55 亿美元来自比利时（占 12.5%），还有 45 亿美元来自美国（占 10%）。

如此一来，在 1914 年，全世界约 44% 的外国投资流入亚洲、非洲和拉丁美洲，这些外国投资中的 90% 来自欧洲。在 1913 年全世界的长期性外国投资中，第一产业占比 55%，交通、贸易和分配占比 30%，生产制造只占 10%，并主要集中在美国和欧洲（邓宁，1983 年）。在 1870—1914 年，这种资本流动是向法律上或者实际上的殖民地以及刚刚开始工业化、有着最诱人的增长机会的那些国家转移可供投资的资源的一种方式。这些资本流动的目的在于为那些力图获得利润的长期投资找到出路。银行是贷款人与借贷人之间唯一的金融中介，而此时的金融工具则是长期债券。大部分的债务都已经债券化了，由欧洲的皇室予以担保，或者由借债国家的政府担保（纳亚尔，2006 年）。看起来，在 19 世纪末 20 世纪初，作为初级产品主要来源地的亚洲、非洲和拉丁美洲被整合进了世界经济当中，手段和方式无外乎通过在矿产开发和种植庄园方面的国际投资，或者通过把沿海港口和内陆腹地联系起来，又或者通过帝国主义和国际贸易对劳动力进行的国际分工。

国际人口迁移

国际人口迁移要追溯到很久以前了。确实，人口迁移史几乎和人类的历史一样悠久。跨国迁移与跨大洋迁移和城邦的建立有差不多长的历史。当然，历史上有过侵略者和征服者，也有过冒险家和商人。但人口迁移有所不同，因为它与人口从劳动力剩余的国家向劳动力短缺的国家的流动有关。即便这样的活动也早在几个世纪之前就开始进行了。

最初是从奴隶贸易开始的。欧洲的奴隶贸易之所以成为被关注的焦点，是因为它曾被大肆书写，部分原因则是它所产生的历史性后果在今天也依然能够为人所察觉。当然，奴隶交易和奴隶市场诞生于古希腊和古罗马。伊斯兰世界也有奴隶贸易，兴起得更早、比欧洲的奴隶贸易延续得更久，只不过没有那么多的史料记载。它开始于 7 世纪，结束于 19 世纪晚期。在这段时期里，据估测，有 1500 万左右的人口从撒哈拉以南的非洲迁移到当时的伊斯兰世界，在这其中，大约有 800 万人在 1500—1890 年是以奴隶的身份进行迁移（贝罗奇，1993 年）。欧洲的奴隶贸易开始于 16 世纪中期。奴隶市场沿着非洲海岸线不断扩张，从北边的塞内加尔一直延伸到南边的安哥拉。这种奴隶贸易一直持续到 19 世纪早期，然后才告一段落。一般认为，在两个多世纪里，有超过 1500 万的人口被从非洲掳到欧洲、北美洲、加勒比海地区以及巴西，或者从事家务劳动，或者在种植园劳作（纳亚尔，2002 年）。奴隶贸易是有史以来涉及人数最多的、强制性的大规模移民。大不列颠帝国最终于 1833 年废除了奴隶贸易，美国则于 1865 年废除奴隶贸易。奴隶贸易终于结束，但是奴隶制还没有消失。比如，巴西和古巴依然沿用奴隶制，直到 19 世纪 80 年代末才将其废除。

大英帝国废除奴隶制之后，又开始了契约劳工运动，这成了又一种奴役方式。从 19 世纪 30 年代中期开始，在 50 年之间，大约有 5000 万人离开印度和中国，到美洲、加勒比海地区、南非、东南亚及其他偏远地方的矿井、种植园以及建筑工地以契约佣工的身份进行劳作［廷

30

克（Tinker），1974 年；刘易斯（Lewis），1978 年]。这在 1880 年大约占到了印度和中国人口总量的 10%（纳亚尔，2002 年）。目的地多集中于英国、荷兰、法国和德国的殖民地。美国也是一个重要的目的地，这里的契约佣工多来自日本。

在奴隶贸易和契约劳工盛行的同时，欧洲也出现了一些人口外流现象。英国的罪犯会被流放至澳大利亚。来自葡萄牙和西班牙的人迁移至墨西哥、中美洲和西班牙的美洲殖民地，来自英国、荷兰和法国的人则会迁移至北美洲。一些人是冒险者，还有一些是避难者。但其中大多数都是移民。后来，在 1870—1914 年，有超过 5000 万人离开欧洲，在这其中，三分之二去了美国，剩余的三分之一则去了加拿大、澳大利亚、新西兰、南非和阿根廷（刘易斯，1978 年）。还有一些人从欧洲和日本移民到了巴西。这些人实际上是农业领域的过剩劳动力，在工业领域又找不到工作。这种移民实际上是在欧洲不断增加的土地压力和美洲广阔土地的诱惑的背景下进行迁徙的，而其他一些有着温和气候的新大陆也在吸引着白人前去定居（纳亚尔，2008 年）。殖民化的非洲需要大量的种植园主，因而吸引了很多欧洲移民前去定居。在 1900 年，这种从欧洲发生的大规模移民已经占到其人口总数的八分之一。对一些国家如英国、意大利、西班牙和葡萄牙而言，这种规模的移民已经占到其人口总数的 20%—40%[梅西（Massey），1988 年；斯托克（Stalker），1994 年]。

如此大规模的国际人口迁移随着"一战"的爆发而告一段落。在 1913—1939 年，人口迁移一直保持在较低水平，此时开始逐渐出台移民政策，迁移开始需要用到护照。20 世纪 30 年代的经济大萧条也进一步抑制了人口的流动，因为各地的失业水平都明显升高了。"二战"的结束使欧洲内部发生了大规模的人口流动，据估计，有大约 1500 万人试图重新定居，其中的大部分都是难民。但是在战后的余波中，也能发现大规模地从欧洲到美国和拉丁美洲的人口迁移。

　　来自印度和中国的移民作为契约劳工前往各个矿井和种植园，资本也从欧洲流出，一起试图开发东南亚、南部非洲和加勒比沿海地区的自然资源和适宜的气候环境。在这一过程中，与主流的正统贸易理论相反，国际资本和劳动力流动是一种补充，而非一种替代品（纳亚尔，1998 年）。在帝国主义时代，它塑造了国际劳动分工，导致在一些地方出现了工业化，而在另一些地方出现了去工业化。随后发生地从欧洲向美国、加拿大、澳大利亚和新西兰这些被称作西海岸分支的国家的移民，为工业资本主义在新世界的发展打下了基础。无论哪种情况，国际人口迁移在 19 世纪世界经济的演变过程中都发挥了关键性作用。

　　回顾过去，很明显，19 世纪下半叶和 20 世纪上半叶亚洲、非洲和拉丁美洲逐渐融入世界经济。这个过程大概是在 1870—1914 年，即在"帝国时代"时期积攒了势能 [霍布斯鲍姆（Hobsbawm），1987 年]，但它在整个 19 世纪都在不断演变进化，并延续了 100 多年（芬德利和奥罗克，2007 年）。这一过程受到西欧的政治经济利益的驱使，并在美国兴起之后被进一步强化。这在时间上正好与西方的崛起相吻合，同时也与亚洲的衰退相吻合。非洲被远远地甩在后面。拉丁美洲情况要好得多，除了在收入方面出现的分歧。

总 结

　　本章从长期的历史角度考察了世界经济的演变过程，为后面的分析进行了铺垫。需要强调的是，这种变化最根本的轮廓与后文中对追赶的分析是这本书的重点。令人震惊的现实是，当下工业化国家与发展中国家之间、富裕国家与贫穷国家之间的差别，只是晚近才出现的，只有很短的历史。事实上，一千年前，亚洲、非洲和南美洲在世界人口总数和世界总收入中所占的比重超过了 80%。变化的端倪从 16 世纪早期一直到 19 世纪早期都可以察觉得到。在 1820 年，也就是不到两百年之前，这三块大陆依然占据了世界人口总数的近四分之三、世界总收入的三分之二左右。这其中很大一部分都要归功于亚洲，而在亚洲，从 1000 年到 1820 年的几个世纪里，中国和印度两个国家就占了世界人口总数和世界总收入的近 50%。但是，大约在 1820 年，世界经济发生了巨大的转变。虽然相对缓慢，但毫无疑问，世界由原来的按照地理区分转变成了按经济区分。这种区分很快演变为一个巨大的鸿沟。亚洲、非洲和拉丁美洲在世界经济中的重要性发生了急转直下的衰退，以至于到 1950 年时，它们在世界人口总数中所占的比重为三分之二，在世界总收入中所占的比重只有四分之一，从而出现了显著的不平衡。与之形成鲜明对比的是，在 1820—1950 年，欧洲、北美洲和日本在世界人口总数中所占的比重从四分之一增长到了三分之一，在世界总收入中所占的比重从三分之一多一点增长到了将近四分之三。"西方"的崛起主要集中在西欧和北美。"其他"的衰退主要集中在亚洲，而其中大部分又可归到中国和印度身上。拉丁美洲是个例外，它在世界人口总数和世界总收入中所占的比重不仅一直保持均衡，还在一段时期内出现了增长。

　　尽管如此，在人均收入方面出现的"大分歧"仍然是个现实问题。在 1820—1950 年的短短 130 年中，与西欧和西海岸分支的人均 GDP 水平作比，拉丁美洲的人均 GDP 从五分之三降到五分之二，非洲的从三分之一降到了七分之一，亚洲的从二分之一降到了十分之一。但这还不是全部。在 1830—1913 年，亚洲、非洲和拉丁美洲在世界制造生

32

产总量中所占的比重——原先亚洲的产量最多，特别是中国和印度——从 60% 骤降到 7.5%；与此同时，欧洲、北美洲和日本的比重从 40% 增长到 92.5%，并且一直到 1950 年都保持这一水平。在 19 世纪时，西欧的工业化和亚洲的去工业化可谓是两位一体。因此而产生的"大型专项化"就意味着西欧以及紧随其后的美国产出的是制成品，而亚洲、非洲和拉丁美洲则生产初级产品。在 1850—1950 年这一个世纪里，世界经历了亚洲、非洲和拉丁美洲通过国际贸易、国际投资和国际人口迁移逐渐融入世界经济的过程，从而在这些国家中创立并根植了一种劳动分工方式，这种分工为以后的发展带来极为不公的后果。这一过程导致的结果就是亚洲的衰退和非洲的倒退，拉丁美洲除了在人均收入方面出现分歧之外表现还算好一些。所以，到 1950 年时，富裕的工业化国家和贫穷的发展中国家之间有着一条巨大的鸿沟。

　　本篇对这三个大洲的描述，从它们在世界经济中占有压倒一切的重要性的时候开始讲起，并沿时间线追踪它们的衰退，在接下来的一章中，会对造成这一切的潜在因素进行分析。但本书的其他部分则主要集中在 1950—2010 年这段时间。本书旨在从它们加入到世界经济中的这个大背景之下，分析在世界总产出、人均收入水平和工业化水平等方面，发展中国家进行追赶的过程。

第 3 章
潜在的问题与答案

　　人类在第二个千年的头五百年见证了世界经济发生变化的开端，这种变化从 16 世纪早期至 18 世纪晚期这段时间的生产总量中就可以看出端倪。如此一来，这便为世界经济发生戏剧性的转变做好了铺垫，并在 19 世纪积蓄动力，在发达富裕国家和贫穷落后国家之间创造出巨大的经济鸿沟，直到 20 世纪中叶达到最高点。造成这种现象的根本原因涉及多个方面，非常复杂。毫无疑问，也有很多针对此课题发起的学术研究，旨在分析这种变化的具体过程。大部分内容都是历史学科的范畴，有一部分涉及经济史；还有一部分历史研究中，地缘位置扮演了关键的角色。

　　需要说明的是，这本书所要讲的，是经济而不是地理史。本书旨在提供一个放眼长远的历史视角，最根本上是为了分析自 1950 年以来世界经济变化的过程。尽管如此，还是需要概括出在这之前两百年里，能够引发这种世界经济巨变的一些潜在因素。因此，本章将会对既有文献进行总结。但是，本书内容有限，无法对包含范围广、研究内容深入的大量文献进行百无一失的概括，也无法全面涉及各方辩论与争议的本质或者最细微之处。

　　本章共提出了四个问题，并提供了概略的答案。第一，自 1500 年以来，发生了哪些变化，特别是欧洲发生了哪些变化，促进了世界经济的向前发展？第二，欧洲与亚洲的各经济体在 18 世纪中叶是如何进行相互之间的比较的？第三，为什么工业革命发生在英国，而不是发生在欧洲的其他地方或者亚洲？第四，这些在欧洲、亚洲发生的事件以及世界经济出现的变化有什么样的启示，又带来怎样的后果？而殖民主义和帝国主义盛行的政治背景，又是怎样影响了事情发展的结果？

1. 自 1500 年至 1780 年的欧洲

曾有人认为（兰德斯，1999 年），中世纪晚期的欧洲是历史上发明创新最多的社会之一，劳动分工和市场的扩张刺激了更多的技术创新。一些常被引证的例子有水轮、眼镜、机械钟表、印刷术和火药。尽管水轮在罗马帝国时代就出现了，而且印刷术和火药都是从中国传来的。据推测，技术创新会受到自由市场和规范化了的财产权的奖励，因此成功的例子引来众多人竞相效仿。尽管如此，在 1500 年时，大多数的欧洲人还生活在比较落后的经济环境中，有四分之三的人口从事农业，所以生产力和收入水平一直较低［艾伦（Allen），2009 年］。商业和制造业集中在地中海沿岸，主要是在意大利的城邦国家，也存在于伊比利亚半岛上的葡萄牙和西班牙，在布鲁日和安特卫普有小小的分支。

由伊比利亚半岛上的城邦国家引领的 15 世纪晚期的地理大发现，大概是一个重大的转折点（芬德利和奥罗克，2007 年）。欧洲人此时正试图绕过那些垄断了亚洲海上贸易的阿拉伯国家。因此，有这样一种需求，即要找到通往印度的一条直接的海路，并且这条海路也能通向更远的东方。第一个里程碑式的进展于 1488 年达成，由巴尔托洛梅乌·迪亚士发现了非洲的最南端，并将其恰如其分地命名为好望角。克里斯托弗·哥伦布，一个热那亚本土人，四处游说自己的点子，即向西航行、穿过大西洋可以到达许多的亚洲国家。这个主意最终获得了由阿拉贡王国和卡斯提尔王国共同组成的西班牙共主联邦的支持。哥伦布从加的斯出海，并于 1492 年取得了他的重大发现，当时只带了 3 条船、90 个船员，"他几乎不知自己身处何处，更不用说要去往何方了"［莫里斯（Morris），2010 年，16 页］。[1] 瓦斯科·达·伽马于 1497 年离开里斯本，只带了两条船和一条支援船，在 1498 年 5 月到达印度马拉巴尔海岸边的卡利卡特。在哥伦布远航至加勒比海之后，西班牙又进行了数次远征。有一支进行考察的小型舰队由埃尔南·科尔特斯（Hernan Cortes）带领，共由 11 艘船、100 名船员和 500 名士兵组成。他们抵达墨西哥海岸的尤卡坦半岛，并于 1519 年 4 月在韦拉克鲁斯登陆。就在两年之后，伟大的阿兹特克帝国被摧毁了。1521 年，麦哲伦的环球航行为这一系列的探索航行画上了句号。

　　这一系列的地理发现开启了 16 世纪早期欧洲殖民扩张的第一个阶段。一切从西班牙和葡萄牙开始。非洲的奴隶贸易、新世界对白银的探求以及对美洲的殖民都是这一过程的一部分，这一切又为世界经济的形成提供了一种不同的动力。欧洲进入了重商主义的时代。殖民地的所得与贸易的商业性扩张有关。事实证明，"旧"世界的货物和"新"世界的白银极为有力地刺激了贸易的流动，欧洲从亚洲进口纺织品、香料、瓷器和丝绸，并用从美洲获得的白银进行支付。新世界为欧洲提供一些初级产品，如糖、烟草、棉花和木材等，除此之外还有玉米和土豆等作物的本土种植所带来的一笔意外之财，同时这些殖民地也为欧洲生产的制成品提供了出口市场（麦迪森，2007 年）。来自非洲的奴隶为种植庄园、矿井和农场提供了劳动力（尽管西班牙美洲殖民地的原住民也是矿井中劳动力的来源之一），同时，来自欧洲的移民向新世界提供了一批批种植园主。与此同时，从奴隶贸易中获得的收益又能用作新的投资资本。[2]

世界贸易的网络不断扩张，从而为不同大洲之间的生产专项化打下了基础，从中受益的就是欧洲。毫不奇怪，在逐渐兴起的世界经济中，曾有过对霸权的争夺。在 16 世纪晚期，葡萄牙和西班牙被荷兰取代，荷兰在世界贸易中逐渐占据首要地位，也成为商人寡头制。它的主导地位一直持续到 18 世纪，随后便输给了英国。在这个世界上，"枪炮和船舰"至关紧要，有权力就能富足（芬德利和奥罗克，2007 年）。这种权力明显是靠经济实力和技术水平维系的。地缘政治塑造出各种可能性。经济霸权其实就是拥有国家实力和海上霸权，从而为在远方土地上的经济利益和远洋的商船提供保护。

到 18 世纪中叶，西北欧占据了经济舞台的中心位置，尽管主要的军事霸主是法国和奥地利。在 1500—1800 年，英国的结构性转变令人震惊，从事农业生产的人口比重从 75% 锐减至 35%。荷兰和比利时的农业比重也显著下降，法国、德国和奥地利适度下降，但是在意大利和西班牙几乎没有什么变化（艾伦，2009 年）。结构性的变化意味着城市化和制造业的增加。但是英国也在经历一场农业革命，农村工业化不断发展，所以生产力和收入水平都有所提升。

制度、社会和文化方面的变化都有助于转变的发生（艾伦，2009 年；兰德斯，1999 年）。农奴制的终结、宗教影响力的逐渐衰退（部分原因是随着新教的逐渐兴起，罗马天主教的统治地位被逐渐削弱），以及迷信程度的降低都发生在这一过程中。同时，大学也逐渐兴建起来，科学取得了进步，从哥白尼到伽利略再到牛顿和哈雷。印刷业的革命使得书本价格大幅下降，从而普及了识字和算数。国际商业的扩张和不断提高的城市化水平使文化程度不断提升，并出现了参与性更强的政治制度［希尔（Hill），1966 年；布伦纳（Brenner），1993 年；阿西莫

36

格鲁（Acemoglu）、约翰逊（Johnson）和罗宾逊（Robinson），2005年]。总而言之，资本主义发展的最初环境已经被培养起来，并为18世纪晚期逐渐浮出水面的工业革命提供了根基。

2. 1750年时的欧洲和亚洲

现有的研究比较了18世纪中叶时欧洲和亚洲的发展水平。具体表现在有两个学派提出了截然不同的观点。有一派强调两者之间的不同，认为欧洲与亚洲相比有着明显的优势；另一派强调两者之间的相似之处，认为从发展的角度来看，欧洲和亚洲大致相似。

聚焦于不同之处的这一派，其知识来源和根基可以追溯到在社会科学领域最具影响力的两位思想家的著作上，这两位分别是卡尔·马克思和马克斯·韦伯。但颇具讽刺意味的是，他们两个人的思想根植于完全相反的世界观之中。所以那些分别追随这两人脚步的后人，找出不同的原因或者论据来支持同一个结论也就毫不奇怪了。对马克思而言，"亚细亚生产方式"是非西方社会的一个特点，"东方专制君主"对其人民实行完全的专政，由此限制了个体的主动性，而且不允许代议制的出现。最根本的观点是，这些都是不会发生演变或者变化的静态社会。确实，黑格尔也曾主张，印度就完全没有国家传承的概念。在这样的一个世界里，资本主义没有机会萌芽，所以西方对印度的殖民和对中国的侵略被视为通向未来进步的必经之路。韦伯认为起源于新教徒教义的工具理性是欧洲独一无二的特性，并为能促进资本主义发展的文化、政治和经济环境提供了基础。因此，即便印度和中国的社会有理性思考的能力，这种能力也受到宗教统治和种姓制度或者部落群族制度的限制，这些制度压抑个人自由，并且使得理性仅存在于一些适应性行为中，完全不能去质疑社会规范或者社会习俗。马克思和韦伯对亚洲的看法惊人地相似，因为个体主动性和工具理性在本质上都是同一个概念。爱德华·萨义德（1978 年）也许是最先开始质疑这一权威理论系统的学者之一。由此社会科学研究者们开始质疑、争辩，并拒绝认为欧洲比亚洲高出一等，或者说亚洲在本质上与欧洲不同。

即便如此，韦伯一派学者的思想仍旧影响深远。兰德斯（1999 年）就认为，欧洲在知识、科学、技术、文化、政治和制度方面对亚洲有绝对性的优势。接下来对此观点的具体阐述，很容易被解读为新古典主义经济学的观点。当时的欧洲有一个有效的市场体系，这个体系保护着财产权，所以对于各种资源——不论是土地、劳动力还是资本——的配置和利用都要比亚洲好得太多。一些马克思主义学派的观点也认为，英国发生的农业革命提高了生产力，而之所以能发生这场革命，就是因为其拥有高效的市场和强有力的财产权（布伦纳，1985 年）。这一观点受到了质疑。历史研究表明，在 18 世纪中叶，中国和印度也都拥有一个高效运转的市场和非常稳妥的财产权保护体系（彭慕兰，2000 年；帕塔萨拉提，2011 年）。

还有一种论点，在概念上属于马尔萨斯主义，认为人口因素、结婚年龄以及生育率，都使得欧洲能够在人口与资源之间找到一个更好的平衡，相比之下，亚洲国家人口基数庞大，通过饥荒和灾难才能重新获得人口与资源间的平衡。由此推论，欧洲有更高的储蓄率，从而有助于资本的积累。这一观点也值得质疑。事实上，已经有人就此争论过，马尔萨斯的人口统计资料在欧亚大陆的东部和西部是一致成立的，所以中国和印度的庞大人口只能证明它们的成功而非失败（芬德利和奥罗克，2007 年）。

而与之相对立的学派则描绘出了一幅非常不同的画面。它强调了欧洲和亚洲在当时的很多相似之处。彭慕兰（2000 年）对西欧和中国进行了对比，来展示两者的生育率和人均寿命其实非常相似。当时西欧的资金储备并没有明显多出很多，呈现出来的技术也不是那么高级。在中国，土地和劳动力市场呈现出高效和自由的特征，大致和西欧一样。事实上，在市场和商业化方面这两个世界的相似程度非常惊人，从土地、劳动力和货物的商品化上都可以表现出来，在奢侈品消费和资本累积方面也都能体现出来。帕塔萨拉提（2011 年）把英国和西欧同印度进行了对比，发现两者的商品和信用市场发展水平非常相近。土地所有权被定义得非常明确，所以大量非农业人口能够饱腹，并且还有余粮对外出口。商人建立起跨越大洲的商业帝国，这也意味着他们的财产非常安全。两者的生活水平也大致相当。

芬德利和奥罗克（2007 年）不仅仅把西欧与中国、印度进行了比较，还将其与欧亚大陆的其他地区进行了对比，来表明各地都在发生巨大的经济和政治变化，所以虽然任何地方的人口、技术和制度都不稳定，但都有很广泛的可比性。发展成熟的记账和会计系统并不只存在于西欧，在中国、印度和其他地方也都出现了。同样，科学知识和技术在其他地方也都有所发展。印度的棉纺织品和中国的丝绸瓷器直到 18 世纪晚期在世界经济中都是出口量领先的制成品。来自印度的商人利用印度的两条海岸线，掌控了印度洋 1000 多年，并且直到 19 世纪都还能和欧洲的贸易公司在同一层面上进行竞争。亚洲国家的政治体制和各个帝国或者王朝都非常复杂，令人望而生畏，它们拥有强大的军队、生产力极高的农业和充满活力的商业。[3] 还有一些学者走得更远，他们坚持这样的论点，认为就算要说有什么区别的话，在这段时期内也是亚洲比西欧更为发达，并且更适合开展一场工业革命［弗兰克（Frank），1998 年；霍布森（Hobson），2004 年］。还有一些历史

学家认为，在变成殖民地之前的印度已经能看到工业革命的原型 [伯
林（Perlin），1983 年]。总而言之，看起来，18 世纪中叶时西欧和亚
洲之间的相似之处远比不同之处更为显著。所以，坚持认为那个时
期的西欧在技术、生产力或者收入水平方面比亚洲有明显优势是讲不通
的。在 1500—1750 年，西欧在世界经济中的经济重要性确实在不断增长，
但是在整个这段时期里，亚洲的巨头，即中国和印度在世界生产总量
中所占的比重一直都保持在 50% 左右，并没有太大变化。

3. 英国发生工业革命：为什么不是在欧洲其他国家或是亚洲？

18 世纪晚期，英国发生工业革命。这场变革引发了对它在哪里发生、
什么时候发生和为什么发生这一系列问题的广泛研究。有很多抽象推测
出的猜想和互相对立的解释。进行任何有意义的分析都需要先讲很多离
题的内容。这一部分只是简单地概括一下一些基本信息。各类研究提出
了范围广泛的一系列可能的原因，包括：科技革命、启蒙主义、高效的
市场、财产权、农业生产力的提高、技术发明、不干涉政策、新的政治
体制、天然资源如煤炭和铁矿的储量、高储蓄或者低利率造成的资本积
累等。但是，列举这些因素并没有什么多大意义。因为这些因素中的大
部分也存在于其他国家当中。并且，因果关系的本质非常重要。所以，
接下来比较短暂的一个讨论就非常有选择性，只关注一些合理的猜想。
这些讨论谈不上有多么系统，就更不可能是详尽彻底的了。

彭慕兰（2000 年）从欧洲和亚洲在收入水平方面产生的大分歧入
手进行解释，重点聚焦于 19 世纪的中国。他认为工业革命之所以发生
在英国，是因为英国有着非常幸运的地理环境，有丰富的煤炭资源能
够在森林面积不断缩减的时刻成为木材的替代品，同时，与美国进行

的贸易也使得英国能够走上一条资源密集、节省劳动力的增长道路。
与之相反，亚洲走进了死胡同，由于受到生态环境的限制，只能走上
劳动力密集、资源节约的一条道路，所以增长也变得缓慢起来。艾伦
（2009 年）试图从全球角度分析英国发生的工业革命，他认为这是对当
时世界经济状况的一个成功的回应。之前几十年里英国进行的全球扩
张也做了关键性的贡献。在 18 世纪的英国，与亚洲和欧洲的其他国家
相比，英国工资高，同时资本和能源都很廉价，这就意味着工业革命
里出现的最著名的技术发明——无论是蒸汽机、珍妮纺纱机、纺织厂
还是焦炭熔炼——都是一些能在英国用得上，并且能带来收益的发明，
同时，用煤炭取代木材成为新的能源使得一切都发生了翻天覆地的变
化。帕塔萨拉提（2011 年）讨论过欧洲变得富裕而亚洲没有富起来的
原因，他主要聚焦于印度的发展。他认为有两个关键性的因素。对于
新技术的探索可能是因为受到来自亚洲生产商的竞争压力的影响，比
如印度的棉纺织产品和中国的丝绸与瓷器；开发煤炭则是由于国内对
森林乱砍滥伐，导致木材稀缺，从而形成压力。

　　这些压力产生了强大的影响。但是，国家的一些行动也促进了工
业革命的发生。在 18 世纪的英国，国家为科学和技术研究提供赞助，
并且帮助推进采矿业的发展和对于煤炭的应用。但最为重要的，也许
是它有一些保护国内生产业的贸易政策，这些政策扮演了最关键的角
色（贝罗奇，1993 年；张夏准，2002 年）。从更广泛的历史背景来看，
芬德利和奥罗克（2007 年）研究了在第二个千年里，国际贸易是怎样
塑造了世界经济的形态，他们强调英国在海外的军事成就和 1688—
1780 年之间的重商主义传统也起到了关键性的作用。后来在 19 世纪，
帝国进行了扩张，为海外的制造商提供了市场，为原材料提供了来源，
而这种扩张也是受到了重商主义思想的驱动，行使权力就是为了保证

富足。所以，工业革命的起源与在此之前一段时期由国家驱动的国际
贸易和海外扩张有着紧密的联系。

同样还有一些文献研究了与此相伴的另一个问题，那就是工业革
命为什么没有发生在欧洲的其他地方，比如说法国或者荷兰；又或者
工业革命为什么没有发生在亚洲，比如说中国、印度或者日本（弗兰克，
1998 年；兰德斯，1999 年，彭慕兰，2000 年；芬德利和奥罗克，2007 年；
艾伦，2009 年；莫瑞斯，2010 年；帕塔萨拉提，2011 年）。在这些经
济体内发生工业化的转变是可能的，因为它们拥有高效高产的农业、
商业网络、手工业和充足的人口。每个地方或多或少都有发展的潜力，
尽管发展水平不同，但是它们在发展结构上都有相似之处。尽管如此，
过程和结果都是由空间环境和关键时机所决定的，而这又包含了经济、
政治和社会各方面的因素。事实上，在欧洲和亚洲，所发生的事件都
受到国家背景之下一系列错综复杂的经济、社会和政治因素的影响［金
德尔伯格（Kindleberger），1996 年］。所以要进行简单的概括很难。一些相反的事实也让概述变得更加困难。即便如此，在文献中还是出现
了一些解释，有一定的建议性，但不绝对。如果在这里就展开讨论，
会跑题太远。所以，现在很有必要重申芬德利和奥罗克（2007 年）提
出的三条非常明智的结论。第一，去寻找一个唯一的、能够排斥或者
否认其他一切与之对立的解释的理论将会是徒劳无功的，因为有可能
好几种猜想中都有合理的部分。第二，必须在必要条件和充分条件之
间进行一个明确的划分，因为当时英国和西欧、亚洲的一些国家有着
同样的发展特点和属性。第三，有关工业革命为什么没有在其他国家
发生这个问题，必然有许多种回答，而像欧洲、伊斯兰世界和亚洲有
这么多多元化的国家，肯定也不会有一个通用的解释，所以不发生在
其他国家的原因一定会是针对每个国家都有独立的解释的。

4．对世界经济的意义和影响

在英国发生的工业革命不仅对欧洲、亚洲和世界经济都有着深远的意义和巨大的影响。工业革命之初，蒸汽机、廉价钢铁和纺织厂里珍妮纺纱机的出现，都被证明是带来了巨大的转变（艾伦，2009 年）。纺织厂成为工业化生产机制的先驱。蒸汽机开启了技术变革，通过利用水和燃煤制造能量。廉价钢铁的出现依赖于煤炭，因为是焦炭在冶炼过程中取代了木炭。这些放到一起，所有的这些发展帮助建立起一种机械工业，能够生产出释放大量产能的各种机器。技术改进减少了煤炭的消耗，所以出现了能更加高效利用燃料的蒸汽机，从而进一步强化了机器制造生产的过程。之后对新技术的应用在各个领域和各个地区都进行了扩张，尽管这一过程像在第 2 章里面提到的一样，是很缓慢地循序渐进。更多是在 19 世纪中叶逐渐开展。铁路的概念很早就诞生了，它的用途是在矿井中拉煤，或者将煤炭从矿井运到河边。铁轨和蒸汽机车使它成为一种地面上的运输工具，那个时候还没有马路，或者说当时的道路不适合这种用途。用蒸汽机代替船帆、用铁代替木头制造船体，这些都在航运业引发了革命。这两方面的变革都使得交通运输所需时间大幅缩减，也使跨越远途的成本大幅下降。

这就是 19 世纪的背景环境，19 世纪目睹了国际经济秩序的演变，这一系列演变导致世界经济和政治权力平衡方面出现了翻天覆地的变化。这主要可以归结于三方面的发展。第一，18 世纪晚期英国发生的工业革命在 19 世纪上半叶扩散到了西欧，尽管速度比较缓慢。第二，19 世纪初期出现了新式的、有些不同的殖民主义形式，它在帝国主义时期达到了高潮，并在整个 19 世纪里都积蓄着势能。第三，19 世纪中叶在交通运输和通信工具方面发生的变革，比如铁路、蒸汽机的出现，电报的发明，都消解了地理距离和时间方面的阻隔，从而缩小了这个世界（奥罗克和威廉姆森，1999 年；纳亚尔，2006 年）。这三方面的发展相互交错，在时间上也部分重叠。由于政治上出现了殖民主义，不同地区出现了不同的劳动分工，它们就是这样通过创造不同的生产专项化模式来改变世界经济。

制造方式发生了革命性的变化，这一切都是 18 世纪晚期在英国渐渐发展起来，并于 19 世纪早期向西欧国家进行扩散，而欧洲的经济生活也因此发生了巨大的变化。首先是创新，其次就是不断的技术改进，使得生产力、生产总量和收入都大幅提升。新技术迅速扩散，并且在不同地域传播开来，这就使得英国、比利时、荷兰、法国和德国迅速工业化。西欧的工业化使得制造商品的价格迅速下跌，导致亚洲特别是印度和中国的传统工业开始衰退，所以也就造成了其他地区的去工业化（贝罗奇，1981 年；彭慕兰，2000 年；纳亚尔，2006 年；芬德利和奥罗克，2007 年；麦迪森，2007 年；帕塔萨拉提，2011 年）。因此，数个世纪以来在亚洲发展起来的知识和技能都慢慢不断地被侵蚀，直至最后消失殆尽。所以，19 世纪见证的不仅仅是收入方面出现的分歧，还有劳动生产率、技艺水平和技术能力方面的分歧。对某条道路的依赖和不断积累的量变都意味着将会对发展造成长期的影响。

最接近也是最明显的导致亚洲去工业化的原因，应该就是英国和西欧工业领域存在的更大的竞争力。但这并不是全部。19 世纪的交通革命瓦解了由距离和时间所打造的无形的地理障碍，打破了印度和中国这些国家手工业和制造业的天然保护壳（纳亚尔，2006 年；芬德利和奥罗克，2007 年）。在 1870—1900 年，汽船的出现使得海上运输的时间缩短了三分之二（刘易斯，1978 年）。苏伊士运河的开通使得伦敦到孟买的距离缩短了一半，货运成本也大幅下降，正如同从黑海到埃及港口的航线也使得时间和金钱成本大幅缩水（威廉姆森，2002 年）。铁路的扩张把各个国家的偏远地区也拉入到世界经济当中，它们不仅仅是原材料的来源地，也是制成品的销售市场（纳亚尔，2006 年）。对于印度和中国或者其他亚洲国家而言，这时候需要设立高关税，甚至是通过禁止产品进口来对本国工业进行保护，化解由于工业和交通革命造成的从英国和西欧进口的制成品价格下降所带来的冲击。当然了，殖民主义和帝国主义的横行意味着亚洲国家没有用高关税来保护国内工业的自由。在上一章提到过，炮舰外交加上殖民统治，欧洲把自由贸易强加于中国、印度、印度尼西亚、日本和韩国。欧洲也将自由贸易强加于奥斯曼帝国。所以，在西欧，伴随着工业化的发生，生产力也不断增长；而在亚洲，随着去工业化的发展，生产力则不断下滑。这种在生产力方面出现的鸿沟是最根本的因素，是西欧和亚洲的人均收入之所以会出现如此分歧的潜在原因。

英国的经济增长，在很大程度上来说，是受到资本主义体制的生产结构的影响，资本积累和技术进步产生了新的劳动分工，并且由强有力的国家政策所支撑。西欧国家在稍晚一点的时候也走上了相似的道路。英国和西北欧国家的工业化进程导致在生产总量和就业率方面，制造业所占的比重都有所增长，而农业领域的比重则有所下降。随着时间的流逝，最终的结果就是生产总量和就业率发生结构性的转变（库兹涅茨，1971 年），最终导致生产总量的大幅增长。国际人口迁移使得人们从土地稀少的欧洲移民至幅员辽阔的美国、澳大利亚和非洲，这种迁移也支持着上述结构性转变的发生（纳亚尔，2002 年和 2008 年）。同样，劳动力从农业领域转向制造业领域，也使得生产力不断持续增长。诸如法国、德国和美国这些跟随英国脚步的迟到者也开始进行国家干预，包括实行关税保护和在工业领域制定政策等，这些也都支持了这一工业化进程（贝罗奇，1993 年；张夏准，2002 年）。此后，GDP 增长率进一步提高，尽管照现在的标准来看增幅不大，但也体现出在 19 和 20 世纪，西欧国家和西海岸分支国家在世界 GDP 总量中所占的比重有所增加。

　　"西方"的崛起，和"其他"在世界经济中的衰退有着密切的关系。而就后者而言，亚洲的衰退，特别是印度和中国的衰退，是主要的因素。尽管这个时候拉丁美洲的情况相对要好一些，但面对亚洲和非洲的这种状况，出现了很多相互抵触的解释。一些说法重点强调经济因素，认为工业革命必须依赖于前期或同时期发生的农业革命才能开展（刘易斯，1978 年）；一些说法重点强调政治因素，认为这些帝国主义强权势力并不允许在自己掌控的殖民地上发生工业革命[巴兰（Baran），1957 年]；一些说法重点强调要将经济和政治因素杂糅在一起来看，认为殖民主义的经济模式和帝国主义的政治模式二者结合在一起，共同造就了这种不平等的国际经济秩序[富尔塔多（Furtado），1970 年；弗兰克，1971 年]。

　　字数的限制不允许本书对这些相互抵触的解释进行讨论。简单地说，结果一清二楚。世界经济被分为两类，一类是已经工业化并且对外出口制成品的国家（通常处于温带气候区），另一类是没有工业化并且对外出口初级产品的国家（大部分处于热带气候区）。国家之间在人均收入方面出现的"大分歧"与各个国家间劳动力分工的"大型专项化"有着密切的联系。因此，在亚洲、非洲和拉丁美洲，生产总量和就业率的结构组成上几乎没有变化，第一产业仍占首要地位（贝罗奇，1975 年和 1993 年），从而限制了生产力和生产总量的增长。虽然缓慢，但毫无疑问的是，这些国家开始对西欧的工业化国家产生依赖，这种依赖不仅仅是对市场和金融条件的依赖，更是把它们作为自己经济增长的引擎（刘易斯，1978年）。这一切逐渐演变成为发展中世界的国家的去工业化和发展不充分，正如这一过程使那些融入工业化世界的国家进一步开展工业化和寻求其他发展。这两方面的结果都是资本主义在世界经济中不断发展的重要组成部分。

英国发生的工业革命逐渐扩展到西欧国家，再加上交通运输和通信行业发生的革命，在世界经济中造成了巨大的不平衡和不平等，为19世纪所观察到的种种表现提供了重要的解释，而这一过程在殖民主义和帝国主义的影响之下也被进一步强化。世界上的政治语境发生了变化，从而也带来了巨大的不同。它就此确立了英国、法国和其他小一点的西欧国家在地缘政治中的统治地位，从而压倒了亚洲和非洲。英国、法国和荷兰殖民主义，包括西班牙和葡萄牙殖民主义，虽然各自不同，但都有一些基本的相似之处（麦迪森，2007年），特别是对被殖民地造成的影响。但是，有必要注意的是，在19世纪早期，当亚洲和非洲的国家逐渐开始受到殖民统治，拉丁美洲的国家却逐渐开始走向独立。拉丁美洲从被殖民统治走向独立的这一过程自1810年开始，但直到19世纪20年代才得到巩固。也许正是出于这个原因，在1820—1870年，拉丁美洲在世界GDP总量中所占的比重才出现了少许增长而非下降。像前面所说的，从19世纪70年代开始，拉丁美洲的国家就开始争取自治，用关税收入来推动这些物产富足的经济体进行工业化。这确实使得拉丁美洲国家出现快速增长，并实现了一定程度的工业化，也说明了拉丁美洲在1870—1950年的世界GDP总量中所占的比重为什么会出现显著的增长。[4]但是，由于在这一时期，技术、经济和政治三股力量混合起来非常强大，仍然将拉丁美洲困锁在了"大专项化"的分类中，只能对西欧出口初级产品，并从西欧进口制成品（芬

44

德利和奥罗克，2007 年）。即便如此，政治上的独立确实使拉丁美洲有了更多的自由度，在 1870—1950 年它在世界 GDP 总量中的比重也因此翻了三倍，但这并不足以使人均收入方面出现的分歧发生反转。

这一时期世界经济的进化演变是由两方面的因素所塑造的。第一方面的因素，在 1820—1870 年施加了极为强大的影响。这一因素主要就是英国发生了工业革命，后来工业革命扩散到西欧国家，导致了下一阶段殖民主义的开始，并且波及亚洲和非洲国家，再加上交通运输和通信方面发生的革命，都使得世界不断缩小。第二方面的因素，在 1870—1914 年施加了极为强大的影响，主要是由政治上的帝国主义和经济上的全球化，就此造就了赢家和输家［霍布斯鲍姆，1987 年；罗德里克（Rodrik），1997 年；威廉姆森，2002 年；纳亚尔，2006 年］。由于两次世界大战和经济大萧条的影响，这些因素的影响在 1914—1950 年逐渐消散，然而，工业化资本主义的最基本的特征都暗示着在世界经济中，不平等的国家之间将会继续出现不平等的发展。

总 结

尽管有跑题的风险，但值得注意的是，围绕本章所分析的西方的崛起和其他国家的衰退这个主题，很多的学者在研究为什么在追逐政治权力和经济繁荣的时候，有些国家成功了，而另一些国家则失败了。简单来说，有三个方面，每一方面都有一个不同的重点，它们分别是文化、地理和制度。并且这三点互相排斥。

第一方面强调文化的至关重要性。该观点的起源可以追溯到马克思和韦伯的著述，他们强调了欧洲和亚洲之间的文化差异。当然，他们的思考远比这个范围更广。马克思通过历史来说明在他所定义出来的亚细亚生产方式里，缺少一种历史辩证主义；韦伯则引入宗教的概念，强调亚洲缺少新教徒的美德和最基本的理性思维，而这些对于资本主义的进化演变都起到最关键的作用。萨义德（1978 年）质疑了这个颇具影响力的思想体系，别的一些历史学家也提出了疑问。这就导致很多社会学家反对并驳斥欧洲比亚洲高出一等的这种理论。即便如此，在现代对经济史的研究文献中，兰德斯（1999 年）和克拉克（2007年），还有其他人，都试图从文化特性的角度，为英国的工业革命以及西欧在接下来的两百年里所发生的经济和社会转型提供解释。由此得出的另一个推论是，在同一时期亚洲国家的衰退也是和其文化特性有关。本章中的讨论表明，这种假说其实站不住脚。[5]

第二个值得关注的方面是地理因素。在他的著作中，戴尔蒙德（Diamond，1997 年）认为地理位置在人类社会的历史中扮演着关键角色，他就此来解释为什么一些国家成功了，而另一些国家没有成功。首先，在温带国家和热带国家中天然存在着差异，主要是地理上和生物学上的差别，这就使得在热带国家感染疾病的概率大大增加，而在有着温带气候的国家，农业生产力则更容易提高。其次，因为有些国家靠海或者靠近可通行的河道，这就造成国家间的经济潜力出现了巨大的差异，那些内陆国家则遇到了重重障碍与困难。戴尔蒙德承认技术和历史的重要性，但他最基本的观点却是国家的富裕或者贫困是由于地理因素造成的。遵照同样的传统，莫里斯（2010 年）提供了一个长线视角，拉长到五千年的人类史。他试图解释西方为什么能，又是以何种方式逐渐统治起了世界。最根本的论点是，生物学（生命科学）和社会学（社会科学）一起，共同解释了人类作为一个整体，整个社会的进展。人类作为每个个体存在，也许会非常不同，但是作为一个集体而言，就算有不同的进步或者退步，但都非常相似。同时，莫里斯相信仅地理因素一项就足以解释为什么在世界某一地区的人们能比其他地方的人们过得好。因此，认为地理因素发挥了作用是很合情合理的，但是，如果要说地理因素是对于国家之间发生繁荣和贫困差异的最完整、唯一的解释，就有些言过其实了。

第三个方面强调了制度因素。这种观念的起源可以追溯到诺斯（North，1990 年），他分析了在变化和发展过程中制度的重要性。有人持与此类似的世界观，阿西莫格鲁和罗宾逊（2012 年）认为，经济制度决定一个国家是富裕还是贫困，而政治制度则决定了经济制度。那些成功的国家都有一种包容性的经济体制，允许人们加入到经济生活中去，并最好地利用自己的才能，而这些才能则是由将权力分散到各个群体当中的政治体制释放出来的。那些失败了的国家采用的都是"精英"政治体制，强迫人们为了统治精英或者独裁者而工作，这种专制主义政治体制将权力集中于极少数人的小团体中。这种假说并不能令人信服，因为在所引用的书中，作者只是通过国家历史中的一些"一般"的故事来寻求支持自己的证据，从而得出结论，认为这个故事解释了国家成功或者失败的原因。因为可以"事后诸葛亮"，这种分析故事的方法就简便了很多。最根本的问题是，为什么有些国家采用了包容性的体制，而其他一些国家则采用了少数人统治的体制。富裕国家拥有好的体制、贫穷国家拥有坏的体制，这一点毋庸置疑，但是也许好的包容性的体制只是一种结果，而不是推动发展的原因。

很明显，成功与失败的国家之间的区别，或者说繁荣与贫困国家之间的区别并不是文化造成的。地理因素和制度因素很重要，但是也不能提供完整的解释，也绝对不能被当作唯一的解释。真正的危险在于这些跨越时间和空间的大而化之的假说，没有意识到一个很明显的现实，那就是结果都是在历史对现状有影响的国家背景之下，由一系

46

列融杂在一起的经济、社会和政治因素所导致的。

现在应该回归到本章开头所提出的那几个问题上，虽然可能只能提供一个简短的答案。第一，公元 1500 年左右欧洲的发展，特别是航海大发现和对美洲的殖民，对于世界经济未来的塑形起到了深远的影响。在国家权力和海上霸权的支撑下，商业贸易开始扩张，促使商业的发展壮大和城镇化的不断增长，从而有助于社会、政治和制度方面的变化，也为资本主义的发展提供了最初的环境。第二，在 18 世纪中叶，欧洲和亚洲之间的相似之处要比不同之处多得多。人均寿命和生育率、科学知识和技术能力、市场和财产权、商业和贸易等方面都没有太大的不同。事实上，人口、技术和体制方面大概都差不多。第三，英国之所以发生工业革命，有范围很广的一系列因素在发挥作用，所以单一的解释是徒劳的。高工资、低成本加上便宜的能源，使得发明和运用新技术变得有利可图，而煤炭替换木材成为新的能源则造成了巨大的变化。不仅如此，对新技术的探求也是出于以下考虑：面对亚洲制成品的竞争；再加上森林采伐过度后出现了木材的紧缺。在此前一个时期的国际和海外扩张也为此提供了基础，而国家的一些举措，比如制定保护本国工业的贸易政策、为科学和技术研究提供资金支持等也起到了关键的作用。第四，在制造方法方面出现的革命性的变化使得经济生活发生转变，工业化延展至欧洲，生产力、生产总量和收入都出现了急剧大幅增长。这也使得亚洲的一些传统工业，特别是中国和印度的传统工业走向消亡，它们的技术水平和发明能力都随着时间的推移而慢慢降低。政治上的殖民主义又将自由贸易强加于这些国家身上，再加上交通运输业发生的革命打破了地理位置在时间和空间上给予这些国家的天然保护，这些都加快了亚洲的去工业化过程，给中国和印度带来了灾难性的后果。

第二部分

追赶

第 4 章
大分歧的终结：趋同的开始？

前面的几章将本书的主题放置于宽泛的历史背景之下，强调了直到 18 世纪中叶之前，亚洲、非洲和拉丁美洲在世界经济中的绝对重要性，它们在 19 世纪迅速衰退，直到 20 世纪中叶达到最低谷。本章以人口和收入为标准，追踪了在 20 世纪后半叶和 21 世纪头十年里，发展中国家在世界经济中的重要性所发生的变化。通过这种观察，本章得以提供一个全球化的视角，着眼于与工业化国家相比，发展中国家在世界总收入中所占的比重和它们的人均收入水平。由于发展中国家内部的多样化和各国之间存在的差异，本章还尝试着把亚洲、非洲和拉丁美洲分开来分析，但是这种分解仅限于洲别之间，并没有进一步细分到某个大洲不同的国别之间。

本章结构如下。第一部分考虑了在麦迪森的购买力平价数据的基础上，发展中国家在世界 GDP 总量中所占的比重以及相对于工业化国家而言的人均收入水平，强调了在生产总量方面进行的追赶，并与过去进行了对比。第二部分用以国民经济核算数据为基准的市场汇率作为参考，分析了发展中国家的收入在所占比重和所处水平方面出现的变化，着眼于地区间的不同，以及在和工业化国家相比较时，在所占比重方面出现的变化和收入水平之间的不平衡。第三部分研究了 GDP 和人均 GDP 的增长率情况，强调在世界 GDP 总量中不同的国家分组

或者地区所占比重发生的变化，以及人均 GDP 水平出现的分歧或者趋
同。第四部分讨论了在经济史和经济理论中发生趋同化的主要假设，
从而提供一些批判性的评估，并将其与本章主题联系在一起。

1. 在生产总量上的追赶以及与过去的对比

50   对于世界经济中的发展中国家而言，1950 年大概是一个重要的转
折点。它标志着后殖民时代的开启，亚洲那些新获得独立的国家，包
括后来晚一些时候独立的非洲国家力图在工业化和发展水平方面进行
追赶。表 4.1 展示出了在 1950—2008 年的某些特定年份里，发展中
国家在世界人口总数和 GDP 总量中所占的比重，这其中包括几个发
展中地区、工业化国家和东欧的一些正在转型中的经济体，苏联也被
纳入在内。[1] 本表所依据的是麦迪森基于购买力平价所计算出来的
GDP 数据，计算单位按 1990 年国际美元的标准。这一数据帮助实现
了一个非常重要的目的，它使得与过去进行对比变得可能。但它也有
个很突出的局限性，就是为实现微观上个体实际收入的全球对比而发
展出来的购买力平价计算法并不非常适合做宏观上总量的对比。如此
一来，下一个部分就是按照市场汇率来研究发展中国家的收入水平和
所占比重的。

     表 4.1 中的数据表明，分出了两个非常明显的阶段，即 1950—1980
年和 1980—2008 年。值得注意的是，2008 年是能够获得麦迪森数据的
51   最后一年。这一年作为长期趋势研究的收尾年也非常合适，因为 2008
年末开始的金融危机转变成了一场大萧条，并持续至今。

     在 1950—1980 年，发展中国家在世界人口总数中所占的比重从
67% 增长至 74%，而它们在世界 GDP 总量中所占的比重则停止下滑，

表4.1 发展中国家、工业化国家、东欧-曾属于苏联的国家和地区在世界总人口和世界GDP总量中所占的比重：1950—2008年（百分比）

	1950	1962	1973	1980	1990	2001	2008
世界总人口							
亚洲	51.5	52.2	54.6	55.5	56.6	57.3	57.4
非洲	9.0	9.5	10.1	10.8	12.0	13.5	14.6
拉丁美洲	6.5	7.3	7.8	8.1	8.4	8.6	8.7
发展中国家	*67.0*	*69.1*	*72.5*	*74.4*	*77.0*	*79.4*	*80.7*
工业化国家	*22.4*	*20.7*	*18.3*	*17.0*	*15.2*	*14.0*	*13.3*
东欧和曾属于苏联的国家和地区	*10.6*	*10.3*	*9.2*	*8.6*	*7.8*	*6.6*	*6.0*
总计	*100*	*100*	*100*	*100*	*100*	*100*	*100*
世界GDP							
亚洲	15.6	14.9	16.3	18.3	23.3	31.0	38.0
非洲	3.8	3.5	3.4	3.6	3.3	3.2	3.4
拉丁美洲	7.8	8.1	8.7	9.8	8.3	8.2	7.9
发展中国家	*27.1*	*26.6*	*28.4*	*31.7*	*34.9*	*42.5*	*49.4*
工业化国家	*59.8*	*59.8*	*58.7*	*56.4*	*55.4*	*51.9*	*44.2*
东欧和曾属于苏联的国家和地区	*13.0*	*13.6*	*12.9*	*11.9*	*9.8*	*5.6*	*6.4*
总计	*100*	*100*	*100*	*100*	*100*	*100*	*100*

注：百分比是由以百万计的人口数和根据1990年国际美元标准、以百万计的GDP为基础得出的。
来源：数据来自麦迪森线上数据库，详见附录。

并从 27% 增长到了 32%。由北美、西欧、日本和大洋洲国家所组成的工业化国家，在世界人口总数中所占的比重从 22% 下降到了 17%，而它们在世界 GDP 总量中所占的比重也从 60% 下降到了 56%。发展中国家所占比重的增长，大部分是以工业化国家所占比重的下降为代价的，另一部分则是以那些采取计划经济的东欧国家和苏联所占比重的下降为代价的，东欧和苏联在世界人口总数中所占比重和在世界 GDP 总量中所占的比重都有轻微的下跌。需要注意到很重要的一点，就是这一时期大概与工业化国家资本主义发展的黄金时代重合，这一时期它们的经济增长迅速〔马格林（Marglin）和斯格尔（Schor），1990 年〕，同时，也和社会主义国家取得经济发展的成功的时期相重合，它们的经济增长也很迅速。但是在发展中国家，经济增长速度要更快一些。

很明显，这是对 1820—1950 年的增长趋势进行的一种逆转，在那个时期"西方"要比"其他"国家发展得好太多。亚洲在世界人口总

表4.2 对工业化国家、东欧–曾属于苏联的国家和地区和发展中国家的人均 GDP水平进行比较：1950—2008年

	人均GDP占比						
	1950	1962	1973	1980	1990	2001	2008
工业化国家	*100*	*100*	*100*	*100*	*100*	*100*	*100*
东欧国家	*37.4*	*38.5*	*38.2*	*38.7*	*28.9*	*27.0*	*33.9*
曾属于苏联的国家和地区	*50.4*	*49.1*	*46.4*	*43.0*	*36.8*	*20.9*	*31.3*
发展中国家	*15.1*	*13.3*	*12.2*	*12.9*	*12.4*	*14.4*	*18.4*
亚洲	*11.3*	*9.9*	*9.3*	*10.0*	*11.3*	*14.6*	*19.9*
非洲	*15.8*	*12.7*	*10.6*	*10.1*	*7.6*	*6.5*	*7.0*
拉丁美洲	*44.5*	*38.4*	*34.6*	*36.4*	*27.0*	*25.7*	*27.6*

注：人均GDP是根据1990年国际美元标准得出的。
来源：数据来自麦迪森线上数据库，详见附录。

数中所占的比重增长了 4 个百分点，但是它在世界 GDP 总量中所占的比重也几乎增长了 3 个百分点。拉丁美洲在世界人口总数中所占的比重增长了 1.6 个百分点，但是它在世界 GDP 总量中所占的比重增长了 2 个百分点，并且，后者的增长率要一直要高出前者一些。非洲是个例外，它在世界人口总数中所占的比重几乎增长了 3 个百分点，但是它在世界 GDP 总量中所占的比重几乎没有变化。看起来，如果把发展中国家合在一起，延续了 130 年的生产总量增长方面出现的分歧终于要告一段落了。

考虑到世界生产总量和人口总量之间出现的不均衡的分布，这种重大的变化没能阻止人均收入方面出现的分歧也就不奇怪了。这种分歧也许和过去发生的在速度上不一样，但依然存在着。表 4.2 把工业化国家合起来的人均 GDP 水平与东欧、苏联和包含发展中国家几个地区的人均 GDP 水平进行了对比。[2] 在 1950—1980 年，如果以工业化国家人均 GDP 水平的百分比为参考，拉丁美洲的人均 GDP 水平从 45% 下降到了 36%，非洲从 16% 下降到了 10%，亚洲从 11% 下降到了 10%。发展中国家人口的迅速增长就意味着各地在人均收入水平方面出现的分歧也会加大。如果按照所占比例来进行考虑，拉丁美洲和非洲的下

降非常明显，而亚洲的下降就显得少一些，但也可能是因为本来分歧 52
就已经够大了。很有意思的是，在这一时期，施行计划经济的国家状
况要好一些。与工业化国家的水平相比，在东欧国家，其人均 GDP 发
展水平并未出现太大分歧，在苏联也只是有很少的变化。

　　在接下来的一段时期，这种趋势变得更为显著，转型也更加明显。
在 1980—2008 年，发展中国家在世界人口总数中所占的比重也出现了
类似的增长，从 74% 增长到了 81%，但是它们在世界 GDP 总量中所
占的比重则增长得更多，从 32% 增长到了 49%。在同一时期，工业化
国家在世界人口总数中所占的比重从 17% 下降到了 13%，它们在世界
GDP 总量中的比重也从 56% 下降到了 44%。发展中国家的增长量中，
有差不多三分之二属于填补了工业化国家所缩减的部分，另外的三分
之一则是来源于东欧和苏联的衰退，1990 年之后它们的经济表现明显
糟糕了很多，在转型的早期生产总量也出现了急剧收缩。看起来，如
果把发展中国家看作世界经济中的一个群体，1980 年后发展趋势就开
始扭转，并在此后积蓄了大量势能。

　　但是不同的区域之间情况也大有不同。亚洲算是例外，它在世界
人口总数中所占的比重只增长了不到 2 个百分点，但是它在世界 GDP
总量中所占的比重一下子跃升了 20 个百分点。拉丁美洲在世界人口总
数中所占的比重增长了 0.5 个百分点，而它在世界 GDP 总量中所占的
比重下降了 2 个百分点。非洲就更糟糕了，它在世界人口总数中所占
的比重增长了 4 个百分点，但是它在世界 GDP 总量中所占的比重仍然
没有变化。东欧和苏联的进展也都很糟糕，它们在世界人口总数中所
占的比重下降了 3 个百分点，在世界 GDP 总量中所占的比重则降低了
6 个百分点。在这样的背景之下，要意识到很重要的一点，就是对于拉
丁美洲和非洲而言，20 世纪 80 年代是最糟糕的；而对于东欧国家和苏 53

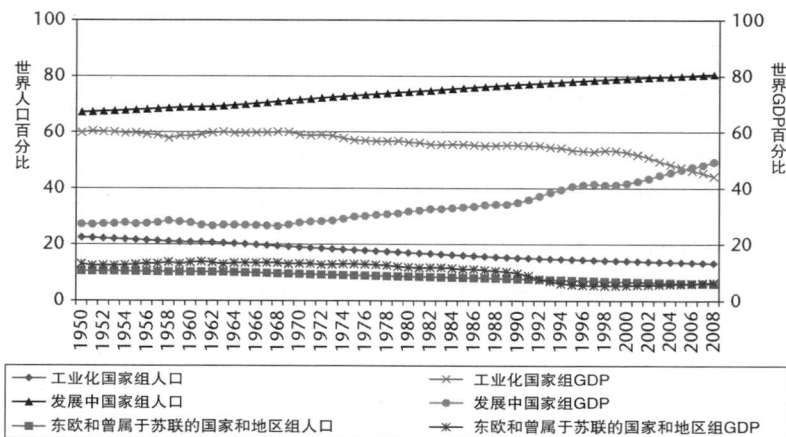

**图4.1 世界总人口和世界GDP总量中各个国家组所占比重的变化趋势：
1950—2008年**

注：以百万计的人口数和根据1990年国际美元标准以百万计的GDP。
来源：数据来自麦迪森线上数据库，详见附录。

联而言，20 世纪 90 年代是最糟糕的。这些确实是失落的时代。

这些发展趋势是怎样对人均收入中发生的分歧产生影响的呢？表 4.2 展示了在 1980—2008 年，以工业化国家的人均 GDP 水平为百分标准，拉丁美洲的人均 GDP 从占其 36% 下降到了 28%，非洲从占其 10% 下降到了 7%，相反，亚洲占比则从 10% 增长到了将近 20%。这种分歧在东欧国家和苏联身上表现得最为明显，分歧也最大，它们在这段时期经历了急剧的经济退化，直到 21 世纪初才多少有所恢复。

表 4.1 和表 4.2 提供了所选基准年内的数据，来保证数据统计保持在一定可控的范围之内。通过研究这些图表所得出来的一个概念被用曲线图表现出来的时间序列数据进行了补充与完整。

图 4.1 展示的是在 1950—2008 年，三个国家分组在世界人口总数和世界 GDP 总量中所占比重的变化趋势。它确定了一件事，就是在 1980 年左右确实出现了一个转折。它还表现出，各区域在世界人口总

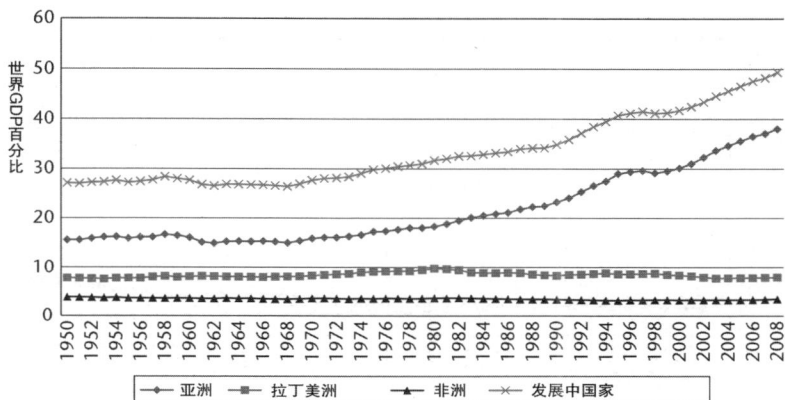

图4.2 发展中国家被分解为各个区域后在世界GDP总量中占比的变化趋势：
1950—2008年

注：根据1990年国际美元标准、以百万计的GDP。
来源：数据来自麦迪森线上数据库，详见附录。

数和在世界 GDP 总量中所占的比重，出现了显著的不平衡：工业化国家在世界 GDP 总量中所占的比重要高出许多，而发展中国家则在世界人口总数中占大多数。但是，这些比重在东欧国家和苏联却基本保持了一致。也许最重要的一点是，这个图强调了发展中国家在 1980 年之后在世界 GDP 总量中所占比重的迅速增长，与之相伴的还有工业化国家在世界 GDP 总量中所占比重的缩减，而前者终于在 2006 年反超了后者。20 世纪 90 年代东欧国家和苏联在世界 GDP 总量中所占比重的急剧下跌，也是由于其共产主义政权的崩溃而导致的，这一点是很清晰的。

图 4.2 展示出了在 1950—2008 年，发展中国家在世界 GDP 总量中所占比重的变化趋势，并将几个区域拆分开来。这张图确认了一件事，就是在这将近 60 年的时间里，非洲在世界 GDP 总量中所占的比重一直保持在同一水平，没有变动。它还表明拉丁美洲在世界 GDP 总量中所占的比重在 1950—1980 年都实现了稳定的增长，但是

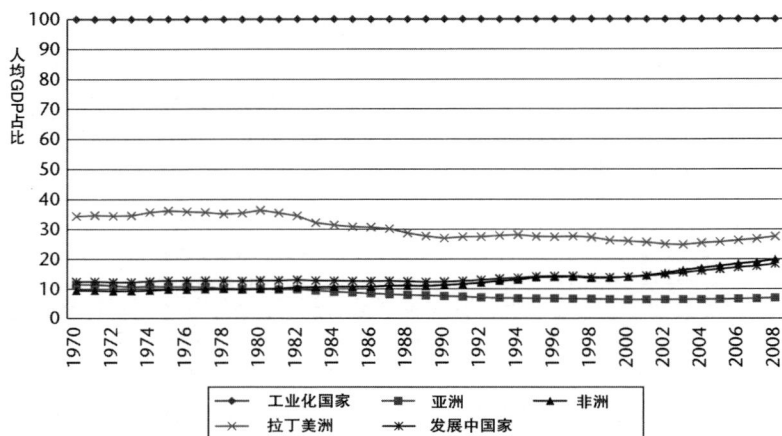

图4.3 发展中国家被分解为各个区域后，其人均GDP水平与工业化国家人均GDP作比得出的百分数：1970—2008年

注：根据1990年国际美元标准的人均GDP。
来源：数据来自麦迪森线上数据库，详见附录。

在这之后出现了缓慢的下降。最重要的是，它强调了亚洲从 1980 年左右开始，在世界 GDP 总量中所占的比重出现了迅速的增长，并在接下来的 30 年里一直保持增长。很明显，在 1980—2008 年发展中国家在世界 GDP 总量中所占比重出现的显著增长，明显可以完全归功于亚洲。

图 4.3 展示出了 1970—2008 年，发展中国家人均 GDP 水平的发展趋势，把几个区域分散开来，并以工业化国家的人均 GDP 水平作为基准计算所占其百分比。该图证实了一个观点，即发展中国家作为一个整体，在人均收入方面与工业化国家在 1820 年时就出现了巨大的分歧，这一分歧持续了 150 年，直到 20 世纪 70 年代早期才告一段落。然后，从 1980 年开始，可以察觉到一种趋同在慢慢地展开。尽管如此，如果把发展中国家打散开来进行分析，就会得出不同的结论。看起来，在非洲，这种分歧仍继续存在。在拉丁美洲，20 世纪 70 年代时，与工

业化国家在收入方面的距离不再拉大，但后来分歧再次出现并一直持续到 20 世纪末。尽管后来在 21 世纪初有所恢复，2008 年时的收入差距还是要比 20 世纪 70 年代的时候更大。1980 年左右开始发生的趋同，在 1990 年时积聚了巨大的势能，但是仅仅局限于亚洲。事实上，它也驱动了发展中国家作为一个整体所实现的趋同化。有必要注意到的是，一开始亚洲的收入差距在 20 世纪 70 年代和 80 年代都要比发展中国家作为一个整体与工业化国家的差距大得多，但是在 90 年代的时候差距逐渐缩小，到了 21 世纪初，这一差距已经比发展中国家作为一个整体与工业化国家之间的差距要小了。对于发展中国家这个整体而言，在 21 世纪初也出现了一定程度的趋同。

通过使用 1950 年之后的麦迪森统计数据，使得能够与过去进行统一的对比，特别是收入水平和所占比重方面的对比，因为在第 2 章中做分析时使用的对 1820—1950 年，甚至更早的 GDP 的估计，也是以 1990 年的国际美元为标准的。表 4.1 和图 4.1 都说明了发展中国家在世界 GDP 总量中所占的比重在 20 世纪 60 年代早期达到最低点，在 1962 年的时候所占还不到 27%。这一比重在 2008 年的时候达到了世界 GDP 总量的 49%。与之形成对比的是，1870 年时发展中国家在世界 GDP 总量中所占的比重为 43%，1820 年的时候是 63%（表 2.2）。如果是考虑人均收入水平的话，这个故事就没那么令人吃惊了。以工业化国家的人均 GDP 水平作为标准进行对比，发展中国家的人均 GDP 水平在 20 世纪 70 年代早期达到了最低点，在 1973 年的时候只占了工业化国家人均 GDP 的 12%。这一比重在 2008 年的时候升至了 18%。与之形成对比的是，1913 年的时候这一比重就是 18%，1990 年的时候则是 20%，但是在 1870 年的时候，这一比重还高达 27%（第 2 章，注释 2）。因此，看起来，在 2008 年时，发展中国家在世界 GDP 总量中所占的比重又

56

回归到了它在 19 世纪中叶时的水平，而与发达国家相比发展中国家的人均收入在 2008 年才恢复到其在 20 世纪初的水平。1913 年，发展中国家在世界人口总数中所占的比重达到最低点，占 63%（表 2.2）。在 1950 年的时候这一比重为 67%。在 2008 年的时候这一比重达到了将近 81%，很接近它在 1000 年的时候所占的比重。1000 年的时候它所占的比重约为 82%（表 2.1）。

前面有关发展中国家在 1950 年之后，依人口总数、总收入和人均收入而言，在世界经济中的重要性的讨论，都是以麦迪森的估计数据为基础的。关注点一直是在世界人口总数和世界总收入中所占的百分比，以及在人均收入水平方面出现的分歧与趋同所占的比例。这些百分比或者所占比，都是从依照购买力平价和 1990 年国际美元标准计算出来的数据当中得到的，而且还要比一般的按照购买力平价水平进行的估测更准，可以帮助进行一段时间内国家之间的对比。要想对 1950 年之后 GDP 和人均 GDP 发展的趋势进行分析，还必须要对绝对量有一定的概念。也许，更重要的是，用市场汇率来进行国际上的对比既是很有必要的，也是很恰当的。原因很简单。在购买力平价基础上计算出来的人均 GDP，在进行全球范围内、微观层面上的个体生活水平比对时能起到很大的帮助。但即便是这样的比对，也会出现问题。来考虑一个例子，一个孟买的理发师在泰姬酒店工作，下班要回到在达拉维贫民窟的家中，把他和一个在纽约曼哈顿第五大道上的沙龙里工作、下班要回到皇后区的家中的理发师进行对比。他们的收入水平按照购买力平价来算的话可能差不多，但是孟买的这个理发师的生活水平很有可能要比他在纽约的同行低得多。尽管如此，就算再符合潮流，也不应当去修正，不该在国家间根据购买力平价来把 GDP 累加起来，也不该在购买力平价的基础上去估测在世界 GDP 总量中所占的比重，因为进行这些估测的基础是对发展中国家的非贸易商品和服务的价格进行了向上的人工调整。[3] 因此，这就导致了在用购买力平价对发展中国家 GDP 水平估测时，出现了一种向上的偏差，所以也就没法和其他的一些以市场价格和市场汇率为基础的宏观变量进行对比，这些宏观变量包括对外贸易、国际投资和工业生产等。

因此，下一部分展示出了在世界经济的背景之下，发展中国家的 GDP 总量和人均 GDP 水平，是在市场价格和市场汇率之下的绝对量。尽管如此，还需要说明的是，第 2 章的分析中使用过的 1950 年之前的麦迪森估测数据在提供长远的历史视角方面发挥了很重要的作用，特别是没有其他任何一个资源能够提供如此完整的数据库。1950 年之后麦迪森估测数据的使用也发挥了重要作用，因为这样就能够和过去进行对比，不然就没办法实现这种对比，因为联合国所编制的国民经济核算数据只有 1970 年之后的。1970 年以后，就有了如下的、在市场价格和市场汇率基础之上对 GDP 和人均 GDP 进行的全球范围之内的对比，并且能很方便地和麦迪森估测数据进行比对。

表4.3 发展中国家以及全世界的人口规模：1950—2010年

	人口（10亿计）		
年份	世界	发展中国家	发展中国家的比重
1950	2.5	1.7	68.0
1955	2.8	1.9	68.9
1960	3.0	2.1	69.9
1965	3.3	2.4	71.1
1970	3.7	2.7	72.8
1975	4.1	3.0	74.3
1980	4.5	3.4	75.7
1985	4.9	3.7	77.0
1990	5.3	4.1	78.3
1995	5.7	4.5	79.4
2000	6.1	4.9	80.5
2005	6.6	5.3	81.3
2010	6.9	5.7	82.1

来源：联合国人口司，联合国统计数据。

表4.4 发展中国家以及全世界的GDP总量和人均GDP水平：1970—2010年
（立足于现有的市场价格和市场汇率）

年份	发展中国家GDP（美元，10亿计）	世界GDP（美元，10亿计）	发展中国家GDP在世界GDP中的占比	发展中国家人均GDP（美元）	工业化国家人均GDP（美元）	发展中国家人均GDP和工业化国家人均GDP的百分比
1970	549	3283	16.7	209	2873	7.3
1975	1228	6410	19.2	416	5387	7.7
1980	2540	11865	21.4	772	9710	8.0
1985	2552	12993	19.6	697	10761	6.5
1990	3851	22206	17.3	947	19303	4.9
1995	5896	29928	19.7	1324	24898	5.3
2000	6973	32244	21.6	1444	25711	5.6
2005	10789	45722	23.6	2081	33977	6.1
2010	20362	63151	32.2	3715	39723	9.4

来源：联合国国民经济核算数据，详见附录。

2．地区间收入水平和所占比重的不平衡

很有必要从人口的变化这个角度切入，特别是在 20 世纪后半叶和 21 世纪头十年里发生的变化，这也需要参考一些绝对量。而且很有必要使用联合国整理编制出来的人口普查数据。表 4.3 展示了在 1950—2010 年，以每五年为时间间隔，发展中国家人口和世界总人口的数量。数据表明，由亚洲、非洲和拉丁美洲组成的发展中国家世界，人口总数从 1950 年的 17 亿增长到了 1980 年的 34 亿，又增长到 2010 年的 57 亿。这很大程度上归结于人口因素。由于公共卫生体系得到了改进、一些流行病得以被消灭，死亡率因此下降。但是生育率并没有下降，贫困和文盲依然普遍存在。这种一段时间内人口增长率的提高是人口转变时期的一个特性。同时也表明了发展中国家在世界人口总数中所占的比重从 1950 年的三分之二增长到了 1980 年的四分之三，再增长到 2010 年的五分之四还多。这种变化主要可以归结于发展中国家人口的快速增长和工业化国家人口的稳定缩减。

看起来，1980 年，发展中国家在世界人口总数中所占的比重回归

到了 1500—1820 年的水平。到了 2010 年，这一比重又回归到了 1000
年的水平。在发展中国家世界，人口增长集中在亚洲和非洲。过去，
中国和印度在世界人口总数中占据着相当大的比重，但是现在亚洲和
非洲还有其他好几个国家也有很大的人口基数和很快的人口增长率。
有必要注意到的是在 2010 年，中国和印度合在一起，占到世界人口总
数的 36%，而在 1000—1700 年，这一比重要大得多，在 50% 左右，在
1820 年更是高达 57%（纳亚尔，2010 年）。

　　更重要，甚至是最基本的一点，就是要考虑用市场价计算出来的、
以绝对量为基础的发展中国家生产总量或者收入水平的走向。表 4.4 展
示了在现有的市场汇率和市场价格之下，在 1970—2010 年，以每五年
为时间间隔，发展中国家和世界整体的 GDP 水平、发展中国家和工业
化国家的人均 GDP 水平。数据表明，发展中国家的 GDP 从 1970 年的
5000 亿美元增长到 1990 年的 3.9 万亿美元再到 2010 年的 20.4 万亿美元。
与此同时，作为世界 GDP 的一部分，它们的占比从 1970 年的 16.7% 增
长到 1990 年的 17.3% 再到 2010 年的 32.2%。但是这一趋势并非始终如一，
也不是一直在增长。在 1975—1980 年，发展中国家所占比重有所增长，
因为油价上涨，商品价格也有所上涨。正如在 1985—1990 年，它们所
占的比重有所减少，因为拉丁美洲正陷入最糟糕的十年，而非洲正在
发生经济危机。即便如此，很明显的一点是，在市场汇率标准下，发
展中国家在世界 GDP 总量中所占的比重从 1970 年的六分之一翻了一
番，到 2010 年时已占世界总量的三分之一。

　　在人均收入方面就是截然不同的情况了。发展中国家的人均 GDP
从 1970 年的 209 美元增长到了 1990 年的 947 美元，再到 2010 年的
3715 美元。但是，如果把人均 GDP 和工业化国家的水平作比，则是
1970 年占其 7.3%，1990 年占比下降到 4.9%，但是到 2010 年又升至

表4.5 发展中国家地区的GDP总量与世界GDP作比；发展中国家地区的人均GDP水平和工业化国家人均GDP水平作比：1970—2010年（百分比）

年份	GDP在世界GDP中占比			人均GDP与工业化国家人均GDP的百分比		
	亚洲	非洲	拉丁美洲	亚洲	非洲	拉丁美洲
1970	8.7	2.7	5.3	5.1	8.4	21.2
1975	9.9	3.2	6.0	5.3	9.0	22.3
1980	11.3	3.7	6.3	5.7	9.3	21.6
1985	10.9	3.0	5.7	4.9	6.6	17.2
1990	10.0	2.2	5.0	3.9	4.0	13.2
1995	11.8	1.8	6.1	4.4	3.0	15.4
2000	13.1	1.8	6.6	4.7	2.9	16.0
2005	15.5	2.2	5.9	5.6	3.2	14.4
2010	21.8	2.6	7.8	8.9	4.2	21.5

注：百分比是由立足于现有的市场价格和市场汇率、GDP（美元，百万计）与人均GDP（美元）计算的结果。
来源：联合国国民经济核算数据，详见附录。

了9.4%。又一次，发展趋势出现了不平衡，所占比例在1975—1980年有所增长，但是在1985—1990年出现下降，原因见上文。在40年里，如果将发展中国家的人均GDP同工业化国家的水平作比，则出现了小幅增长，从1970年的1∶13.6到2010年的1∶10.6。在这两方面出现的不平衡增长很明显是因为前者的分母在不断增长，发展中国家世界的人口总数从1970年的27亿增长到了2010年的57亿，翻了一倍多。

把发展中国家作为一个整体来看，也许就会将区域内的一些差异掩盖起来。表4.5把整个区域分解开来，在1970—2010年，以每五年为时间间隔，展示了发展中国家在世界GDP总量中所占比重的走向、发展中国家人均GDP水平与工业化国家人均GDP水平所呈现的百分比。它表明，区域之间不同的发展趋势格外的不平衡。非洲在世界GDP总量中所占的比重在1970—1980年出现了增长，在这之后一直到2000年都持续下降，后来恢复了一些，但是2010年的水平和1970年时差不多，略微高于2.5%。拉丁美洲在世界GDP总量中所占的比重在1980—2005年都保持在5%到7%的范围之间，但是到2010年时增

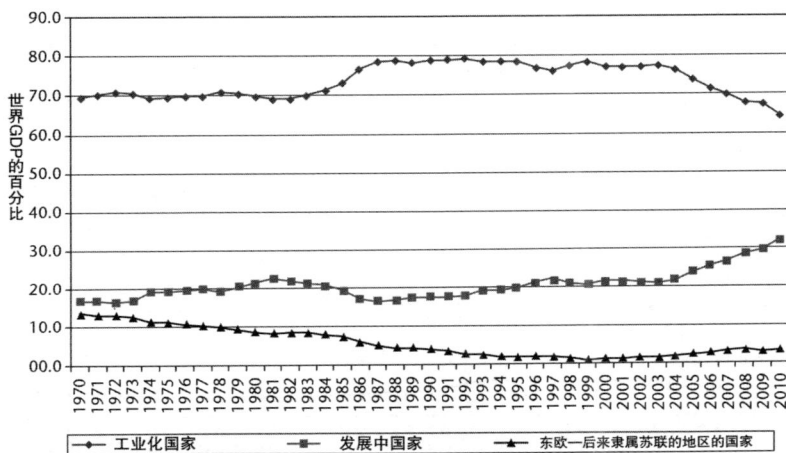

图4.4 世界经济中GDP总量的分配情况：1970—2010年（即在世界GDP总量中的占比）

注：立足于现有的市场价格和市场汇率、以百万计（美元）的GDP。

来源：联合国国民经济核算数据，详见附录。

长到了 7.8%。毫无疑问，亚洲是其中的例外，它在世界 GDP 总量中所占的比重在 1970—1980 年一直稳定增长，后来直到 1995 年都在同一水平波动，但在此之后迅猛增长，在市场汇率标准下，其所占比重从 1970 年的不到 9% 增长到 2010 年的 21.8%，翻了不只一倍。

这三个大洲的人均收入水平也体现出了这样的走向，但是它们的起点水平非常不同。非洲的人均 GDP 与工业化国家相比，在 1970—1980 年都是 1：12，后来持续下跌，直到 2000 年降至 1：35，后来稍微有所恢复，到了 2010 年这一比例为 1：24。拉丁美洲的人均 GDP 与工业化国家相比，在 1970—1980 年大于 1：5，后来降到了 1：6，到 2005 年降至了 1：7，但是后来又得到了恢复，到了 2010 年又恢复到了最初的水平，在 1：5 到 1：4 之间。亚洲的人均 GDP 与工业化国家相比，在 1970—1980 年都是 1：20，后来直到 2000 年都略低于此水平，但在这之后迅速增长，到 2010 年已达到了 1：11。

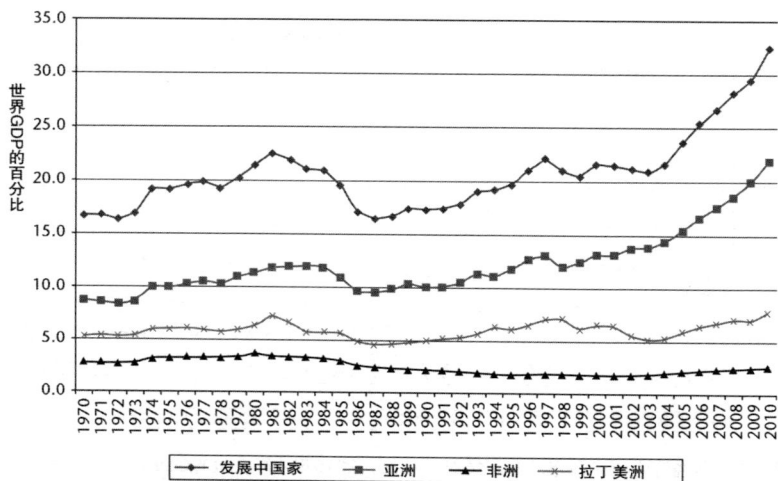

图4.5 发展中国家GDP总量的分配情况：1970—2010年（即在世界GDP总量中的占比）

注：立足于现有的市场价格和市场汇率、以百万计（美元）的GDP。

来源：联合国国民经济核算数据，详见附录。

　　表 4.4 和表 4.5 提供了每五年为一间隔的数据，来保证统计数据在可掌控的比例之内。通过研究这些图表所得出来的结论，在时间序列数据的补充之下得到了进一步的完整。

　　图 4.4 体现出了按照现有价格和市场汇率，自 1970 年至 2010 年，工业化国家、发展中国家在世界 GDP 总量中所占比重的发展趋势，为了让整个轮廓更加完整，也将包括苏联在内的东欧涵盖在内。东欧和苏联在世界 GDP 总量中所占比重的缩减令人震惊。这种下降从 1970 年开始，到 1980 年时开始积蓄势能，到了 90 年代的迷失年代出现了急剧下降。在 21 世纪初的时候出现了小幅回升，但最多也只能算得上部分回升，因为它们在 2010 年所占的比重只达到 1970 年水平的三分之一。工业化国家在世界 GDP 总量中所占的比重依然占据主导地位，20 世纪 70 年代一直都保持在 70% 左右。到了 80 年代中期，这一比重

急剧增长，占到了大概 80%，并且一直保持到世纪之交。这种所占比重的增长主要是取代了东欧和苏联的部分。另外，还有一小部分则是取代了发展中国家在 80 年代时的部分。但是，工业化国家在 21 世纪的头十年里，在世界 GDP 总量中所占的比重经历了巨幅下跌，从占世界总量的将近五分之四跌到了大约三分之二。这主要是因为发展中国家所占的份额不断增长，也有部分原因是东欧和苏联所占的比重有所恢复。同时，工业化国家发生的金融危机和经济衰退也是造成在 21 世纪头十年的末尾出现这种衰退的原因之一。发展中国家在世界 GDP 总量中所占的比重在整个 20 世纪 70 年代都出现了增长，也许是因为油价急剧上涨，还有部分原因则是商品价格的剧烈提升。但是这一比重在 80 年代有所下降。拉丁美洲和撒哈拉以南的非洲出现的债务危机引发了一些不稳定和需要调整的项目，造成了一些非常矛盾的效果，这无疑也是造成这一失落年代的潜在因素。但是，发展中国家在世界 GDP 总量中所占的比重在整个 90 年代里都稳定增长，在 21 世纪头十年里快速增长。后面的这些增长几乎都是以工业化国家的衰退为代价的。

图 4.5 展示了在现有的价格和市场汇率之下，在 1970—2010 年，发展中国家被按照区域打散开来，在世界 GDP 总量中所占比重的发展趋势。它证实了非洲在世界 GDP 总量中所占的比重确实是在 20 世纪 70 年代缓慢增长，在 80 年代和 90 年代有所下降，21 世纪初有所恢复，但是到 2010 年所占比重和 1970 年的水平差不多。它还表明了拉丁美洲在世界 GDP 总量中的比重在整个 70 年代都稳定增长，到了 80 年代开始下降，90 年代有所恢复并且开始增长，但是在 21 世纪初出现了短暂回落，之后又开始增长。它还体现出亚洲在世界 GDP 总量中所占的比重在 1970 年至 80 年代中期一直都在增长，后来短期内保持在一个

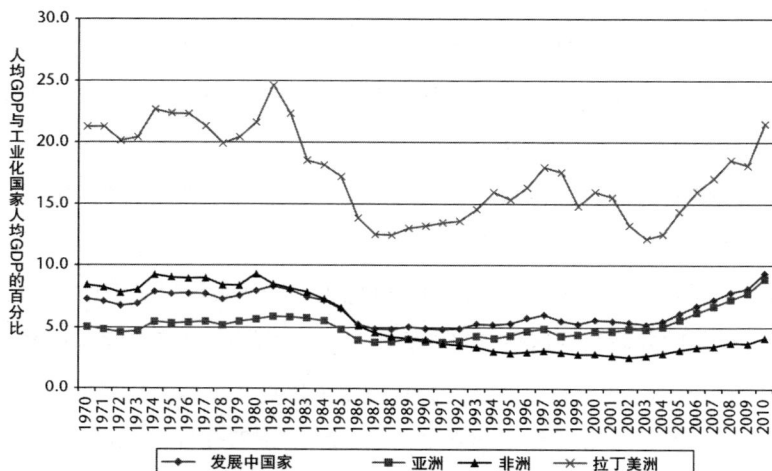

图4.6 发展中国家的人均GDP和其各组成区域占工业化国家人均GDP的百分比：1970—2010年
注：立足于现有的市场价格和市场汇率、以百万计（美元）的GDP。
来源：联合国国民经济核算数据，详见附录。

较低一些的水平上，但是在90年代又继续稳定增长，到了21世纪头十年则快速增长。在1990—2010年，发展中国家在世界GDP总量中所占比重出现的迅猛增长，大部分都可以归功于亚洲。

图4.6显示出了在现有的价格和市场汇率之下，把这几个区域打散开来，在1970—2010年，与工业化国家的人均GDP水平作比，发展中国家的人均GDP占其比重的大小。发展中国家的人均GDP与工业化国家作比，在70年代出现缓慢增长，80年代有所下降，90年代部分恢复，到了21世纪头十年则出现了大幅增长。看起来，大分歧较早就结束了，但是哪怕是不怎么明显的趋同化，都要到21世纪头十年才开始展开。与工业化国家作比，非洲的人均GDP在20世纪70年代适度增长，但是在80年代和90年代大幅下降，只在21世纪头十年稍微有所恢复。拉丁美洲的人均GDP与工业化国家作比，在70年代有一

定程度的增长，到 80 年代快速下跌，90 年代部分恢复，但是在世纪之
交又出现了一次下跌，21 世纪初才有所恢复和增长。亚洲的人均 GDP
与工业化国家作比，在 1970—2000 年都比较稳定，一直保持在 5% 左
右，只是在此之后才快速增长。总体而言，在这 40 年里，非洲经历了
巨大的分歧，变成了最贫困的大洲；拉丁美洲所经历的分歧要多过趋同，
大致保持了自己原有的水平，但还是发展中国家世界中最富裕的大洲；
亚洲结束了分歧，不再是最贫困的大洲，并见证了小幅趋同的开端。

　　很自然，应该提出的问题是，在现有价格和市场汇率基础上得出
的国民经济核算数据是否与用 1990 年国际美元和购买力平价作为标准
的麦迪森估测数据不同，是否能得出不同的结论。很有意思的是，这
些统计得出的大致轮廓在三个基本问题上都很相似：在不同的国家组
之间对于世界生产总量和收入的分配，在发展中国家世界不同区域之
间对于生产总量和收入的分配，以及工业化国家和发展中国家在人均
收入方面出现的大分歧。

　　首先，对于图 4.1 和图 4.4 的对比，展示出了在 1970—2008 年以
及在 2010 年时，工业化国家、发展中国家和包括苏联在内的东欧国家
所占比重发生的变化，表明从 1990 年开始，工业化国家所占的比重出
现了下降，并在 2000 年达到顶峰，与此同时发展中国家也有几乎完全
与之对应的增长，而东欧和苏联则不断持续下降。只出现了两处差异。
第一个，与在市场汇率标准下得出的国民经济核算数据不同，麦迪森
建立在购买力平价基础上的估测数据低估了工业化国家所占的比重，
高估了发展中国家和东欧还有苏联的比重，反之亦然；第二个，麦迪
森估测数据比国民经济核算数据在更大程度上减少了数据的上下波动。

　　其次，对于图 4.2 和图 4.5 的对比，展示出了 1970—2008 年以及在
2010 年时，在把发展中国家按区域打散开来，其在世界 GDP 总量中所

占比重发生的变化，反映出了趋势中出现的惊人相似，非洲和拉丁美洲出现的变化相对较小，但是亚洲在 1990 年左右就开始出现增长，到了 2000 年开始加快速度，出现大幅增长。这些不同，又一次是因为与在市场汇率标准下做出的国民经济核算数据相比，麦迪森的估测数据高估了发展中国家所占比重，并让这一发展趋势表现得更加流畅。实际上，除了在程度上的不同，呈现出的画面是一样的。

最后，对于图 4.3 和图 4.6 的对比，展示出了 1970—2008 年以及在 2010 年时，以工业化国家的水平为基准，把发展中国家按区域打散开来，其人均 GDP 所占工业化国家的比重，反映出了非常大的相似性。在区域内依然存在不同，非洲持续下跌；拉丁美洲小幅波动，有轻微的下降趋势；亚洲从 1990 年左右开始呈现上升趋势，在 2000 年左右开始加速，几乎和发展中国家作为一个整体在 1990—2008 年和在 2010 年时所呈现出的趋势一致。最大的不同，还是在程度上，因为麦迪森按照购买力平价进行的估测高估了部分比重，认为亚洲在 1990—2010 年出现了巨大的趋同，而市场汇率基础上得出的国民经济核算数据则低估了此部分比重，认为这只是亚洲的一种适当的趋同的开端，但是非洲和拉丁美洲的情况也是很类似的。

3. 潜在的增长率

任何国家在世界上的重要性发生变化，都是因为它们在经济方面的表现与世界其他地区相比发生了变化。很明显，GDP 的实际增长率方面产生差异，成为不同的国家组在世界 GDP 总量中所占比重发生变化的基础。很简单的数学思路：GDP 和人口增长率方面表现的不同决定了人均 GDP 出现的差异，从而又使得国家间的人均收入水平出现分歧或者趋同。因此，需要考虑在 1950—2010 年，发展中国家和工业化国家在 GDP 和人均 GDP 水平方面的一些经济增长证据。但是，整个这一时期没有一套出自唯一来源的 GDP 和人均 GDP 的时间序列数据。麦迪森数据提供了，1950—2008 年按照购买力平价和国际美元标准计算的 GDP 和人均 GDP 的时间序列的数据。但是联合国的以市场汇率和 1990 年美元为标准的国民经济核算数据只提供了从 1970 年开始的 GDP 和人均 GDP 的时间序列数据。　65

表 4.6 体现出了 1951—1980 年以及 1981—2008 年这两个时间段里，发展中世界内部各区域、发展中国家作为整体、工业化国家和世界经济的 GDP 和人均 GDP 水平的增长率。时段的选择是由现有的证据决定的，它们表明，1980 年是一个经济增长中的转折点，这个时候几乎世界上的每个部分都出现了明显的断层（纳亚尔，2008 年 b）。这一结果同样也受到另一事实的影响，因为直到 2008 年，两个数据来源都可以提供数据资料，而长期的增长率可能会因为全世界受到 2009 年和 2010 年金融危机和经济衰退的波及而发生歪曲。对这两个数据来源没有办法进行严谨的对比。但是，问题是有可能解决的，因为从两个渠道都可以获得 1981—2000 年的数据。为了帮助进行对比，表 4.6 也体现出了分别用麦迪森估测数据和联合国国民经济核算数据进行计算得出的增长率。对来自这两个数据的 1981—2000 年的增长率进行对比，结果表明两个数字非常接近。所以，一个符合结论的推断就是 1951—1980 年、1981—2008 年的增长率，即使是通过不同的数据来源进行计算，结果也是可以进行比较的。

一项对表 4.6 进行的研究证实，GDP 增长率的不同是 20 世纪后半叶和 21 世纪头十年发展中国家和工业化国家在世界 GDP 总量中所占比重发生变化的一个基础。1951—1980 年，发展中国家在世界经济中　66

表4.6 世界经济中各个地区和国家组的增长率：1951—1980年，1981—2008年（年均百分比）

	麦迪森数据		联合国数据	
	1951–1980	1981–2000	1981–2000	1981–2008
GDP				
亚洲	5.08	5.77	5.84	6.16
非洲	4.33	2.44	2.37	3.28
拉丁美洲	5.31	2.25	2.20	2.61
发展中国家	*4.97*	*4.31*	*4.10*	*4.63*
工业化国家	*4.30*	*2.73*	*2.73*	*2.50*
世界	*4.54*	*3.38*	*3.01*	*2.99*
人均GDP				
亚洲	2.87	3.97	3.95	4.42
非洲	1.79	−0.23	−0.33	0.66
拉丁美洲	2.59	0.37	0.29	0.87
发展中国家	*2.70*	*2.42*	*2.14*	*2.79*
工业化国家	*3.30*	*2.09*	*1.90*	*1.69*
世界	*2.55*	*1.70*	*1.25*	*1.34*

注：GDP和人均GDP是根据麦迪森数据中的国际标准美元和根据联合国数据中立足于现有的市场价格和市场汇率的美元测算而出的。

来源：数据来自麦迪森线上数据库、联合国国民经济核算数据，详见附录。

变得相对重要起来，也停止了下降，这个结果很容易解释，因为它们的 GDP 年增长率达到了 5%，比工业化国家 4.3% 的年增长率要高一点儿。事实上，在这 30 年里，发展中国家世界的这三个大洲的 GDP 增长率都要比工业化国家世界的水平高。这与它们在 1820—1950 年所表现出来的增长率形成了鲜明的对比，那个时候它们在世界 GDP 总量中所占的比重出现了大幅下跌。类似的，在 1981—2008 年，发展中国家在世界经济中的相对重要性出现了显著增长，这很明显是因为它们有 4.6% 的 GDP 年增长率，比工业化国家 2.5% 的 GDP 年增长率要高得多。但是在这一时期，发展中国家世界的这三个区域之间也出现了明显的差异。亚洲在世界 GDP 总量中所占比重出现显著增长，在 30 年里其 GDP 年增长率都在 6% 以上。毫无疑问，非洲的 GDP 年增长率只有 3.3%，拉丁美洲的 GDP 年增长率为 2.6%，所以在 1981—2008 年，它们在世界 GDP 总量中所占的比重出现了轻微下跌。亚洲在世界 GDP 总量中取代了工业化国家的一部分比重。

但是在人均收入方面就是另一种情况了。表 4.6 显示，尽管作为整体的发展中世界的 GDP 增长率以及三个大洲各自的 GDP 增长率，在这两个时间段里都要高出工业化国家的水平，相应的人均 GDP 的增长率却要明显低很多，因为死亡率下降而出生率却没有，导致人口增长率依然保持在较高水平。这种差异在 1951—1980 年非常明显，此时发展中国家的人均 GDP 年增长率为 2.7%，而工业化国家的年增长率为 3.3%。毫无疑问，大分歧继续存在，但是要比 1820—1950 年之间的差距小得多也慢得多。如果按比例来算，考虑到人均 GDP 增长率方面出现的不一致，亚洲所占的比重最小，非洲最大，拉丁美洲在中间。在 1981—2008 年，尽管经济增长放缓，工业化国家的人均 GDP 年增长率为 1.7%，相比之下，发展中国家的年增长率是 2.8%。但是后者的合计具有欺骗性。因为亚洲是个例外，它的人均 GDP 年增长率为 4.4%，相比之下，非洲只有 0.7%，拉丁美洲只有 0.9%。结果就是分歧的告一段落，亚洲出现了逐渐开始趋同的端倪，非洲仍经历着显著的分歧，而拉丁美洲经历了起起伏伏，最后还是几乎保持了原来的水平。

表 4.7 是对前面讨论的补充，它既使用了以购买力平价为标准的麦迪森估测数据，也采用了联合国在市场汇率之下计算的国民经济核算数据，显示了发展中国家世界及其各组成部分、工业化国家和世界经济的 GDP 增长率和人均 GDP 增长率。这些数据被分成了几个时间段：1971—1980 年、1981—1990 年、1991—2000 年以及 2001—2008 年。结果证实，这两套数据的绝对数字无法进行比较，但是呈现出的每个国家组的增长率都惊人地相似，甚至短期内的增长率都很近似。对时间

67

表4.7 发展中国家及其各组成部分、工业化国家、世界经济在各个时间段的GDP及人均GDP增长率：1971—2008年

	麦迪森数据				联合国数据			
	1971–1980	1981–1990	1991–2000	2001–2008	1971–1980	1981–1990	1991–2000	2001–2008
GDP								
亚洲	5.31	5.60	5.76	7.26	5.88	5.54	6.15	6.94
非洲	4.01	2.22	2.67	5.01	4.22	2.15	2.59	5.60
拉丁美洲	5.57	1.34	3.19	3.52	6.00	1.28	3.12	3.65
发展中国家	5.23	4.07	4.93	6.41	5.67	3.54	4.67	5.94
工业化国家	3.34	2.89	2.58	1.91	3.38	2.97	2.49	1.93
世界	3.82	3.08	3.06	4.20	3.76	3.08	2.94	2.93
人均GDP								
亚洲	3.08	3.60	4.14	5.93	3.62	3.40	4.51	5.60
非洲	1.27	−0.61	0.16	2.62	4.22	2.15	2.59	3.17
拉丁美洲	3.13	−0.71	1.52	2.13	3.50	−0.81	1.41	2.32
发展中国家	2.91	1.95	3.15	4.89	3.34	1.36	2.92	4.44
工业化国家	2.55	2.29	1.90	1.39	2.63	2.04	1.76	1.16
世界	1.92	1.33	1.60	2.94	1.77	1.12	1.38	1.57

注：GDP和人均GDP是根据麦迪森数据中的国际标准美元和根据联合国数据中立足于现有的市场价格和市场汇率的美元测算得出的。

来源：数据来自麦迪森在线上数据库、联合国国民经济核算数据，详见附录。

表4.8 全球经济危机对世界经济增长率的影响：2001—2011年（年平均）

	2001–2008	2001–2008	2008	2009	2010	2011
	（1990年美元）	（2005年美元）		（2005年美元）		
GDP						
亚洲	6.9	7.0	5.5	4.4	8.4	6.9
非洲	5.6	5.3	4.8	0.9	4.0	0.7
拉丁美洲	3.7	3.6	3.9	−2.2	6.0	4.3
发展中国家	5.9	5.8	5.1	2.5	7.5	5.8
工业化国家	1.9	1.9	−0.1	−4.0	2.7	1.4
世界	2.9	2.9	1.4	−2.3	4.0	2.7
人均GDP						
亚洲	5.6	5.8	4.4	3.2	7.3	5.1
非洲	3.2	2.9	2.4	−1.4	1.6	−1.5
拉丁美洲	2.3	2.2	2.7	−3.3	4.8	3.0
发展中国家	4.4	4.4	3.7	1.2	6.1	4.0
工业化国家	1.2	1.2	−0.7	−4.5	2.1	0.9
世界	1.6	1.6	0.2	−3.5	2.9	1.2

来源：联合国国民经济核算数据，详见附录。

段的进一步分解也是很有价值的，因为它能针对那些在世界经济中收入所占比重（也可以说是收入水平）发生重要转变的时期提供更多的信息。第一，它表明，在 1971—1980 年和 2001—2008 年，从 GDP 和人均 GDP 增长率方面考虑，发展中国家都要比工业化国家表现得更好，这个时候就算抛开人均生产量不谈，在生产总量方面也进行了一些追赶。第二，它强调亚洲的 GDP 和人均 GDP 出现了快速的增长，明显比工业化国家高出来很多，特别是在 1991—2000 年和 2001—2008 年，亚洲在世界 GDP 总量中所占的比重出现了显著的增长，在人均 GDP 方面也开始出现趋同。第三，对非洲而言，它表明了在 1981—1990 年和 1991—2000 年这些失落的年代里，其 GDP 增速的放缓，人均 GDP 的发展出现停滞甚至下跌，因此导致其在世界 GDP 总量中所占比重出现下降，人均 GDP 水平方面的分歧也越来越大，同时也表明了如果没有 2001—2008 年的快速增长，事情也许会变得更糟。第四，对拉丁美洲而言，主要是在 1981—1990 年这失落的年代里，GDP 增长率大幅收缩，人均 GDP 出现负增长，这种状况一直持续到 1991—2000 年，对其收入的水平和在世界经济中所占的比重也造成了影响。第五，它表明，在 2001—2008 年，发展中国家世界的每一个区域里，GDP 和人均 GDP 的增长率都比工业化国家相对应的数据要高，这也就说明了发展中国家在世界 GDP 总量中所占比重的快速增长，以及在 21 世纪头十年里人均 GDP 水平所出现的广泛的趋同化。

要对长期趋势进行研究，理应关注 2008 年之前的这段时期，因为之后的世界经济危机导致增长急速减缓。即便如此，为了做进一步的补充完整，表 4.8 体现出了与表 4.7 的 2001—2008 年的数据做对比，在 2008 年、2009 年、2010 年和 2011 年时 GDP 和人均 GDP 的增长率。它证实，工业化国家的增长率出现了锐减，亚洲的增长率几乎没有变化，而拉丁美洲相对它在 2001—2008 年时的水平，出现了增长。非洲比它在 2001—2008 年时的状况要糟，但是也比工业化国家稍微好一些。在经济危机的余波中，发展中国家合在一起，它们在增长率方面的表现远比工业化国家好出太多。[4] 这也就说明了为什么发展中国家在世界 GDP 总量中所占的比重会出现显著增长，以及为什么在 2008—2010 年，人均 GDP 水平会继续出现趋同，这一点可以在图 4.5 和图 4.6 中很明显地看出来。

4. 有关趋同性的假说

在研究文献中，确实有一些人认为，那些很晚才进入工业化世界的国家会随着时间的流逝逐渐追赶上那些在发展过程中一直处于领先地位的国家，但是这一类观点也有两条分线。有一派学说研究非常规的经济史，另一派学说则研究正统的经济学理论。哪怕只花费不长时间，这些观点也都值得考虑，因为这种发展中国家自 1950 年之后在世界经济中开始向前追赶的概念，也是本章的分析重点。

在经济史中，这种属于跟随者的国家去追赶走在前列领导者的国家的观点，可以一直追溯到凡勃仑（Veblen，1915 年）的著述，他研究了德国是如何追随英国的发展脚步。而后者被描绘成"带头是一种惩罚"。这一概念后来又被格申克龙（Gerschenkron，1962 年）进一步细化成型，被视为"经济发展相对落后的优势"，以俄罗斯作为一个后进者的典型例子，后来这一概念继续扩展，将法国、意大利和奥地利也包含在内。最根本的假说可以被总结如下。经济发展的相对滞后，在实际的停滞与潜在的繁荣中间制造出了一种紧张感。这种发展方面出现的差距为追赶提供了经济方面的诱因，而在政治方面的发展又不断推动机制创新。差距越大，跃进的动机就越强。国家干预又为增长创造了原本缺失的一些先决条件，弥补了资本、熟练工人、企业家和技术能力方面的缺失。越是落后，就越是需要更多的干预。将储蓄流通起来进行投资是非常关键的。在俄罗斯，这一点是由国家实现的，而在德国，发挥同样作用的是新创造出来的一个银行系统，它为工业化进程提供了资金支持。俄罗斯的发展水平更为落后，因此就需要将重心放在生产者而非消费品上，需要更大而不是小型的公司，同时也需要更多资本，而不是一些要求有密集劳动力的技术。从前人的错误当中可以学到很多，获得很多收益，所以这些后进者的经济增长经常会出现阶段性的激增，增长率有的时候格外突出。很明显，这种模式也有局限性，但是这种对历史的总结，特别是对俄罗斯工业化进程的总结，为我们的分析提供了一些见解，让我们能够看到意识形态和制度结合在一起，或者说是经济和政治结合在一起，也能为那些在工业化过程当中的后进者带来成功。

　　毫无疑问，格申克龙的思维模式影响了其他一些国家的经济史研究，比如日本[大川一司（ K.Ohkawa ）和罗索夫斯基（ Rosovsky ），1973 年]。同时，这还导致在国家间对历史分析的一种定量评估。阿布拉莫维茨（ Abramovitz，1986 年 ）证明了这样一个假说，即生产力的增长率和生产力水平成反比，所以在一段时间后会出现一种趋同性，"二战"之后的 25 年里，西欧国家在生产力水平上开始追赶美国。但是，普遍的看法是，追赶所体现出的不仅仅是技术方面的机会，同样也是一种社会能力，有一些制度维度在经济体、公司和个人当中发展很慢。因此，并不是每个国家都可以在赶超的过程中完全发挥自己的潜力，因为这取决于它的社会历史和最初的发展状况。从长期来看，这种趋同最多就是在一个国家群组当中体现出的一种平均化的走向，并不能将其过度简化为一个大而化之的模式。格申克龙的中心思想也在几种不同模型中得以定型。尼尔森（ Nelson ）和费尔普斯（ Phelps ）1966 年认为，追随者和领军者之间的技术差距越大，前者的创新程度也就越高，这也就暗示了一种积极和线性的关系。如此一来，差距随着不断的追赶而缩小，但是呈现渐近线式的发展，无限趋向于一个正常数。当然，这种抽象概念并没有意识到，对于一些国家而言，技术差距非常之大，以至于连缩小差距的最基本的条件都达不到。芬德利（ 1976 年 ）检查了追赶过程中的具体动态，这种动态与通过外国直接投资实现的技术扩散息息相关；哥穆尔卡（ Gomulka，1970 年 ）则探索了用传统商品和物化技术进行贸易的可能性。

　　在经济学理论中，现代根据新古典主义经济学传统所形成的有关增长的理论在趋同化这个问题上已经产生了大量的文献。这主要是从索洛（ Solow，1956 年 ）最初的贡献中所获得的灵感，而其模型的核心就是对于这种趋同的预测。该模型将无条件的和有条件的趋同进行了区分。在前者中，如果国家之间在技术进步、储蓄率、人口增长率甚至资本折旧方面没有产生差异的趋势，那么从长远来看，国家之间收入方面存在的差异一定会逐渐消失。在这个世界上，初始条件无关紧要。事实上，历史也不重要。国家会逐渐共存于一个稳定的状态。而这种稳定的状态在各个地方都是一致的。现有的证据并没有为这种无条件的、绝对的趋同提供证据支持 [德朗（De Long），1988 年]。这一假说还有一个相对薄弱的版本，那就是有条件的趋同，它认为各个国家会逐渐向自己的一个稳定状态趋同，但是不同国家的稳定状态可能并不相同，所以可以在国家之间去控制不同参数之间存在的差异，比如说在储蓄率或者人口增长率方面出现的不同。最根本的主张还是一样的。趋同意味着在增长率和最初的人均收入水平方面存在一种负相关。有关后面这种构想的证据没有那么矛盾，但是还不足以支撑任何的概论。还有，它没能解释为什么一些能经由统计数据进行调整的可控参数，事实上在国家之间也会存在差异。看起来，这种正统的文献将复杂的增长计算过程简化为简洁抽象的模型。因此，这种概念与程式化事实和正在展开的有关发展的现实相矛盾。

　　20 世纪后半叶的经历意味着什么？有一些研究专注于工业化国家，即经济合作与发展组织（OECD）最初的 21 个成员国，这些研究表明，1950 年人均 GDP 水平较低的那些国家在此后一直到 2000 年的这段时间里人均 GDP 的增长率一般都会高一些。但是，如果将样本扩大，从经合组织成员国扩展到包括亚洲、非洲国家在内的共计 70 个国家时，1960—2000 年的数据证据显示，1960 年的人均 GDP 水平和直至 2000 年的人均 GDP 增长率水平之间并没有明显的关系 [布兰查德（Blanchard），2011 年]。

72

　　还有一些想要支持这种趋同假说的学者，试图回溯到 19 世纪时的数据［鲍莫尔（Baumol），1986 年］和向前关注到 21 世纪的数据［卢卡斯（Lucas），2000 年］，这两者也都体现出上文所强调过的局限性。鲍莫尔（1986 年）对当前世界上 16 个最为富裕国家在 1870—1979 年之间表现的研究，表明其最初的人均 GDP 水平和一段时期内的人均 GDP 增长率之间存在着负相关。但另一项对 1870—1979 年这一时期的研究在这 16 国的基础上又增加了 7 个国家，这 7 个国家的人均 GDP 水平在 1870 年时都要比原来 16 个国家中位居最末的日本和芬兰的人均 GDP 水平要高，这表明在最初的人均 GDP 水平和人均 GDP 增长率之间的负相关消失了（德朗，1988 年）。需要说明的是，这种有选择的对几个成功的富裕国家的重点关注，正是因为如此选择国家而得以生效，因为 1870 年时还有其他一些国家的人均 GDP 水平要比日本的高，之所以没有被纳入研究范围，也许就是因为它们的存在会否认趋同化的这种假说。这些运用几乎可以被称作同义赘述［德朗，1988 年；普里切特（Pritchett），1997 年］。很明显，这种回溯性的研究，特别是有关现在的事实都是已知的，就不应该用来支持对结果进行预测的一些概论。

　　这种认为趋同化可以被综合概括，或者说未来的结果可以被预测的看法并不新鲜。这也被强调成是 1870—1914 年这个全球化时代在市场化和开放性之下所体现的一种美德。但是有必要注意到的是，在这一时代，世界经济中的各个国家在增长率方面并没有出现趋同，收入方面就更不用说了（纳亚尔，2006；威廉姆森，2002）。生产要素价格出现的趋同仅限于大西洋边上的经济体，这也该归因于大量从西欧到美国的移民，而并非是在商品价格方面出现趋同。在实际工资方面确实出现了一定程度的趋同，但是这也仅限于欧洲的一部分国家，其中包括丹麦、爱尔兰、挪威和瑞典。意大利几乎没有体现出追赶，而西班牙和葡萄牙则目睹了在工资方面日益加大的差距。正如之前所提及过的，南欧和东欧的大部分国家在这一时代在人均收入方面都出现了分歧。

　　很明显，对已观察到的结果提出假说是一回事，对未来的结果进行预测并提出假说又是另外一回事。在现实中，趋同并不是一件自动自发的事，正如同增长也并非一种无意识的现象。趋同和分歧经常是同步进行的。并且，这种趋同在时间和空间上总是不平衡发展。这一点可能会在不同国家 GDP 增长率和人均 GDP 水平的不同中体现出来，但同时，分析那些潜在的因素也很重要。所以，通过本章对 1950—2010 年这段时间发展中国家在世界经济中的表现的研究，我们可以提出一个合情合理的问题，就是我们在这种趋同中究竟能学到什么。并不是所有都能证实趋同化的假说。亚洲的初始人均 GDP 水平最低，人均 GDP 增长率最高；拉丁美洲的人均 GDP 水平最高，但是人均 GDP 增长率在这三个大洲中只能算中等；非洲最初的人均 GDP 水平要比亚洲高、比拉丁美洲低，但是它的人均 GDP 增长率最低。当然，在洲际水平上很难进行大致的概括，但是针对某些特定的国家可以得出趋同或分歧发展的结论。这一点会在后面展开。即便如此，还是明显可以看出在亚洲已经开始发生适度的趋同，而在非洲分歧却越来越大。

总　结

　　这个时候就应该回归到最初提到的四个问题上。在 1950—2010 年，发展中国家在世界经济中的重要性发生了变化，与 1820—1950 年这段时间的水平形成了鲜明的对比。以麦迪森按照购买力平价得出的估测数据为参考，发展中国家在世界 GDP 总量中所占的比重在 1962 年时停止下跌，这个时候只占总量的四分之一，1980 年之后迅速增长，到

2008 年时已占到总量的将近一半，这和它们在 1850 年时所占的比重非常接近。在人均 GDP 水平方面出现的分歧也于 1980 年时告一段落，后来就出现了适度的趋同，但是如果和 2008 年工业化国家的人均 GDP 进行比较，发展中国家只占了不到其五分之一，这和 1900 年的情况差不多。1970—2010 年，在按照现有市场汇率所算出的现行价格之下，发展中国家在世界 GDP 总量中所占的比重翻了一倍，从六分之一增长到了三分之一，而它们的人均 GDP 与工业化国家的进行比较则出现了小幅增长，从原来占其十四分之一增长到了十一分之一。如果把购买力平价和市场汇率这两个因素同时考虑在内，这种在世界总产量中所占比重的显著增长以及在人均收入方面出现的适度趋同都几乎完全可以归功到亚洲身上，因为拉丁美洲在这两方面都没有变化，而非洲所占比重出现下降，并且分歧仍将继续下去。在 21 世纪的头十年里，趋同更为明显可察，涉及范围也更广。GDP 增长率方面出现的差异意味着在世界 GDP 总量中，发展中国家所占比重在不断升高，而工业化国家所占比重则不断下降。但是，在人均 GDP 增长率方面的差异就要小得多，因为发展中国家的人口增长率很高，所以在人均收入方面的趋同化进展甚微。认为工业化进程中的后进者能渐渐追赶上那些领头国家的这种想法，只存在于一些非常规的经济史和正统的经济理论当中。在现实中，趋同并不是一个自动化的过程，正如同增长也不是什么自动化的事情。趋同和分歧通常都是同时发生的。趋同在时间和空间跨度内分布不均，这一点可以经由 1950 年之后发展中国家在世界经济中的表现证实，这一表现并不能证实趋同论确实真实。

第 5 章
在世界经济中的参与

本章考虑了发展中国家和世界经济进行互动的性质和程度，专注于 20 世纪后半叶和 21 世纪头十年里发生的变化。在这个过程中，也与过去进行了对比。本章还试图在任何条件允许的时候，将亚洲、非洲和拉丁美洲分开来分析，但是并没有从区域进一步细化到各个国家。最明显的参与渠道有国际贸易、国际投资和国际人口迁移。第一部分通过研究发展中国家在世界贸易中的参与程度，追踪了发展变化的大致轮廓，并在商品贸易和服务贸易之间进行了区分，同时强调了区域之间出现的显著差异。第二部分考虑了金融业方面的变化以及对内对外双向外国直接投资的流动趋势，专注于发展中国家的相对重要性、在各个组成部分之间存在的不平衡以及与过去相比的相似与不同之处。第三部分从全球角度分析了 1950 年之后的国际人口迁移，探索了随时间的推移而发生的变化，对不同类型的跨境迁移进行了区分，体现出了发展中国家的相对重要性，研究了其对发展的一些启示，并强调了过去与现在之间存在的差异，以此来解释为什么这是世界经济中一种重要的互动形式。

1. 国际贸易

国际贸易是最明显可见，可能也是最关键的一种参与到世界经济当中的形式。在 19 世纪中叶到 20 世纪中叶这段时期内，正是贸易将发展中国家困在一种特定的国际劳动分工当中，没有办法进行工业化或者实现经济增长。确实，在大专项化和大分歧之间存在着一种因果联系。也许正是因为如此，在后殖民主义时代的早期，也就是自 1950 年左右开始，大部分的贫穷国家采取的发展战略都和此前的几百年形成了鲜明的对比。它们有意识地去限制开放的程度以及在世界经济中的融合度，因为在过去的殖民主义年代，开放经济就意味着去工业化和欠发展。工业化被视作追赶过程中的必经过程，又必须从生产制造业的进口替代开始。这种战略也体现出当时的一种发展共识，并对贸易政策产生了深远的影响。自 1980 年开始，接下来 30 年中的工业化过程使得对于贸易的思考和具体政策的制定都发生了变化。[1] 市场的扩展和全球化逐渐积蓄的势能进一步强化了这一过程，从而使得发展中国家的经济开放程度显著上升。一切都是从贸易开始的，投资和金融紧随其后（纳亚尔，2006 年）。这些转变都体现在国际贸易的重要性中也就不足为奇了。

表 5.1 显示了在 1950—2010 年，以每五年为时间间隔，发展中国家的出口和进口总额与世界贸易额进行对比的相关数据。数据表明，发展中国家的出口总额从 1950 年的 210 亿美元增长到了 1980 年的 6000 亿美元，再到 2010 年的 6.4 万亿美元，进口总额也呈现出了大致类似的增长。但是，这些数值都是在现有市场汇率和当前价格之下估测的，因此增长有所夸张。所以，有必要只把这些数值当作世界贸易的一个部分。发展中国家在世界出口总额中所占的比重，在 1950 年时是 34%，1980 年时是 30%，2010 年时是 42%；它们在世界进口总额中所占的比重，按年份来算分别为 30%、24% 和 39%，1970 年时，它们在出口和进口总量中所占的比重都要低于 20%。

表5.1 发展中国家和全世界商品的出口与进口：1950—2010年（美元，10亿计）

年份	出口		进口		世界贸易中发展中国家的占比	
	发展中国家	世界	发展中国家	世界	出口	进口
1950	21	62	19	64	34.0	29.6
1955	27	94	28	100	29.0	28.0
1960	32	130	35	137	24.4	25.3
1965	41	189	42	199	21.6	21.1
1970	60	317	61	330	19.0	18.5
1975	226	888	204	909	25.4	22.4
1980	600	2036	497	2078	29.5	23.9
1985	501	1973	470	2036	25.4	23.1
1990	842	3480	798	3589	24.2	22.2
1995	1435	5178	1500	5237	27.7	28.6
2000	2056	6449	1917	6659	31.9	28.8
2005	3796	10494	3414	10789	36.2	31.6
2010	6396	15230	5931	15262	42.0	38.9

注：进出口的数据，基于现有的市场价格和市场汇率。
来源：联合国贸易和发展会议，基于联合国国际贸易数据。

图 5.1 依照时间序列的数据，更清晰地展示了在过去 60 年里它们在世界贸易中所占份额发生变化的这种趋势。它表明，发展中国家在世界出口和进口总量中所占的比重从 20 世纪 50 年代早期占总量的三分之一左右，一直持续下跌，到 70 年代早期只占到了五分之一。这有一部分是因为发展中国家制定了一些减少开放性的贸易政策，但更多是因为在资本主义发展的黄金年代，工业化国家之间的贸易快速扩张。在 1973—1979 年占比出现了增长，这刚好和油价的上涨重合，并且更多的是在出口而非进口方面体现出来。接下来就是在 80 年代前五年里，排除物价因素后的石油实际价格下跌。从 80 年代中期到 90 年代中期，它们在世界出口和进口总额中所占的比重几乎同时以同样的幅度增长，并且在这之后攀升更为迅速，如此一来，到 2010 年时，发展中国家在世界贸易中所占比重已达到五分之二。并且，从 90 年代末开始，它们在世界出口总额中所占的比重一直都比在进口总额中所占的比重要高。在增长的比重中，一大部分反映出了发展中国家在世界经济中日益增

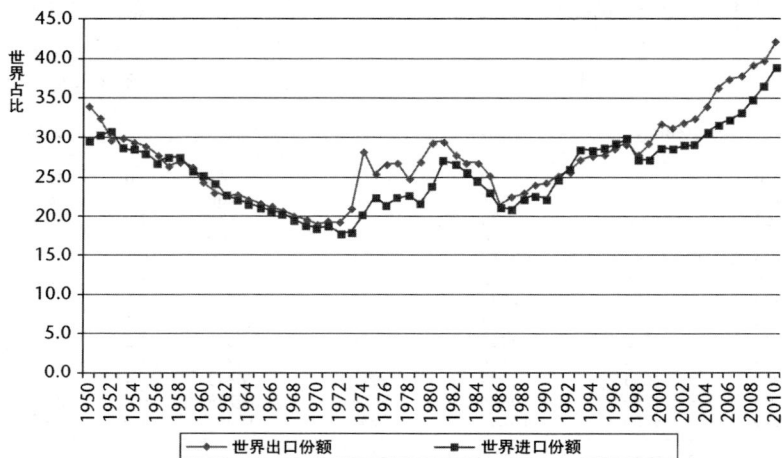

图5.1 发展中国家在世界商品贸易总额中所占比重：1950—2010年
来源：联合国贸易和发展会议，基于联合国国际贸易数据。

77 　长的重要性和越来越高的参与程度，另一部分则可能是因为全球价值链的升高而导致的生产国际化，从而导致发展中国家的商品进口和出口总值都有所增长。当然，这种现象也使得作为分母的国际出口总额实现增长。即便如此，由跨国公司操控的组装业务和价值链也许确实使发展中国家在世界贸易中的比重扩大。在这样的背景下，需要注意的是，在1970年，发展中国家在世界贸易中所占的比重只比其GDP在世界GDP总量中所占的比重高出两个百分点，但是到2010年时，其在世界贸易中所占的比重已经比在世界GDP总量中所占的比重高出十个百分点。

　　很重要的一点，就是要意识到，国际贸易的迅速扩展在发展中国家世界的不同地区是有着不均匀的分配的。表5.2展示出了在1950—2010年这段时间的某些特定年份里，亚洲、非洲和拉丁美洲在出口和进口方面的表现。数据所显示出来的情况令人吃惊。在现行市价和市

表5.2 亚洲、非洲和拉丁美洲的商品贸易以及在世界商品贸易总额中所占的比重：1950—2010年（美元，10亿计）

年份	出口			世界出口中的地区占比		
	亚洲	非洲	拉丁美洲	亚洲	非洲	拉丁美洲
1950	9	4	7	15.2	7.2	11.6
1955	12	6	9	12.6	6.6	9.7
1960	15	7	10	11.2	5.5	7.5
1965	18	10	12	9.7	5.3	6.5
1970	27	16	17	8.4	5.0	5.5
1975	135	44	45	15.2	5.0	5.1
1980	364	122	111	17.9	6.0	5.5
1985	306	84	109	15.5	4.3	5.5
1990	590	105	144	17.0	3.0	4.1
1995	1087	113	230	21.0	2.2	4.4
2000	1535	149	367	23.8	2.3	5.7
2005	2895	317	577	27.6	3.0	5.5
2010	5010	504	872	32.9	3.3	5.7

年份	进口			世界进口中的地区占比		
	亚洲	非洲	拉丁美洲	亚洲	非洲	拉丁美洲
1950	8	5	6	12.5	7.1	9.9
1955	12	7	9	11.7	7.1	9.1
1960	16	8	10	11.6	6.2	7.4
1965	20	10	12	9.8	5.2	5.9
1970	28	14	18	8.4	4.4	5.5
1975	101	45	56	11.1	4.9	6.2
1980	273	97	124	13.1	4.7	5.9
1985	309	75	84	15.2	3.7	4.1
1990	571	94	127	15.9	2.6	3.6
1995	1120	124	250	21.4	2.4	4.8
2000	1389	130	392	20.9	2.0	5.9
2005	2612	258	534	24.2	2.4	5.0
2010	4577	449	891	30.0	2.9	5.8

注：进出口的数据，基于现有的市场价格和市场汇率。
来源：联合国贸易和发展会议，基于联合国国际贸易数据。

场汇率基础上，亚洲的出口额有了巨幅提升，从 1950 年的 90 亿美元增长到了 1980 年的 3640 亿美元，在 2010 年又一举跃升到了 5.01 万亿美元。当然，非洲和拉丁美洲的出口和进口总额的绝对值也有所增长，但相比之下增幅不大。非洲在世界出口和进口总额中所占的比重持续下跌，从 1950 年占总量的 7% 多一点，一直降到 2010 年的 3.3%，大部分下降的份额都是在 1990 年时发生的。拉丁美洲在世界贸易中所占的比重在 1950—2010 年缩减了一半，原来出口额占到近 12%、进口额占到 10%，后来都下降至不到 6%，而大部分的下降都是在 1970 年的时候出现的。在 1950—1970 年，亚洲在世界出口总额中所占的份额也出现下降，下降了将近一半，在世界进口总额中下降了大约三分之一。但在这之后出现了戏剧性的转折。在 20 世纪 70 年代，亚洲追回了在世界贸易中所丢失的份额，但主要是因为油价的两轮上涨。真正的变化发生在 1980—2010 年，此时亚洲在世界出口和进口总额中所占的比重几乎翻了一倍，到这一时期末，几乎占到了世界贸易总量的三分之一。

这时候值得花精力与过去进行对比。表 2.7 表明，在现行市价和市场汇率下，1913 年，发展中国家在世界出口总额中所占的比重是 19.9%，1928 年时是 24.1%，1948 年时是 26.9%，而它们在世界进口总额中所占的比重分别是 16.9%、19.7% 和 26%。它们在世界出口总额中所占的比重在之前要更低一些，1870 年只占 15.9%，1900 年只占 16.9%。这些历史贸易数据和表 5.1 当中更完整的那些数据严格意义上没法进行比较。尽管如此，看起来，1970 年时发展中国家在世界贸易中的重要性要远大于它们在 1870 年时的重要性，但和它们在 1913 年时的重要性差不多。而在 2010 年时，它们所占的比重是 1948 年水平的 1.5 倍。但是，从 19 世纪晚期到 20 世纪，发展中国家在世界贸易和世界经济中重要性的变化，是定性的而非定量的（纳亚尔，2006 年）。真正的不同会在下一章中提出，不同之处在于贸易的具体组成，初级商品在发展中国家的出口中原来占有绝对的重要性，后来逐渐被日益重要起来的制成品所取代。

贸易的渠道也发生了变化。过去，贸易流通由一些大型的跨国公司所控制。现在，也是由跨国公司来控制贸易流通，但是这种明显的相似暗含着欺骗性。其中有两个很重要的不同。首先，19 世纪时的大型贸易公司，如东印度公司和皇家非洲公司，"就像恐龙一样，块儿头很大，脑容量却很小，以新世界的丰富植被为食"[海默（Hymer），1972]。现代的这些跨国公司的先驱并不是这些巨型的贸易公司，而是19 世纪晚期的小作坊和创业公司。其次，在 20 世纪晚期，越来越多的国际贸易是在公司内部进行的贸易，也就是虽然跨国，但是在同一个公司下属的子公司之间进行。在 20 世纪 70 年代早期，这样的公司之间的贸易占到世界贸易总额的五分之一，但是到了 90 年代初，这一比重已经达到了三分之一（联合国贸易和发展会议，1994 年，143 页），到了 21 世纪头十年之末，这一比重至少增长到了五分之二。而更加重要的是，也许就是公司内部贸易组成部分所发生的变化，也是从初级商品贸易转向中间产品和制成品的贸易（纳亚尔，2006 年）。下一章中会考虑到的全球价值链，也是这个故事当中重要的一部分。

　　到目前为止，关注点都在商品贸易，因为商品的出口和进口一直都是国际贸易最主要的形式。当然，船运和保险业这些服务业也都和商品贸易有着密切的联系，所以也是贸易的一部分，此外也包括旅游业等。但是过去的 30 年见证了在国际贸易中，服务贸易可能发生的一些真正的变化（纳亚尔，1988 年）。交通运输业和通信业发生的技术革命使得过去无法进行贸易的一些服务实现了贸易化，要么就是大幅缩减了交通成本，使得生产商的灵活性提高、消费者能享受更多服务；要么就是采取新的通信方法，比如增加了卫星线路连接或者视频传送功能，从而使得生产商和享受服务的消费者的物理距离不需要离得很近。远程通信和信息学领域的技术发生了显著的变化，共同创造出一个新的服务业类型，信息技术特别是软件技术迅速进入到国际贸易当中。这样的技术方面的变革也大大提高了服务贸易的可贸易性。金融服务，特别是银行业和保险业，变得贸易性更强了。教育业和医疗服

表5.3 服务业的国际贸易：1980—2010年（美元，10亿计）

年份	服务业出口			服务业进口		
	发展中国家	世界	发展中国家的出口在世界中的占比	发展中国家	世界	发展中国家的出口在世界中的占比
1980	73.4	395.7	18.5	139.6	447.7	31.2
1985	80.5	411.2	19.6	129.2	443.7	29.1
1990	150.4	829.1	18.1	193.8	876.1	22.1
1995	273.0	1220.7	22.4	335.0	1235.4	27.1
2000	351.1	1518.2	23.1	415.3	1513.5	27.4
2005	629.3	2555.2	24.6	698.6	2448.9	28.5
2010	1133.5	3819.4	29.7	1292.0	3620.2	35.7

来源：联合国贸易和发展会议，基于国际货币基金组织国际收支统计。

务业也是如此。因此，国际间的服务贸易出现了显著的扩张。

　　表 5.3 展示了在现行市价和市场汇率之下，国际服务贸易领域的发展概况。它表明，在 1980—2010 年，世界服务贸易出口总额从 4000 亿美元增长到了 3.8 万亿美元，而世界服务贸易进口总额则从 4500 亿美元增长到了 3.6 万亿美元。在这个时期，国际服务贸易作为国际商品贸易的一部分，其占比从 20% 增长到了 25%。对于发展中国家而言，其服务贸易出口额增长了将近 16 倍，从 730 亿美元增长到了 11340 亿美元，在其商品出口总量中的占比，也从 12% 增长到了 18%；而其服务贸易进口总额增长了将近 10 倍，从 1400 亿美元增长到了 12920 亿美元，在其商品出口总量中的占比从 28% 下降到了 22%。因此，在 1980—2010 年，发展中国家在世界服务贸易出口总额中的占比从 19% 增长到了 30%，而它们在世界服务贸易进口总额中所占的比重也从 31% 增长到了 36%。

　　这些所占比重的变化趋势在图 5.2 中更为明显，因为它展示了 1980—2010 年的时间序列数据。数据表明，发展中国家在世界服务贸易出口总额中所占的比重在 1980—1990 年一直保持在 20% 左右，但

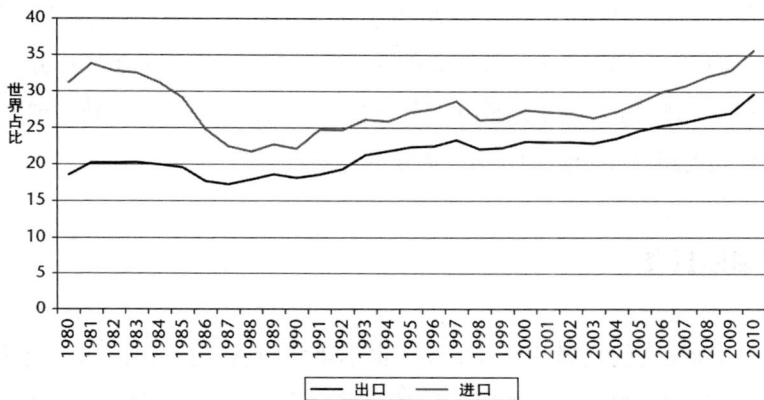

**图5.2 发展中国家的进出口量在世界服务业出口和进口
总量中所占比: 1980—2010年**
来源：联合国贸易和发展会议，基于国际货币基金组织国际收支统计。

是在 20 世纪 90 年代之后开始稳步增长，到 21 世纪的头十年则开始迅
猛增长，这个时候它们在信息技术服务方面的相对优势已经体现出来，
并且不断强化。它们在世界服务贸易进口总额中所占的比重在 80 年代
出现下降，反映出增速的放缓，后来在 90 年代有所恢复，到了 21 世
纪头十年开始增长，这要归功于它们自身进口量的迅速增长，而非世
界进口总额出现了减速发展。值得注意的是，尽管在出口总额方面增
长迅速，但在整个这一时期里，发展中国家在国际服务贸易方面出现
了逆差，与它们在商品贸易方面出现的整体增长形成了对比。当然，
在一些次级部门，比如信息技术服务等可能会出现小幅顺差，而在其
他一些次级部门如金融服务业等方面则可能会出现逆差。

看起来，发展中国家在世界贸易中的重要性在 1950—1970 年出现
了下降，但是到 1980 年时有所恢复，并在此后不断积攒势能。与过去
相比，即便是在 1970 年，发展中国家在世界贸易中所占的比重也已经
和 1913 年的水平持平，而在 2010 年，其水平则达到了 1948 年水平的

1.5 倍。但是，在 19 世纪末至 20 世纪期间，国际贸易发生的变化一般都是定性的而非定量的。最重要的变化发生在贸易渠道的组成部分上。真正的差异在于出现了欣欣向荣的服务贸易业，这是一个全新的现象，在 21 世纪的头十年里就积攒了大量的势能。

2. 国际投资

81　　　　　国际投资的全局图更难描绘，也不可能回溯到这么久之前。但是相比受到国际投资驱动的国际贸易而言，给它建立一个资料档案相对来说更容易一些。表 5.4 显示出了在世界经济中，以每五年为一间隔，在 1990 年、1995 年、2000 年、2005 年和 2010 年时，世界经济中的工业化国家、发展中国家和相应的组成区域的对内和对外直接投资资本的多少。表 5.5 按照同样的格式，体现出了在 1991—1995 年、1996—2000 年、2001—2005 年和 2006—2010 年这几个时间段里，对内对外的外国直接投资的资金流动情况和年均水平。这两个表格合在一起，提供了一个完整的画面。选择这些时间段最根本的原因就是，随着世

表5.4 世界经济中外国直接投资的存量：1990—2010年（美元，10亿计）

	流入					流出				
	1990	1995	2000	2005	2010	1990	1995	2000	2005	2010
世界	2081	3393	7446	11539	19141	2094	3616	7962	12416	20408
工业化国家	1562	2534	5653	8563	12502	1948	3281	7083	10983	16804
发展中国家	517	848	1732	2701	5951	146	330	857	1281	3132
亚洲	343	568	1073	1618	3663	68	210	608	879	2276
非洲	61	89	154	262	554	20	32	44	48	122
拉丁美洲	111	187	502	817	1722	58	88	205	354	733
发展中国家在世界总量中的比重（百分比）	*24.9*	*25.0*	*23.3*	*23.4*	*31.1*	*6.9*	*9.1*	*10.8*	*10.3*	*15.3*

来源：联合国贸易和发展会议对外直接投资线上数据库。

表5.5 世界经济中外国直接投资的流量：1990—2010年（美元，10亿计：年均数值）

	流入				流出			
	1991–1995	1996–2000	2001–2005	2006–2010	1991–1995	1996–2000	2001–2005	2006–2010
世界	228	815	750	1521	259	776	735	1597
工业化国家	148	604	490	891	222	696	641	1262
发展中国家	78	203	240	549	36	78	84	286
亚洲	52	111	144	333	28	52	57	211
非洲	5	10	23	60	2	2	0.5	8
拉丁美洲	20	81	72	155	6	24	26	66
发展中国家在世界总量中的比重（百分比）	34.1	24.9	32.0	36.1	13.8	10.0	11.5	17.9

来源：联合国贸易和发展会议跨国并购数据库。

表5.6 世界经济中的跨境并购与收购：1991—2010年（美元，10亿计：年均数值）

	卖出				买入			
	1991–1995	1996–2000	2001–2005	2006–2010	1991–1995	1996–2001	2001–2006	2006–2010
世界	63	453	310	589	63	453	310	589
工业化国家	57	406	264	491	53	416	251	457
发展中国家	7	45	43	83	6	22	34	107
亚洲	2	17	25	56	4	18	23	81
非洲	0.3	0.7	6	11	0.6	0.6	4	8
拉丁美洲	4	28	12	15	2	4	7	18
发展中国家在世界总量中的比重（百分比）	10.4	10.0	13.7	14.1	10.2	4.8	10.9	18.2

来源：联合国贸易和发展会议跨国并购数据库。

界经济越来越开放、融合程度越来越紧密，在 20 世纪 90 年代和 21 世
纪头十年里，对外直接投资出现了极为显著的扩张。而这一时期的数
据资料也覆盖得更为全面。

在全球范围内，外国流入的直接投资总量从 1990 年的 2 万亿美
元增长到了 2010 年的 19 万亿美元。在这个总量当中，工业化国家所
占的比重从 75% 下降到了 65%，而发展中国家所占的比重则从 25% 上
升到了 31%，剩下的部分是属于那些转轨经济体的。全球流入外国直
接投资总量从 1991—1995 年的年均 2.28 亿美元增长到 2006—2010 年
的 15.21 亿美元。在同一时期的资金回流中，工业化国家所占的比重
从 65% 下降到了 58%，发展中国家所占的比重则从 34% 增长到了 36%。
很明显，在这一时期的世界经济中，发展中国家作为对外直接投资的
目的地的相对重要性明显提高了。区域间的分配又一次出现了不平等。
就流入的资金总量而言，在发展中国家的组成部分中，亚洲占到了五
分之三至三分之二，非洲占比大约为十分之一，拉丁美洲则占到了四
分之一至十分之三。

在全球范围内，向外流出的对外直接投资从 1990 年的 2 万亿美元
增长到 2010 年的 20 万亿美元。在这个总量中，工业化国家占据了主
要地位，尽管其占比从 93% 下降到了 82%；发展中国家占比很小，尽
管从 7% 增长到了 15%。剩下的几乎可以忽略不计的一部分是属于那些
转轨经济体的。全球范围内，向外流出的对外直接投资从 1991—1995
年的年均 2.6 亿美元增长到 2006—2010 年的年均 16 亿美元。在对外直
接投资的流出总量中，工业化国家占据了绝对的主要地位，尽管其占
比从 86% 下降到了 79%，而发展中国家占比依然很小，尽管从 14% 增
长到了 18%。看起来，发展中国家在世界经济中作为外国直接投资来
源的重要性在这一时期确实出现了提升，因为它们不再仅仅是资金接

收方（联合国贸易和发展会议，2006 年）。区域间分配不可避免地会出现了不平等。在发展中国家资金的流出总量中，亚洲占了大约四分之三，而拉丁美洲则占了大约四分之一，剩下的非洲部分几乎可以忽略不计。

　　近期，跨国兼并和并购逐渐成为国际投资的一种形式。表 5.6 显示出了在世界经济、工业化国家、发展中国家和其相应组成地区中通过买卖进行的此类兼并和并购的总额，并且是按照 1991—1995 年、1996—2000 年、2001—2005 年和 2006—2010 年这样几个区间的年平均数来显示的。很明显，世界经济的买卖总量是一样的，但是组成的国家组和地区出现了不同，因为售卖与购买都是以净值来计算的。很难察觉到随时间而呈现出来的变化趋势，而且这种趋势也不会有什么太大的意义。在 1991—2010 年的整个这段时期里，所有跨国兼并与收购的总额已经达到了 7 万亿美元，也即年均 3500 亿美元的水平。在同一时期，外国直接投资的总流量大约是 16.5 万亿美元，即年均 8250 亿美元。在这些跨国兼并与收购案中，工业化国家占比最大——大部分的跨国公司都在这里安营扎寨——占到卖出总量的 86%、买进总量的 83%。但是，发展中国家——其中一些大型的国内公司也正处于转型为跨国公司的过程当中——也占到卖出和买进总量的 12%。

　　毫无疑问，在发展中国家世界内部的各个区域之间的分配也是不平衡的。亚洲占发展中世界卖出总量的 59%、买进总量的 74%；拉丁美洲占到卖出总量的 32%、买进总量的 18%；而非洲在卖出和买进总量中所占的比重都不到 10%。看起来，发展中国家的公司也进入了跨国兼并与收购的事业当中。传统文献认为，通过兼并和并购形成的跨国公司主要受这些公司的寡头或者垄断力量所驱动，试图通过所有权或者控制力而非贸易来进行投资和抓住市场。但是，发展中国家的公司不仅可以通过使用对外直接投资去发挥既有的竞争优势，还可以借此机会来进一步扩大或者实现潜在的一些竞争优势。因此，它们的动机是形形色色、各式各样的。事实上，它们的目标从在初级产品领域寻求原材料一直延展到为出口商品找到市场、横向或者纵向的融合、服务到位、能抓住一些国际化的品牌和能获得制成品的一些先进技术（纳亚尔，2008 年 a）。

但是，近期还出现了另外一种国际投资的形式，包括资本账户自由化和金融国际化，即证券投资。很不幸的是，在这一方面非常难找到按照资金来源地和目的地或者资金回流与外流的国家分配的证据。但毫无疑问的是，这一部分的重要性正在逐渐提升，工业化国家的共同基金和养老基金也在全世界范围内寻找那些能有更高资本增值或者更高利润返还率的金融资产。大部分的证券投资也都是在工业化国家进行，但是发展中世界的一些国家，也已经成为这种自由且不稳定的资金流的目的地了。

在这些发展中国家，证券投资（那些可以在需要时被取回的资金）是或者说曾经是，国际收支表上表示经常性的账户赤字的一个来源。一个经济体需要有高利率和强有力的汇率来支持证券投资的利润率和可信度。这样就会慢慢消磨出口的竞争性，并且扩大贸易逆差。更大的贸易逆差和经常性的账户赤字则意味着需要更多的证券投资资金流，到了一定程度，就会逐渐削弱信心，即便政府能让汇率保持稳定，也会制造出一种不良的预期。但是，如果抑制出口，最终就会导致汇率贬值、信心崩塌，从而导致资金外逃。这就预示着一场货币危机。这种危机的频繁程度和紧张程度只会随着时间的流逝而不断增长。而且发展中国家里那些最先进的国家，也就是那些已经融入国际金融市场里的国家，饱受这种危机所害也并不是什么巧合（纳亚尔，2003 年）。很明显，这种参与世界经济的方式充满危机（奥坎波和斯蒂格利茨，2008 年）。

一些与过去的对比非常有趣。在 1913 年，世界经济中的外国投资总量相当于世界总产量的 9%（联合国贸易和发展会议，1994 年）。世界经济中的外国直接投资总额作为世界 GDP 总量中的一部分，其占比稳定增长，从 1980 年的 6.1% 增长到 1990 年的 8.9%，在 20 世纪 90 年代的前五年里也一直保持在 9% 左右。这一占比只是在 90 年代后五年的时候才超过了 1913 年时的水平（纳亚尔，2006 年）。外国投资在发展中国家的重要程度也与之类似。在 1914 年，发展中国家的直接和间接外国投资加起来，按照 1980 年的基准价格，一共是 1790 亿美元，这几乎是 1980 年时发展中国家外国直接投资总额的两倍。按照 1980 年的基准价格，发展中国家当年的外国直接投资总额为 960 亿美元。扣除物价因素，直到 20 世纪 90 年代中期才达到了 1914 年时的水平（纳亚尔，2006 年）。在 1900 年，发展中国家的直接和间接外国投资加起来，相当于发展中国家 GDP 总量的 32%。一个世纪之后的 2000 年，发展中国家的外国直接投资总额占到其 GDP 总量的 25%，2010 年时这一比重达到了 29%（表 5.4 和 4.4）。这两个比重在严格意义上无法进行对比，因为前者包括了间接投资的部分，但是是建立在对所选国家的 GDP 估值之上的，而这些国家的 GDP 总量能占到发展中国家世界 GDP 总量的很大一部分；后者则不包括间接的证券投资，而是建立在国民经济核算数据之上，并且包含了所有发展中国家的 GDP 总量。尽管如此，大概的框架意味着过去和现在之间有很多相似之处。

非常有必要就外国投资的地理分配和产业组成与过去进行比较。[2] 1914 年时，外国投资总量分配如下：55% 分布在工业化国家世界，45% 分布在发展中国家世界。2009 年时，世界经济中外国直接投资总额分配得更为不均：有 69% 都在工业化国家，27% 在发展中国家，剩下的一小

部分则分配给了转型中的经济体。外国直接投资在这一个世纪里的流量
数据不具备可比性。但是，2007—2009 年，在所有的现金流入中，工业
化国家吸收了其中 66% 的现金，发展中国家吸收了 30% 的现金，剩余的
一小部分则流入转型中的经济体。在 1913 年时，第一产业部门占到世界
长期外国投资总额的 55%，而交通、贸易和物流配送占到了另外的 30%。
生产制造业只占了 10%，而且大部分集中于北美洲和欧洲。在 2009 年时，
世界经济中流入的外国直接投资分配如下：第一产业占了 7%，制造业
占了 28%，服务业占了 63%，还有一小部分没有明确说明，可能是在房
地产领域。

总而言之，可以据此进行合情合理的推测，在 20 世纪末，外国投
资对发展中国家的重要性和它们在 19 世纪末时的重要性是差不多的。
但是，也存在着一些差异。首先，地域分配逐渐向工业化国家倾斜，
远离了发展中国家；其次，在产业部门分配方面出现了重大转折，原
来拥有绝对重要性的第一产业部门的重要性骤降，制造业所占的比重
出现了预期内的增长。然而，最大的不同是定性的而非定量的。在 21
世纪的头十年里，发展中国家逐渐成为世界经济中外国直接投资越来
越重要的来源，而这也是前所未有的新的现象。

3. 国际人口迁移

国际人口迁移可能是参与世界经济的最重要的形式，特别是在过去
的时候。现在也很重要，但是它的重要性在不同的国家有不同的界定，
并且也在随着时间发生变化。发展中国家一直都是，在未来也会继续保
持作为国际人口迁移的重要来源国。这对其发展具有重要的意义和影响，
正如这对那些目的地国家和世界经济也会有重要的意义和影响。[3]

在 20 世纪后半叶，国际人口迁移有两个明显阶段：从 40 年代晚期到 70 年代中期，以及从 70 年代中期到 90 年代末期。后一个阶段一直延续到 21 世纪的头十年。

在第一个阶段，即 40 年代晚期到 70 年代中期，有两条突出的国际人口迁移支线。第一，人们从欧洲迁移到美国、加拿大、澳大利亚和新西兰。这次迁移运动背后的驱动力量是那些想要寻找经济发展机会的移民。同时，这也受到目的地国家移民法案的影响。除了美国，这几个国家几乎都只接受欧洲移民。从 1951—1975 年，进入美国的移民总数为 780 万，进入加拿大的移民总数为 380 万，进入澳大利亚的移民总数为 280 万（纳亚尔，1994 年）。第二，人们从亚洲、北非和加勒比海沿岸的发展中国家迁移至西欧，后者由于经济增长再加上充分就业，劳动力短缺，从而需要进口更多劳动力。最初，主要由南欧一些劳动力剩余的国家来满足西欧对劳动力的需要，其中，意大利大概是最重要的劳动力来源。但是，这些来源不能长久满足西欧的需要。所以，到 50 年代末，欧洲那些劳动力稀缺的国家就开始在别的地方寻找劳动力，大部分都是为制造业和服务业雇佣一些不熟练或者半熟练工人。英国从南亚次大陆和加勒比海各岛屿招揽工人，法国从北非招揽工人，荷兰则从印度尼西亚招揽工人。这些工人的流动主要是以殖民历史和共同的官方语言作为潜在的决定因素的。[4] 德国从南斯拉夫和土耳其招揽工人。据估计，在 1951—1975 年这段时间，到西欧的移民总数大约 1000 万人（斯托克，1994 年）。

在第二个阶段，即从 20 世纪 70 年代中期开始，从欧洲到美国和加拿大的移民潮仍在继续，但是到欧洲的移民潮在一段时间内出现了减速。此时正进入经济快速增长和人口充分就业的尾声。移民法案在西欧的各个国家都变得更加具有限制性。但这也没有持续太久。到欧洲的移

表5.7 世界中的国际移民总量：在不同国家组和不同地区的数量分布情况，1960—2010年（百万计）

	1960	1965	1970	1975	1980	1985	1990	1995	2000	2005	2010
亚洲	27.8	27.5	27.4	27.5	31.2	37.1	41.8	40.1	43.9	47.1	53.4
非洲	9.2	9.5	10.0	10.7	13.8	14.1	16.0	17.9	17.1	17.7	19.3
拉丁美洲	6.2	6.0	5.8	5.8	6.1	6.3	7.1	6.2	6.5	6.9	7.5
发展中国家	43.2	43.2	43.4	44.1	51.3	57.8	65.2	64.6	67.7	72.1	80.5
北美	13.6	14.4	15.2	17.5	20.2	23.4	27.8	33.6	40.4	45.6	50.0
欧洲	14.6	17.1	19.2	21.6	23.1	24.2	27.8	34.1	37.7	44.6	50.1
大洋洲	2.0	2.4	2.9	3.2	3.4	3.6	4.1	4.4	4.7	5.2	5.7
工业化国家	30.9	34.6	38.0	43.0	47.4	52.1	60.7	73.5	84.5	97.4	108.0
总和	74.2	77.8	81.4	87.2	98.7	109.9	125.9	138.1	152.3	169.5	188.5
曾隶属苏联的地区	2.9	3.0	3.1	3.2	3.3	3.3	29.6	27.9	26.2	25.8	25.4
世界	77.1	80.8	84.5	90.4	102.0	113.2	155.5	166.0	178.5	195.2	213.9

来源：联合国人口司和经济社会事务部，国际移民数量趋势：2008年修订本。

表5.8 国际移民总量占各个国家组和地区的总人口的比重：1960—2010年（百分比）

	1960	1965	1970	1975	1980	1985	1990	1995	2000	2005	2010
亚洲	1.8	1.6	1.4	1.2	1.3	1.4	1.4	1.2	1.3	1.3	1.4
非洲	3.2	2.9	2.7	2.5	2.9	2.5	2.5	2.5	2.1	1.9	1.9
拉丁美洲	2.8	2.4	2.0	1.8	1.7	1.6	1.6	1.3	1.2	1.2	1.3
发展中国家	2.1	1.9	1.6	1.5	1.6	1.6	1.6	1.4	1.4	1.4	1.4
北美	6.7	6.6	6.6	7.2	7.9	8.8	9.9	11.4	12.9	13.8	14.5
欧洲	3.7	4.2	4.5	4.9	5.2	5.3	6.0	7.3	8.0	9.3	10.2
大洋洲	16.1	17.5	18.4	18.6	18.9	19.0	20.0	20.4	20.5	21.2	21.3
工业化国家	4.4	4.7	4.9	5.3	5.7	6.1	6.9	8.1	9.1	10.1	10.9
总和	2.5	2.4	2.3	2.2	2.3	2.3	2.9	2.9	2.9	3.0	3.1
曾隶属苏联的地区	1.4	1.3	1.3	1.2	1.2	1.2	10.2	9.6	9.1	9.0	8.9

来源：联合国人口司和经济社会事务部，国际移民数量趋势：2008年修订本。

民潮在 80 年代时再次复兴,并且在 90 年代和 21 世纪头十年积蓄了势能。出现了一些新的目的地,因为后来加入欧盟的一些国家也开始引进劳动力。劳动力来源也发生了变化,首先,有很大一部分移民来自东欧;其次,还有很多来自俄罗斯的移民。这一过程在 21 世纪的头十年得到了强化,此时欧盟扩大了成员国的范围,一些东欧国家也加入进来。除上述两者之外,还有两条不同的移民分支。首先,一直都有人向美国移民,他们不仅仅来自欧洲,也来自发展中国家世界。这些大部分都是获取了专业资格或者具备专业技术的人。这一点之所以可以实现,是因为美国的移民法案发生了变化,这就意味着准许入境的条件不再是来自哪个国家,而是和技术水平有关,这也就为发展中国家的人提供了更多的机会。在 1976—2000 年,到美国的移民总数达到了 1630 万人,是过去 25 年移民总数的两倍多。这一时期到加拿大的移民总数为 420 万人,到澳大利亚的移民总数为 240 万人,几乎没有发生什么变化(纳亚尔,2008 年)。其次,还有一条来自劳动力过剩的发展中国家的临时移民路线,大部分都是不熟练工人,但也有在手工业领域的半熟练和熟练工人以及办事员。这一类人的流动,一般都有三个目的地。有些人去了工业化国家;有些人去了薪资水平高、劳动力稀缺的石油出口国家;还有些人去了工资水平中等的新晋工业化国家,这些国家基本都实现了充分就业。这一类跨国的临时劳动力流动,主要包括西欧的外来工人,美国按季节从墨西哥招来的临时工人,南非、东南亚和北非向中东地区石油出口国流动的工人,以及最近东亚劳动力紧缺的国家招进去的临时工人[s]等。

很明显,在 1950 年之后,尽管移民法案更为严格,也出台了更具限制性的领事国际人口迁移,国际人口迁移仍然十分显著。有关国际人口迁移的数据,流动量比较小,但是总量很大。然而,流动量并不能通过总量的变化体现出来,因为人口迁移经常是一个时间跨度很大

的过程，有很大一部分人一直处于从居民到公民的这样一个过程的不
同状态之下。

目前已有的 1960—2010 年国际人口迁移中移民总数以及在世界各
个地区和国家组的分布情况，都体现在了表 5.7 当中。为了研究趋势，
很有必要也应该把俄罗斯地区排除在外。如果加入俄罗斯地区，就会
扭曲一段时间内的比较情况，因为它在 1991 年分裂成了 15 个独立的
国家，由此国内人口迁移转变成了国际人口迁移。这张表显示出除去
俄罗斯地区的变化，世界上的国际人口迁移总量，从 1960 年的 7420
万人增长到了 2010 年的 1.885 亿人。在这段时期内，发展中国家在国
际人口迁移总人数中所占的比重从 58% 下降到了 42%，相应的，工业
化国家所占的比重从 42% 增长到了 58%。在这些国家组内的各个区域
之间的移民分布几乎没有什么变化，亚洲占到发展中国家迁移人口总
量的三分之二，而工业化国家中有超过 90% 的迁移人口都居住在北美
洲和欧洲，在这两个区域内几乎是等量分布。

表 5.8 通过展示 1960—2010 年国际人口迁移总量在相对应的国家
组和地区总人口中所占比重的变化趋势，强调了这一现象对于东道国
所带来的重大影响。国际人口迁移总量在世界总人口中所占的比重从
1960 年的 2.5% 增至 2010 年的 3.1%。在同一时期，这一比重在发展中
国家从 2.1% 下降到了 1.4%，而在工业化国家，这一比例大幅增长，从
4.4% 增长到了 10.9%。这一比重在工业化国家世界的一部分地区则出
现了更为显著的增长。在北美，每千人中国际人口迁移总数从 1960 年
的 67 增长到了 2010 年的 145。在欧洲，每千人中国际人口迁移总数从
1960 年的 37 增长到了 2010 年的 102。

汇总统计数据并没有体现出国际人口迁移实质上的变化。在国家
边界之间有不同形式的劳动力流动。确实，在自愿性和被迫性移民、

表5.9 世界经济中的移民汇款：1980—2010年（在不同国家组和地区的分配情况）
（美元，10亿计）

	1980	1985	1990	1995	2000	2005	2010
世界	*43.2*	*39.5*	*79.6*	*102.0*	*134.6*	*275.4*	*443.6*
发展中国家	*20.2*	*21.3*	*33.4*	*54.7*	*80.2*	*173.4*	*297.3*
工业化国家	*18.9*	*15.1*	*36.8*	*43.6*	*48.1*	*85.2*	*116.0*
发展中国家：亚洲	*12.4*	*12.7*	*18.5*	*30.3*	*47.7*	*98.3*	*196.0*
东亚	0.8	0.8	1.2	2.1	6.4	26.3	55.4
南亚	5.3	5.8	6.8	11.6	17.7	35.0	83.7
东南亚	1.1	1.8	2.9	8.5	13.1	25.8	39.5
西亚	5.3	4.3	7.5	8.0	10.5	11.3	17.4
发展中国家：非洲	*5.8*	*5.9*	*9.0*	*10.2*	*11.3*	*22.4*	*39.7*
北非	4.7	5.0	7.3	7.3	7.2	14.1	21.3
西非	0.5	0.4	0.7	1.6	2.2	5.3	12.9
发展中国家：拉美	*1.9*	*2.6*	*5.8*	*14.1*	*21.1*	*51.2*	*59.7*
加勒比海一带	0.4	0.5	0.8	2.4	4.4	6.7	8.7
中美	1.2	1.9	3.8	6.2	10.9	32.2	34.8
南美	0.3	0.2	1.3	5.5	5.8	12.3	16.1

注：关于移民汇款的数据基于现有的市场价格和市场汇率计算。由于向东欧及苏联的汇款（这一数据未体现在表格中），发展中国家与工业化国家的数据之和不等于世界经济的总数据。
来源：联合国贸易和发展会议，基于国际货币基金组织国际收支统计，世界银行移民与汇款统计，经济学人智库各国宏观经济指标和各国数据来源。

永久性和暂时性移民、合法性和非法性移民之间可以进行新的区分。在当今世界，完全可以在跨境人口移动中划分出五个层级来，其中两个是过去既有的，三个是新增的。既有的两类主要是由移民和难民组成。移民是那些搬到另一个国家并永久定居的人。这一类人中的大部分都会因为其专业资质而被认可，或者被允许与家人团聚。难民是那些因为饥荒、种族冲突、内战或者政治迫害而离开家园，去其他国家寻找永久的新家或者避难所的人们。新分出来的三类分别是客籍工人、非法移民和专业人士。客籍工人是那些暂时性地来到另一个国家，为了一个特别的目的而短暂居住的人。他们中的大部分都没有什么技能，或者只是半熟练工人。非法移民是指那些没有签证就进入其他国家，或者使用旅游签证找工作，或者干脆就是在签证过期之后仍继续逗留的那些人。他们中的大部分人技能水平都很低。专业人士是指那些受教育程度高、经验丰富、资质高的人，他们的资历水平在任何地方都是抢手的；他们会从一个国家转向另一个国家，或者暂住，或者定居，因为移民法或者领事实践对于他们来说都没有很严格的限制。发展中国家是工业化国家世界中客籍工人和非法移民的主要来源。一些发展中国家也是跨国专业人士的主要来源地。

需要说明的是，这些分类并不是互相排斥或者能全面概括的。它们也不会给出一个一锤定音的定义。一段时间之后，在他们的定居国，就已经很难将移民和难民区分开来。获得居住权的客籍工人在事实上也已经和移民没有什么区别。非法移民会通过时不时进行的特赦而受益，获得合法身份。专业人士和移民之间的区别不管怎样都是互相交错的，因为在工业化国家，前者通常是后者下属的一个分支。尽管如此，这些分类在分析时也提供了帮助，因为在跨国人口流动的初始时期，这些区别还是很明显的。

从 1980 年左右开始，全球化开始导致跨国人口流动的扩张和多元化。事实上，全球化驱动了一些力量，创造出对于流动劳动力的一种需求，而与此同时，又在供应一方发展出来能够满足这种需求的机制（纳亚尔，2008 年）。根本原因很简单。除了明面上的移民法和暗处的领事实践会成为进入的障碍，那些使得跨境转移货物、服务、资本、技术和信息都变得更容易的因素，也使得人口跨境流动变得更为容易。很明显，全球化使得那三个新类别的劳动力流动性大大加强。专业人士位于技能链的最高点，他们的流动性几乎和资本一样强。确实，可以把他们当作可以在世界的任何一个地方都能找到工作的国际人。类似地，在用进口货物或者出口资本取代劳动力进口不那么可行或者利润不那么高的时候，客籍工人的雇佣率一定会增长。还有，尽管政治上存在移民法，由全球化所造成的现状和一些机制还将继续维持非法移民的存在，甚至促成其增长，因为市场非常擅长规避一些法规。

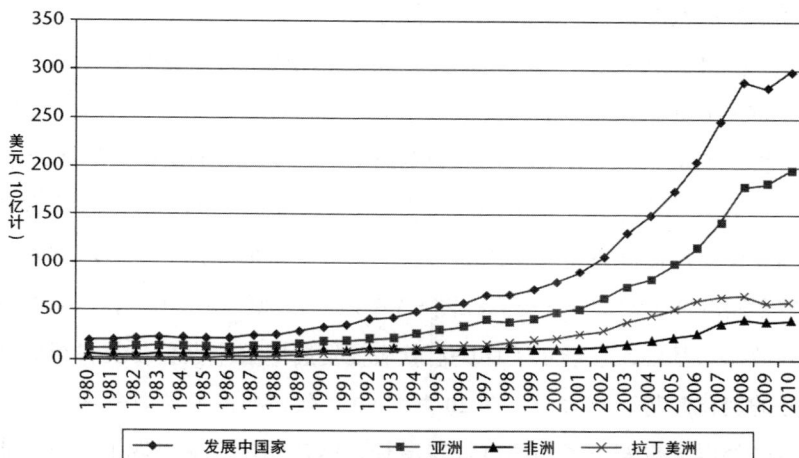

图5.3 发展中国家被分解为各个区域后，各部分移民汇款的变化趋势：1980—2010年
来源：联合国贸易和发展会议，基于国际货币基金组织国际收支统计，世界银行移民与汇款统计，经济学人智库各国宏观经济指标和各国数据来源。

　　国际人口迁移给经济发展带来的最明显的短期性（或者中期性）好处就是移民的汇款。这一现象的重要性已经得到广泛认可 [纳亚尔，1994 年、2008 年；索利马诺（Solimano），2008 年]。表 5.9 展示了世界经济中有关汇款信息的可得证据，以及在 1980—2010 年，它们在不同的国家组和地区的分布情况。表 5.9 显示，世界经济中的移民汇款总额从 1980 年的 430 亿美元增长到了 1995 年的 1020 亿美元，又增长到 2010 年的 4440 亿美元。在同一时期，发展中国家的移民汇款总额从 200 亿美元迅速增长到 550 亿美元，又增长到后来的 2970 亿美元；工业化国家的移民汇款总额也有所增长，但是速度相对较慢，是从 190 亿美元增长到了 440 亿美元，后又增长到了 1160 亿美元。在同一时期，作为世界经济中移民汇款总额的一部分，发展中国家移民汇款额占世界汇款总额的比重从 47% 增长到了 67%，而工业化国家所占比重则从 44% 下降到了 26%。剩余的一部分比重代表的是东欧和俄罗斯这些转型中国家的移民汇款总额。

　　移民汇款额在发展中国家世界的各个地区的分配并不均衡。在1980—2010年，亚洲的移民汇款总额在世界经济中所占的比重从29%增长到了44%，包括加勒比海沿岸在内的拉丁美洲所占比重从4%增长到了14%，但是非洲所占的比重却从14%下降到了9%。这些占比方面的变化之所以会发生，是因为移民汇款额的价值在这三个地区有着截然不同的增长速度。这一点在图5.3中很明显地体现了出来，以时间序列数据为基础，它展示了移民汇款额在发展中国家世界及其各组成部分的变化趋势。它表明，在20世纪80年代，移民汇款总额在这三个地区都以大概差不多的速度稳定增长，但在此之后就出现了差异。非洲的移民汇款总额继续保持同样稳定的增幅。拉丁美洲的移民汇款总额在21世纪初出现迅速增长。亚洲的移民汇款总额在20世纪90年代开始加速，在21世纪初积蓄了最大动力。确实，在1990—2010年，发展中国家世界移民汇款总额的增长大部分都可以归于亚洲的增长。值得注意的是，在2008年的金融危机之后，工业化国家的增长就出现了减速，所有地区的移民汇款总额都出现了下降，亚洲除外。

　　1980—2010年，把发展中国家作为一个整体，移民汇款总额的经济重要性出现了明显提高。[6]从20世纪80年代早期一直到90年代中期，移民汇款总额大约只占到其GDP总量的1%，但是在那之后这一比重稳定增长，在21世纪的头十年里稳定在了1.8%左右，直到全球性金融危机的发生，这一比重才出现下降，但即便如此，2010年的移民汇款总额在其GDP总量中的占比也都稳定在了1.5%左右。当然，在不同的国家移民汇款总额的重要性也不同。更重要的是，移民汇款总额成了第二大外源融资，仅次于外国直接投资，但是要比政府开发援助的总额大。同发展中国家净流入援助额作比的话，20世纪80年代的移民汇款总额是其 1.5 倍，到了 21 世纪头十年则是其总额的两倍还多。但是，如果和外国直接投资作比，移民汇款总额在 20 世纪 90 年代和 21 世纪头十年只占其 40% 到 60%，这一比重要比 20 世纪 80 年代的水平低一些。

移民汇款总额对宏观经济的影响力是巨大的（纳亚尔，1994 年、2008 年）。在这种情况下，移民的迁移并不会减少国内生产总值，移民汇款总额也应该能使国民收入增长。换句话说，只要移民汇款总额高出因人口迁移所造成的收入损失——而这种可能性又很高——劳动力的迁移应该会促进国民收入的部分增长。收入增长和移民汇款带来的消费增长之间的差额就会被保存下来，而这种差额不仅能影响投资的水平，还能影响投资的组成部分。随之而来的投资的增长可能又会导致总产量和收入受到乘数效应的影响而进一步增长。受到移民汇款总额影响而出现的收入增长也会使经济发展实现投资大于储蓄的局面，相对应的，进口总量将会大于出口总量，不然的话，外部资源就会出现一定的枯竭。[7] 因此，移民汇款总额既可以减轻储蓄方面的压力，也能减轻外汇方面的压力，这样一来就能使经济获得更高的增长率，这一点和援助在两缺口模型中扮演的角色十分类似 [钱纳里（Chenery）和斯特劳特（Strout），1966 年；泰勒，1994 年]。在这一背景之下，很有必要关注一下移民汇款总额的两个贡献。其一，移民汇款似乎是一种更为稳定的外源融资，不会像间接投资那样不稳定，也不容易受外国资金流的影响。其二，移民汇款的变化似乎与母国的增长趋势相反。这是因为移民汇款在发生经济危机的时候，可能会出现增长，从而支撑国内的消费；又或者是因为母国的经济衰退可能会引发更大规模移民，从而使移民汇款总量增加。

国际移民对经济增长带来的最明显的长期负面影响，就是人才流失。技术型人才的流失意味着母国在收入方面蒙受了损失，另一方面又为东道国创收。发源国承担了培训和教育的费用，而这些培训和教育带来的好处却集中到了目的地国。这一点在很久之前就已经得到承认，并被一再强调。人才流失代表了一种人力资本的无偿转移，随之而来的还有对劳动力在量和质两方面的剥夺，出于各种原因，这一定会限制增长的规模。第一，一些稀缺专业方面的人才流失很难得到弥补。第二，对专业或者熟练工人的教育和培训都会吸收一些稀缺的投资资源，但是教育方面公共投资的回报并不会回归社会。第三，去培养能够替代移民的工人，在资源和时间方面都需要花费额外的成本。第四，高收入阶层人口的迁移意味着政府税收的流失，特别是直接税的部分。这还不是全部。人才流失也和一些负面的外部影响有关。新的增长理论认为，一个人所具备的知识会对另一个人的生产力带来一些积极的影响，反过来，这个人所具备的知识又会对前一个人的生产力产生积极的效果。如此一来，受训程度极高的工人的迁移，对母国而言就不仅仅是单纯的一个个体的知识流失，它同时还限制了那些留在母国的人的生产力。这种对生产力造成的负面的外部影响从长期来看只会阻碍经济的增长。但是，这片不久之前才出现的乌云周围也有一丝曙光。全球化的扩散为移民回流提供了动力，这也许能够将人才流失的状况逆转，并将其转变为一种人才获得。如果可以实现这一点，就有可能在很短的时间内，为发展中国家创造出新的机会，使它们能够获得在发达国家接受过高水平教育和培训的劳动力大军。

参考过去的情况并与之进行比较是必不可少的。在 19 世纪时，有两次大规模的国际人口迁移浪潮。1833 年，大不列颠帝国废除奴隶制，但这之后出现了另一种形式的奴役。在长达 50 年的一段时间，也就是从 19 世纪 30 年代中期到 19 世纪 80 年代中期，大约有 5000 万人口离开了印度和中国，到美洲，加勒比海沿岸，非洲南部，东南亚和其他偏远地区的矿井、种植园和建筑工地去当契约劳工。在 1880 年左右，这个人数差不多占到了印度和中国人口总数的 10%。在 1870—1914 年，超过 5000 万人口离开了欧洲，其中有三分之二去了美国，另外的三分之一则前往加拿大、澳大利亚、新西兰、南非、阿根廷和巴西。欧洲的这次大规模人口迁移占到了其 1900 年人口总数的八分之一。因此，国际人口迁移在 19 世纪时对于世界经济的发展演变起到了至关重要的作用，因为它打造了国际劳动分工的框架，并为新世界国家工业资本主义的发展打下了基础，推动了一部分国家的工业化进程，同时也使另一部分国家开始去工业化。

国际人口迁移在过去要比现在容易实现得多。解释起来非常简单。从 19 世纪晚期开始，一直到 1914 年，对于人口的跨境流动没有任何限制，人们很少会用到护照。移民很容易就能取得公民身份。国际劳动力迁移规模巨大。与之形成鲜明对比的是，在 20 世纪的最后 25 年以及 21 世纪的头十年里，人口的跨境流动受到移民法和领事实践的严格管控。即便如此，国际人口迁移依然规模巨大，并且意义重大。全球移民数量在世界人口总数中所占的比重从 1960 年的 2.5% 增长到了 2010 年的 3.1%。所以，在 1960 年时，世界上每 40 个人当中，就有一个是移民；而在 2010 年时，每 32 个人当中就有一个是移民。和 20 世纪早期的数据相比，情况便更加清楚。据估测，在 1910 年，有 3300 万人生活在不是自己母国的地方，国际移民总数占到世界人口总数的 2.1%，所以在当时，世界上每 48 个人里面就有一个人是国际移民［国际劳工组织（ILO），1936 年］。

如果按绝对数计算，规格也能说明一些问题。本部分的讨论认为，自从 1950 年开始，从绝对数量上来看，跨境迁移的人口总数就非常可

观了，尽管与 19 世纪相比，所占人口总数的比例可能会小一些。表 5.7
显示，1960—2010 年，工业化国家的国际移民总人数从 3100 万增长到
了 1.08 亿，共增加了 7700 万人，其中，有多达 7200 万移民，几乎平
均分布在北美洲和欧洲。表 5.8 显示，在北美洲，2010 年每 7 个人里
面有一个是国际移民，1960 年每 15 个人里面有一个；而在欧洲，2010
年每 10 个人里面有一个是国际移民，1960 年每 27 个人里面有一个国
际移民。

　　几乎毫无疑问，在 20 世纪 40 年代末到 70 年代中期这段资本主义
发展的黄金时段，从发展中国家进入西欧的移民成为经济增长的一个重
要因素。类似地，那些在 1950 年之后从发展中国家和欧洲移民到美国
的有专业才华和技术资格水平的移民，也成了生产力提高、经济活力增
强的一个重要的推动因素。除此之外，据估测 2000 年左右在工业化国
家的非法移民大概有 1200 万（纳亚尔，2008 年）。雇主找到这些移民，
去做一些本国居民和公民不愿意做的工作，政府则故意对这一现实避而
不见。与此同时，客籍工人从发展中国家中东的石油出口国、工业化国
家（特别是美国和西欧）、东亚新兴的工业化国家，他们为东道国提供
了所稀缺的劳动力，促进其经济增长，同时也向母国提供了移民汇款，
支撑了母国的经济发展。客籍工人和专业人才甚至包括非法移民的跨境
迁移，一大部分都是受到了市场和全球化的驱动。工业化国家世界的客
籍工人和非法移民主要来自发展中国家，这里也是跨境专业人才的主要
来源地之一。很明显，跨境人口迁移是发展中国家参与世界经济的一种
很重要的方式，正如现在，尽管有严厉的移民法和限制极强的领事实践，
国际人口迁移在当今世界仍然有非常重要的地位。

　　通过国际人口迁移，将发展中国家在过去和现在与世界经济所发
生的互动并列起来比较，是件很有意思的事。这两者之间有一定的联

系，可以归因于过去的离散和现在的全球化。离散有别于其传统特指的犹太人的流放，主要是指印度和中国人的大迁移，而出现这一现象的历史根源就是契约劳工的问世。在这两个亚洲大国出现了全世界范围内规模极大的迁移，不仅仅是迁移到工业化国家，也会到另一些发展中国家去。这与印度人和中国人的企业家资本主义精神息息相关。来自其他国家的移民中也有企业家，但是由于历史原因，来自印度或者中国的人数要多得多。全球化的到来也使得人口的跨境迁移变得更加容易，不管是客籍工人还是非法移民，他们大部分都来自发展中国家，许多人就此留在了工业化国家，大部分都是待在一些小企业里。在一个相对小一些的规模上，也有从发展中国家向外迁移的专业人才，他们可以实现永久移民，他们现居国外，或者生活在本国，但是经常到其他国家出差。这些人的流动性几乎和资本一样强。这一现象的出现是因为他们在股份制资本主义时期在商业世界爬到了公司的最高层。最惊人的例子应该就是在美国和英国，有大量的来自印度的专业人才。当然，也有来自其他发展中国家——比如巴西、墨西哥和韩国——的类似专业人才，定居在工业化国家世界里。

97

总　结

进行概括的话，看起来在 1950—1980 年，特别是与过去相比，发展中国家在世界经济中的参与程度出现了衰退，但是 1980 年左右开始复苏，并在此后积蓄了势能。它们在世界商品贸易和进出口领域所占的比重从 1970 年时的不到 20% 翻了一倍还多，2010 年所占比重已经超过了 40%。在 1970 年，它们在世界贸易中所占的比重只比它们在世界 GDP 总量中所占的比重高出两个百分点，但是到了 2010 年，它们在世界贸易中所占的比重已经比它们在世界 GDP 总量中所占的比重高出了 10 个百分点。1990—2010 年，它们在服务业和进出口领域的国际贸易中所占的比重呈现出了巨大的增幅，显示出它们在服务出口方面的相对优势。但是，这种在国际贸易中的迅速扩张在各个区域间的分配并不均衡，因为大部分增长都来自亚洲。在 20 世纪 90 年代和 21 世纪头十年，发展中国家在世界经济中的对外直接投资存量和流量中所占的比重出现的增长，平衡了工业化国家所占比重缩减的部分，尽管它们的重要性体现在其目的地国而非来源国的身份上。这方面在各个区域的分布没有那么不均衡。国际人口迁移大概是参与世界经济的最重要的一种形式。发展中国家一般都是母国，而工业化国家则是国际移民的东道国。出现了新的流动形式，比如出现了客籍工人、非法移民和专业人才，他们都是受到了市场和全球化的驱动。并且，国际人口迁移对世界经济发挥了重要的影响。这也是推动工业化国家生产力增长、经济保持活力的一个主要因素。它创造出移民汇款流量，这一数字在 1980 年之后出现了显著增长，为发展中国家提供了外源融资，并缓解了宏观经济层面对于增长的局限。对于发展中国家世界而言最明显的负面影响就是人才流失，但是回流移民也可能将此转变成为人才获得。这三种参与的渠道密切联结，并且互相影响。国际贸易和国际投资之间通过累积因果作用呈现出一种明显的互补性，在这其中企业内部交易仅仅是一个维度中的双向发展。国际人口迁移，通过人口的离散，也能推动国际贸易和国际投资的发展。事实上，总体要比各部分之和大得多。

第 6 章
工业化中的追赶

在后殖民主义时代，也就是自 1950 年左右起，大部分发展中国家都采取了新的发展策略，与它们在 19 世纪后半叶和 20 世纪上半叶的发展状况形成鲜明的对比。这一变化有三个维度。首先，出现了一种很自觉的意识，试图限制在世界经济中开放与融合的程度，从而追求一种自治性更强的发展。其次，国家和政府在发展中扮演了更具战略性的角色，因为市场本身不足以满足这些发展中的迟到者的一些渴求。最后，工业化被视为追赶过程中必经的一步，这一步必须从制造业的进口替代开始，即用本国产品来替代进口品。这三个最基本的要点标志着发展中国家世界开始告别殖民主义时代——殖民主义时代在此前已经在大部分的发展中国家持续了几百年——是以开放式经济和无管制市场为特点的一个去工业化过程。60 年之后，有必要来探寻一下这些发展中国家在工业化程度方面进行的追赶是否取得了成功。本章试图回答这个问题。为此，本章提供了一个全球化的视角，并与过去进行了对比。本章还试图在尽可能的情况下，将亚洲、非洲和拉丁美洲分解开来进行分析，但是对这一过程中领先国家的具体分析要直到下一章才能出现。

本章讨论的问题会按照如下结构进行。第一部分审视了发展中国家在产出和就业的组成方面出现的结构性变化，并研究了它们与工业化水平和经济增长之间的关系。第二部分通过罗列 1960—2010 年的这 50 年间工业增加值在世界经济中的分配情况，考虑了工业生产的发展趋势，强调了发展中国家重要性出现的戏剧性变化，这也体现出在制造业产量方面的追赶。第三部分讨论了这一工业化进程如何塑造了发展中国家在世界经济中的贸易模式，这一点在它们在世界制造业出口总量中所占比重发生的变化和它们的进出口组成所发生的变化中有所体现。第四部分试图聚焦工业化进程，并涉及开放性和干预程度方面的内容，这在政策和战略方面的论战中也是一个很关键的问题。要讨论的是自 1950 年之后的追赶过程，并分析 1970 年之后，发展中国家在世界经济中的工业生产和制造业出口领域所占比重出现迅速增长的潜在因素。

1. 结构性变化

　　工业化的进程与经济结构转型息息相关。从长远角度来看，这一类转变最重要的一个维度就是一段时间内总产量和就业在组成部分上出现的结构性变化。最初，农业在总产量和就业组成中所占的比重都是压倒性的。随着工业化进程的深入，制造业在总产量和就业组成中所占的比重逐渐增长，农业所占的比重则逐渐降低。工业化发展到比较发达的程度时，工业部门在总产量和就业组成中所占的比重逐渐下降，服务业开始出现增长。这就是费雪［(Fisher)，1935 年］、克拉克（1940 年）、钱纳里（1960 年）和库兹涅茨（1966 年）根据那些在 19 世纪下半叶和 20 世纪上半叶实现了工业化的国家的经验一起系统化总结出的一种经典模式。

　　所以，在分析的时候，可以将那些在过去成功实现工业化的经济体所进行的结构性转变分为三个阶段（纳亚尔，1994 年 a）。在第一阶段，会按照现有的实际工资和生产力水平把农业领域出现的剩余劳动力吸收到工业部门（刘易斯，1954 年）。这也是因为农业部门在总产量和就业组成中所占的比重下降，而工业部门在这两方面的占比出现增长。这一过程可以被称为在扩展边际上的劳动力吸纳效应。在第二阶段，在制造业内部会出现劳动力从低生产力部门到高生产力部门的转化，与此同时，这两个部门的平均劳动生产率都出现了增长，所以两者的实际工资都会提高。工业部门所占比重进一步增长，农业部门进一步出现缩减，而且更多的是发生在总产量而非就业组成方面。这一过程可以被称为在集约边际上的劳动力利用。在第三阶段，农业部门所占比重持续缩减，工业部门所占比重保持不变，服务业所占比重上升，但在一段时期之后，当农业部门和国内的个人服务业不再能够提供劳动力时，服务业所占的比重就开始慢慢取代工业部门的份额，并且更多体现在就业组成而非生产总量上。工业化国家出现的这种局面也会被称作"去工业化"［罗森（Rowthorn）和韦尔斯（Wells），1987 年］。

100

　　传统论述把重心放在经济增长上，认为结构性的变化与最后的结果密切相连。有一种假设认为，对工业产品的需求的收入弹性要比对农业产品的需求的收入弹性大，而对服务的需求的收入弹性又要比工业产品的需求的收入弹性大（费雪，1935 年）。市场的扩张创造出新的需求，也就出现了随之而来的新的生产活动。正在发展中的经济体一般都会遵循一个按照重要程度排列的固定的发展移动顺序，即从第一产业向第二产业移动，然后再向第三产业移动。在这种描述中，服务业生产率的增长要慢于制造业生产率的增长，因为并不怎么会通过资本累积、规模经济或者科技进步来发展服务业（鲍莫尔，1967 年）。这就解释了为什么服务业在就业总量中所占的比重会进一步增加（罗森和韦尔斯，1987 年）。与此同时，它在生产总量中所占的比重也出现了增长，但大部分是因为服务的相对价格出现了增长（鲍莫尔，1967 年）。

　　很重要的一点是要意识到结构变化的模式并不仅仅是经济增长所导致的一个相关结果。其实，这个因果结构是双向的。一种非正统的观点强调，结构性变化驱动了经济增长［熊彼特（Schumpeter），1942 年；赫希曼（Hirschman），1958 年；钱纳里，1960 年；奥坎波、拉达（Rada）和泰勒，2009 年］。这一概念在刘易斯（1954 年）的模型中只是被暗示了出来，农业部门的剩余劳动力被转移到了工业部门，支付给他们仅能温饱的工资，从而增加了资本家的利润，资本家对资本的再投资也因此成为资本积累和经济增长的一个重要来源。卡尔多经济周期模型（1966 年）走得更远，进一步发展了这个因果关系，他认为制造业是经济增长的引擎。这一点在三条法则中得以展开。第一，制造业生产总量的增长与 GDP 总量的增长之间存在正相关，这一点有一部分是因为工业部门吸收了农业部门的剩余劳动力；第二，制造业生产总量的增长导致制造业生产率的提高，这一点可以归因于经济的静态和动态规模，前者取决于任意一个时间点工厂的规模或者生产总量的水平，后者则是来源于"干中学"（learning-by-doing），也就是在过去一段时间内累积的生产总量［阿罗（Arrow），1962 年］或者累积的生产经验［卡尔多（Kaldor），1962 年］；第三，制造业生产总量的增长与经济中生产率的总体提高相关，而生产率的总体提高又和其他地方发生的溢出效应有关。

　　那些在 1950 年之后才加入工业化进程的迟到的国家，它们的经历与这些已经程式化的事实并不完全吻合，至少在顺序上不一致。看起来，在 20 世纪下半叶和 21 世纪的头十年里，大部分的发展中国家都从由农业主导的第一个阶段直接进入了由服务业主导的第三个阶段，并没有必要经过由工业主导的第二个阶段（库兹涅茨，1971 年）。在这种结构性转变中，中国是一个很明显的例外。首先，很显然，在生产总量和就业组成中，工业部门所占比重几乎在所有地方都出现了增长，也许比钱纳里—库兹涅茨理论中所认定的比重要小，但之后都稳定了下来，甚至比重出现下降。尽管如此，随着农业部门所占比重的下降，服务业所占比重逐渐上升，但是，在过了一个点之后，服务业在生产总量和就业组成中所占的比重再继续增长的部分就已经是取代工业部门所丢失的部分比重了。前者并不令人吃惊，因为服务业是发展中国家就业创造的一个来源，但是后者就完全令人感到意外了，因为人们普遍认为制造业是生产率增长的动力引擎。与这种观察到的变化相符的是，人们认为也许在服务业部门实际上有两波增长：第一波由传统服务业组成，出现在一个国家从低收入水平转入中等收入水平的这段时间；第二波则由现代通信、金融和商业服务业组成，出现在一个国家从中等收入水平转入高收入水平的这段时期 [艾肯格林（Eichengreen）和古普塔（Gupta），2009 年]。

　　然而正在缓缓展开的现实，既没有这么统一，也不像这些程式化的事实这么简单。一些发展中的迟到者，比如中国，遵循的是更为经典的结构变化模式，农业部门的衰退与制造业的崛起同时发生，之后服务业的相对重要性开始增长；而其他一些发展中的后进者，比如印度，遵循的则是非传统结构变化模式，农业的衰退与工业的崛起部分重合，但伴随而来的更多的是服务业的增长。很明显，空间背景和对事件的猜想能够解释部分的不同。但是，还有非常重要的一点，就是要注意到世界已经发生了变化，特别是在服务业，自从一些先驱理论家整理出结构性变化的框架之后，就形成了一些程式化的事实（纳亚尔，2012 年）。考虑到企业的规模大幅扩张，服务的提供更能够获得利润，比如在法律、会计、交通运输和金融领域，由专业人士提供服务，而不是在公司内部创造出来［科斯（Coase），1937年］。确实，通信行业、金融和商务服务都被组织起来，与制造业的组成方式非常类似，规模经济和技术进步能够轻而易举地结为一体，从而提高提供服务的效率。交通运输、通信和信息技术的变革，意味着在此之前的一些不可贸易型服务现在也进入了国际贸易的范畴。在这个已经改变了的世界里，服务业也应该遵循卡尔多-凡登定律的头两条来驱动经济增长，即拉动GDP总量的增长和制造生产率的提高，如果有可能的话，能够对整个经济产生一些溢出效应，正如定律第三条中所暗示的那样。[1]

在一项针对1970—2006年12个地区的57个相互交叉的发展中国家和转型中经济体的数据进行的研究中，奥坎波、拉达和泰勒（2009年）分析了结构性变化与经济增长之间的关系。[2]人均GDP的年均增长率与农业和工业在GDP总量中所占比重所发生的变化相并列。这一时期的散点图显示出，在所有的这12个组别样本当中，农业生产总量所占的比重下降，对应的就是向下倾斜的负回归线；工业生产总量所占的比重增长，对应的就是向上倾斜的正回归线。尽管如此，农业所占比重的缩减或者工业所占比重的上升与经济增长之间的关系只在亚洲的四个区域表现得非常明显，这四个区域都表现出了持续的增长，而其他八个区域经济增长都非常缓慢甚至停滞，因此也就呈现出一种随机分布。类似的，在增长迅速的地区，服务业部门所占的比重也迅速增长，但是在增长缓慢的地区并没有什么明显的回归关系。看起来，结构性变化似乎是必需的，但不足以驱动经济的增长。因果关系确实从两个方向都可以展开，但是只在那些积累了反映发展成功的良性循环的国家才存在积极和强有力的因果关系。

在这样的背景之下，去研究20世纪后半叶以及这之后，被分成各

表6.1 发展中国家生产总量组成发生的结构性变化：1970—2010年（GDP百分比）

	1970 农业	1970 工业	1970 服务业	1990 农业	1990 工业	1990 服务业	2010 农业	2010 工业	2010 服务业
亚洲	33.2	31.6 (22.5)	35.2	17.0	37.1 (23.6)	45.9	10.1	41.3 (24.6)	48.6
非洲	25.1	30.7 (13.8)	44.2	18.3	34.6 (14.9)	47.1	16.0	38.4 (10.0)	45.6
拉丁美洲	11.6	35.6 (23.5)	52.8	9.3	35.7 (21.9)	55.0	5.7	32.6 (16.1)	61.7
发展中国家	25.0	32.7 (21.4)	42.3	15.0	36.3 (22.0)	48.7	9.6	39.0 (21.4)	51.4
工业化国家	4.9	38.1 (27.2)	57.0	2.8	31.9 (21.4)	65.3	1.5	24.1 (14.8)	74.4

注："农业"包括农、林、渔。"工业"包括人工制造、矿、公共设施和建筑。工业栏括号内的数据是制造业。百分比是根据按市场汇率计算的当前价格下的GDP数据测算而来。

表6.2 发展中国家各个部门的就业组成：1995—2010年（百分比）

	农业 1995	农业 2000	农业 2005	农业 2010	工业 1995	工业 2000	工业 2005	工业 2010	服务业 1995	服务业 2000	服务业 2005	服务业 2010
东亚	54.4	47.7	42.6	34.9	25.9	23.4	24.5	28.6	19.7	29.0	32.9	36.4
东南亚和太平洋沿岸地区	55.3	49.7	45.7	42.5	15.4	16.4	18.0	18.2	29.3	33.9	36.2	39.2
南亚	64.1	59.5	50.8	51.4	13.4	15.6	20.1	20.7	22.5	24.9	29.0	27.9
拉丁美洲—加勒比海沿岸一带	23.4	20.5	18.9	16.2	20.2	21.6	22.2	22.2	56.4	58.0	58.9	61.6
中东	30.8*	22.4	18.3	16.9	20.3*	24.4	25.0	25.7	48.9*	53.2	56.7	57.4
北非		30.5	34.5	28.5	8.2	19.4	20.8	21.8		50.1	44.8	49.7
撒哈拉沙漠以南的非洲	70.1	66.3	64.0	62.0		7.9	9.7	8.5	21.7	25.9	26.3	29.6
工业化国家	5.1	5.5	4.2	3.7	28.7	27.3	25.0	22.4	66.1	67.3	70.8	73.8
世界	44.4	40.5	36.5	34.0	21.1	20.4	21.5	22.1	34.5	39.1	41.9	43.9

注：1995年的（★）数据是中东和北非地区合计的数据。
来源：国际劳工组织（不同年份）全球就业趋势统计。

个区域的、与工业化国家作比的发展中国家的结构性变化在生产总量中的组成就非常有指示性意义。表 6.1 提供了现有的一些证据，证实了在工业化国家、发展中国家世界及其所含的各个区域中，在农业、工业和服务业领域的这些生产总量组成中所发生的变化。这些数据主要考虑了 1970—2010 年的这段时期，因为完整的联合国国民经济核算数据就是从 1970 年起才开始有的，同时，这些数据按照 20 年为一间隔，选取了三个基准年，这样就使得数据在一个可控的比例之内，这种划分非常得当也足以说明问题，因为结构性变化发生得非常缓慢，也比较容易察觉。

　　1970—2010 年，在工业化国家，农业在 GDP 总量中所占的比重从 5% 下跌到了 1.5%，工业所占的比重从 38% 下跌到了 24%，服务业所占的比重则从 57% 增长到了 74%。如果把发展中国家作为一个整体来看，在 1970—2010 年，农业在 GDP 总量中所占的比重从 25% 下跌到了 10%，工业所占的比重从 33% 增长到了 39%（其中制造业所占比重保持不变，仍为 21%），服务业所占比重则从 42% 增长到了 51%。但是，在不同的区域之间也有显著的不同。亚洲所见证的结构性变化不仅促进了经济的增长，同时也反映出了工业化的进程。在亚洲，1970—2010 年，农业在 GDP 总量中所占的比重下降了 23 个百分点，工业所占的比重增长了 10 个百分点（其中制造业所占比重仅提升了 2 个百分点，而矿业、公共设施建设等领域则提升了余下的 8 个百分点，但是这对于工业生产只起到辅助作用），服务业所占的比重增长了 13 个百分点。在拉丁美洲和加勒比海沿岸，1970—2010 年，农业在 GDP 总量中所占的比重下跌了 6 个百分点，但是工业所占的比重也下跌了 3 个百分点（其中制造业所占比重下跌了 7 个多百分点，所以矿业、公共设施建设等领域的发展弥补了一些下降的部分），服务业所占的比重则增长了 9 个百分点。毫无疑问，这一区域目睹了增长的减速，并且经历了部分的去工业化。1970—2010 年，在非洲，农业在 GDP 总量中所占的比重下跌了 9 个百分点，工业所占的比重增长了 8 个百分点（尽管制造业所占的比重下跌了 3 个百分点，但是矿业的发展是造成增长的主要原因），服务业所占的比重仅仅增长了 1 个百分点。在 40 年的时间里，这种结构性变化最多可以称得上是有所发展。它并没有拉动经济增长，而尽管工业所占生产总量比重有所增长，也没有反映出工业化的进程。

有关就业组成方面发生的结构性变化线索有限，但是也提供了充足的证据，来证明在实现工业化的追赶进程中，发展中国家世界的不同区域之间存在着惊人的差异。表 6.2 用足够多的证据表明了在 1995—2010 年，以每五年为时间间隔，在发展中国家、工业化国家和世界经济中，农业、工业和服务业的分配情况。很不幸的是，更早期的这类数据——发展中国家作为一个整体，或者将这一区域分解开来——都无法获得，不然就可以与之前的图表进行比较。图表表明，1995—2010 年，在工业化国家，农业在就业组成中所占的比重从 5% 下降到 4%，工业所占的比重从 29% 下降到 22%，而服务业所占的比重则从 66% 增长到了 74%。在发展中国家世界，1995—2010 年，就农业在全部就业组成中所占的比重而言，其在东亚下降了 20 个百分点，在东南亚和南亚下降了 13 个百分点，在中东和北非下降了 10 个百分点，在撒哈拉以南的非洲下降了 8 个百分点，在拉丁美洲下降了 7 个百分点。在同一时期内，工业在全部就业组成中所占的比重，在东亚和东南亚增长了 3 个百分点，在南亚增长了 7 个百分点，在中东和北非增长了 5 个百分点，在拉丁美洲增长了 2 个百分点，但是在撒哈拉以南的非洲比重依然不变，保持在最低的水平，即 8%。看起来，在这一时期，亚洲的结构性变化成为经济增长的驱动力，因为它

106

使得劳动力从低生产率的部门转向高生产率的部门，但是拉丁美洲和非洲的结构性变化并没能促进经济的增长——它们确实没有［麦克米兰（McMillan）和罗德里克，2011年］。[3]服务业在就业组成中所占的比重在所有地区都出现了增长，这也体现出了农业所占比重下降和工业所占比重增长之间的不同。这些就业组成方面所出现的变化大致都和生产总量组成出现的变化保持一致。但是需要注意的是，在全世界各国，农业在就业组成中所占的比重要比它在生产总量中所占的比重高出很多，而工业在就业组成中所占的比重则要比它在生产总量中所占的比重低出很多。[4]在就业组成方面体现出来的结构性变化反映出，在东亚、东南亚、南亚、中东地区和北非，工业化发展出现了很大的进步，而在拉丁美洲，最多只能说工业化水平有所改进，在撒哈拉以南的非洲则几乎没有什么进展。

这个时候就非常有必要与过去进行对比了。如果把亚洲、非洲和拉丁美洲当作一个整体，在1900年时，农业在全部的就业组成中所占的比重为78%，工业所占的比重（包括矿业和建筑业）为10%，服务业所占的比重为12%（贝罗奇，1975年，160页）。在20世纪的上半叶，这些份额几乎没有发生变化。到了1950年，如果把亚洲、非洲和拉丁美洲算作一个整体，农业在全部的就业组成中所占的比重降低到了73%，工业所占比重还是在10%左右，而服务业所占的比重高了一些，已经占到了17%（贝罗奇，1975年）。几乎不存在结构性变化，这一点和这50年里发展中国家的慢速经济增长、工业化水平几乎毫无进展也保持了一致。但是，如果像表6.2一样，把2000年或者2010年时农业、工业和服务业在就业组成中的分配情况与1950年时的情况进行对比，即便由于区域的分解而不能直接进行比较，也很明显地显示出，在20世纪后半叶和21世纪的头十年，世界各地的发展中国家在就业组成方面都出现了显著的结构性变化，在亚洲则尤为明显。

2.工业生产

工业化带来的最明显的一个结果就是生产总量的变化，但是很难找到 1950 年之后发展中国家和世界经济在工业生产方面的时间序列数据。另外，一段时间内数据的可比性也会出现问题。表 6.3 展示出了一些根据 1950—2010 年发展中国家在世界经济的工业增加值中所占比重而形成的数据。主要由四个时间序列组成：三个是以不变价格为标准，

表6.3 发展中国家在世界制造业增加值总量中所占的比重：1960—2010年

年份	份额百分比			年份	份额百分比		
	1975年价格	1980年价格	时价		1980年价格	2000年价格	时价
1960	8.2	—	—	1986	14.8	—	16.8
1961	8.4	—	—	1987	15.3	—	16.4
1962	8.2	—	—	1988	15.1	—	17.3
1963	8.1	—	—	1989	15.0	—	18.3
1964	8.3	—	—	1990	15.3	15.9	17.5
1965	8.2	—	—	1991	15.9	16.4	17.9
1966	8.2	—	—	1992	—	17.2	18.8
1967	8.2	—	—	1993	—	18.4	20.6
1968	8.3	—	—	1994	—	18.9	20.5
1969	8.4	—	—	1995	—	19.0	21.5
1970	8.8	—	13.1	1996	—	20.0	23.6
1971	9.1	—	13.5	1997	—	20.5	25.0
1972	9.3	—	13.3	1998	—	20.6	23.7
1973	9.4	—	13.8	1999	—	20.6	23.8
1974	9.8	—	15.1	2000	—	20.9	25.6
1975	10.3	12.6	16.0	2001	—	21.7	26.6
1976	10.3	12.7	16.1	2002	—	22.4	27.0
1977	10.4	12.9	16.2	2003	—	23.4	27.4
1978	10.5	13.1	16.2	2004	—	24.0	28.5
1979	10.7	13.4	17.2	2005	—	25.0	30.8
1980	10.9	13.7	18.4	2006	—	25.8	31.3
1981	—	13.7	19.3	2007	—	27.0	33.3
1982	—	14.0	19.2	2008	—	28.3	35.8
1983	—	14.1	18.8	2009	—	30.8	39.1
1984	—	14.1	18.9	2010	—	32.1	41.4
1985	—	14.1	18.5				

来源：联合国工业发展组织和联合国贸易和发展会议，详见附录。

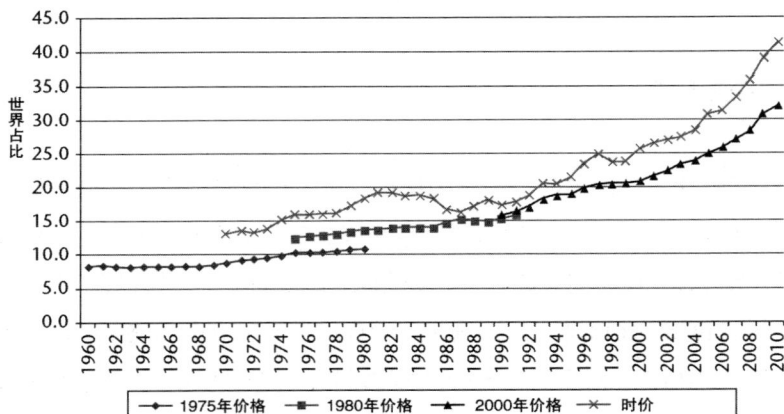

图6.1 发展中国家在世界制造业增加值总量中所占的比重：1960—2010年
来源：表6.3

一个是以当年价格为标准。以 1975 年的不变价格为标准的时间序列提
供了 1960—1980 年的数据；以 1980 年的不变价格为标准的时间序列
提供了 1975—1991 年的数据；以 2000 年的不变价格为标准的时间序
列提供了 1990—2010 年的数据；以当年价格为标准的时间序列提供了
1970—2010 年的数据。很明显，来自以不变价格为标准的三个时间序
列的不同数据在严格意义上来说并不能进行比较，因为会出现指数的
问题。但是以 1975 年的不变价格为标准的时间序列和以 1980 年的不
变价格为标准的时间序列之间出现了重叠，以 1980 年的不变价格为标
准的时间序列和以 2000 年的不变价格为标准的时间序列之间也出现了
重叠部分，由此再预测趋势就能更容易一些。以当年价格和市场汇率
为标准的时间序列如果按照绝对值呈现出来，则更难解读一些，因为
会有隐含的价格增长和汇率变动。但是，考虑到发展中国家在世界经
济中所占比重发生的变化，这个问题并不会造成太多担心，因为分母
也会受到价格增长和汇率变动的影响。

表6.4 亚洲、非洲、拉丁美洲在世界制造业增加值总量中所占的比重：
1970—2010年（百分比）

年份	亚洲	非洲	拉丁美洲	发展中国家
1970	7.2	1.4	4.5	13.1
1975	8.4	1.6	6.0	16.0
1980	10.1	1.9	6.4	18.4
1985	10.7	1.6	6.2	18.5
1990	11.1	1.5	4.9	17.5
1995	14.8	1.3	5.4	21.5
2000	18.2	1.2	6.2	25.6
2005	23.7	1.4	5.7	30.8
2010	32.6	1.6	7.2	41.4

来源：联合国，详见附录。

在这个 50 年的跨度里，能够察觉到三个发展阶段。在 1960—1980 年，以 1975 年的不变价格为标准，发展中国家在世界工业增加值中所占的比重见证了小幅的增长，从 8% 多一点增长到了将近 11%，大部分的增长都出现在 1970 年之后。在 1980—1990 年，以 1980 年的不变价格为标准，这一比重只出现了些许增长，从接近 14% 增长到了 15% 多一点。在 1990—2010 年，以 2000 年的不变价格为标准，发展中国家在世界工业增加值中所占的比重翻了一倍，从接近 16% 增长到了 32%。以当年价格为标准的话，这些比重都会高一点，但是趋势几乎是一样的，这一比重从 1970 年的 13% 增长到了 1980 年的 18%，然后一直到 1990 年都保持这一水平，但是到 2010 年，这一比重激增到了 41%。这些趋势在图 6.1 中体现得更为明显，该图通过时间序列数据描绘出在 1960—2010 年这 50 年间，发展中国家在世界经济的工业增加值中所占比重的变化趋势。三个按照不变价格统计的时间序列和一个按照当年价格统计的时间序列在时间上出现了重叠的部分，这一点在图表中也有所体现。它表明，这一比重在 20 世纪 70 年代出现了适度增长，在 80 年代几乎没有增长，在 90 年代则出现了迅猛增长，并在 21 世纪的头十年里积攒了势能。

把发展中国家作为一个整体来看，并不能体现出其中各个区域之间的不同。表 6.4 展示出了在当年价格标准下，发展中国家按照区域分解开来，以每五年为时间间隔，在 1970—2010 年，在世界工业增加值中所占的比重。它表明，在不同的区域，发展趋势非常不一致。非洲在世界工业增加值中所占的比重除了少许波动，几乎一直保持不变，在这 40 年里一直都在 1.5% 左右。拉丁美洲在世界工业增加值中所占的比重从 1970 年的 4.5% 增长到了 1980 年的 6.4%，在失去的十年里，这一占比有所下降，到 1990 年下降到了 4.9%，但是在这之后有所恢复，到 2010 年其比重已增长至 7.2%。亚洲则与此形成了鲜明的对比，它所占的比重从 1970 年的 7.2% 一直保持稳定增长，到 1990 年占比已达 11%，在这之后的 20 年里又飞速增长，到 2010 年在世界工业增加值中所占比重已经达到了将近三分之一。确实，如果从事实来看，在 1990—2010 年发展中国家所增加的比重当中，十分之九都来自亚洲。

尽管如此，很明显，1970 年以后的形势发生了戏剧化的转变，发展中国家在世界工业生产总量中所占的比重在不变价格标准下几乎已经是原来的四倍，即从占比十二分之一增长到了三分之一，在当年价格标准下则增长了两倍还多，即从占比八分之一左右增长到了五分之二。这么多变化就在这短短的 40 年里发生了。如果按照简单的算术方法来计算，这有一部分要归因于工业化国家在制造生产总量增长方面出现的减速，因为到了 20 世纪 70 年代早期，资本主义发展的黄金时期已经告一段落了。同时，这也是因为从 70 年代早期开始，发展中国家制造生产总量的增长出现了加速。后者的发展，在追赶的大背景之下非常的重要，在接下来的章节中会进行进一步的分析。

和过去进行对比是非常有指示性的。亚洲、非洲和拉丁美洲在世界制造生产总量中所占的比重在 1750 年时大约是四分之三，1800 年时

表6.5 发展中国家和世界加工制成品出口总量：1960—2010年（十亿美元）

年份	发展中国家	世界	发展中国家在世界总量中所占比重
1960	4	58	6.4
1965	6	92	6.4
1970	13	174	7.2
1975	39	473	8.3
1980	126	1049	12.0
1985	183	1138	16.0
1990	448	2498	17.9
1995	974	3739	25.8
2000	1404	4621	29.3
2005	2506	7136	33.2
2010	4163	8247	40.1

来源：联合国，详见附录。

大约是三分之二，1830 年时大约是五分之三。在那个时候，如果考虑人均制造生产所占比重，那么这些现在被称为发展中国家的工业化水平就可以进行对比，尽管不能和现在被称为工业化国家的这些地区比对。英国发生的工业革命导致工厂生产的制造生产总量迅速扩张。随后，在整个 19 世纪，工业化进程扩散至西欧的其他国家，进而又扩散到美国，导致局势发生了戏剧性的变化。亚洲、非洲和拉丁美洲在世界制造生产总量中所占的比重大幅下跌，从 1860 年的 36.6% 下降到了 1900年的 11%，到 1913 年又下跌到了 7.5%，并保持在这一水平，一直到 20世纪 50 年代早期（表 2.6）。确实，如同之前所展示的，这些地区，特别是当时和现在一样占据主导地位的亚洲，在 1830—1913 年期间经历了剧烈的去工业化。实际上，发展中国家在世界制造生产总量中所占的比重一直都保持在 8% 左右，一直到 1970 年都和 1913 年的水平差不多。到了 1980 年左右，这一占比才恢复到 1900 年的水平，到 1990 年恢复到了 1880 年时的水平。在此之后局势迅速发生转变。2010 年时，发展中国家在世界工业生产总量中所占的比重比它在 1860 年时的占比要高，并且更接近其在 1850 年左右时的水平。

110

3. 贸易模式

在世界制造生产总量中比重增加，这种追赶的模式也从另一个方面体现出发展中国家成为世界经济中制成品出口的重要来源，这就意味着它们的工业部门在国际市场上也开始变得有竞争力。表 6.5 列出了1960—2010 年，以每五年为时间间隔，在市场汇率标准下，以当年价格为标准，几个所选基准年中发展中国家和全世界的加工制成品出口总值。在 1960—1975 年，发展中国家在世界工业制成品出口总量中所占的比重由 6% 缓慢增长至 8%。在 1975—1990 年，这一比重从 8% 增长到了 18%。在此之后，增长更为迅速，到 2000 年已增至 29%，2010年时增长至 40%。这些变化的发生在图 6.2 中表现得更为明显，它通过使用时间序列数据来展示 1960—2010 年发展中国家在世界经济中的加工制成品出口总量中所占的比重。在这 50 年的跨度里，可以明显察觉出有三个发展阶段。在第一个阶段，也就是从 20 世纪 60 年代一直到70 年代的前半期，这一比重的增长最多可以说是"有所增长"。在第二个阶段，也就是从 70 年代中期到 90 年代早期，这一比重翻了一番，从 10% 左右增长到了 20%。在第三个阶段，也就是从 90 年代早期一直

111

112

表6.6 发展中国家被分解成几个地区之后的加工制成品出口总量：1990—2010年

年份	（十亿美元）			（世界制造业出口总量百分比）		
	亚洲	非洲	拉丁美洲	亚洲	非洲	拉丁美洲
1990	377	14	57	14.8	0.5	2.2
1995	812	38	124	21.3	1.0	3.2
2000	1145	37	220	24.0	0.8	4.6
2005	2128	68	312	28.2	0.9	4.1
2010	3626	115	424	35.3	1.1	4.1

注：由于剩余未分类的数据，后三列亚洲、非洲和拉丁美洲的总量百分比并不像表6.5中最后一列发展中国家的占比一样精确。
来源：联合国，详见附录。

到 21 世纪的整个头十年，这一比重再次翻了一番，从 20% 左右增长到了 40%。

　　毋庸置疑，加工制成品出口量的快速扩张在发展中国家世界的各个区域中也有着极为不平衡的分配。表 6.6 展示了在大部分变化开始发生的 1990—2010 年中几个选定的年份里，亚洲、非洲和拉丁美洲加工制成品出口量方面的数据。亚洲的加工制造出口量出现了巨幅增长，从 1990 年的 3770 亿美元增长到了 2010 年的 36260 亿美元。在当年价格标准下、按照市场汇率的标准，这些条件并没有造成什么不同，因为亚洲在世界加工制造业出口总量中所占的比重也急剧增长，从 1990 年占比 15% 增长到了 2010 年的占比 35%。在 1990—2010 年，拉丁美洲的加工制造出口量从 570 亿美元增长到了 4240 亿美元，而它在世界加工制造业出口总量中所占的比重也从 2.2% 增长到了 4.1%。非洲的情况最糟糕。在 1990—2010 年，按照绝对值计算，非洲的加工制造出口量确实从 140 亿美元增长到了 1150 亿美元，但是它在世界加工制造业出口总量中所占的比重几乎保持原地不变，仅仅占了 1%。很明显，发展中国家在世界加工制造业出口总量中所占比重之所以出现惊人增长，几乎完全可以归功于亚洲。

　　但是，局势在 1975 年之后有了重大转变确实是不争的事实，发展中国家在世界生产制造业出口总量中所占的比重几乎已是原有水平的五倍，即在短短 35 年里从占比十二分之一增长到了占比五分之二，能在这么短的时间里发生这么大的变化也不常见。很明显，发展中国家的生产制造出口量所呈现出的增长水平要远远高过工业化国家或者全世界的增长水平。这种情况的存在，对于追赶这种大背景来说也是非常重要，将会在本章之后进一步分析。

　　在这样的背景之下，有必要注意的是，发展中国家在世界加工制

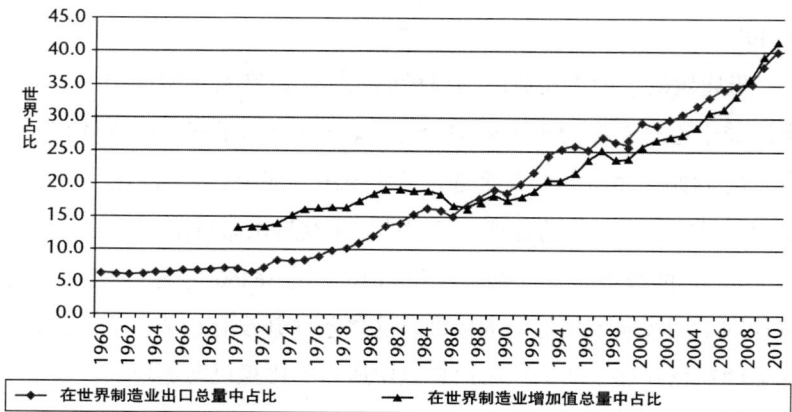

图6.2 发展中国家在世界制造业出口总量和制造业增加值总量中所占的比重：
1960—2010年
注：百分比是根据按市场汇率计算的当前价格下的制造业出口总量和制造业增加值数据测算而来。
来源：联合国，详见附录。

造业出口总量以及工业增加值中所占比重的变化趋势呈现出了强烈的
趋同。这一点在图6.2中也得以证实，后者和前者在同一张图中得以
并列显现。以当年价格为标准，在整个20世纪70年代，发展中国家
在世界工业增加值总量中所占的比重要比在加工制造业出口总量中所
占的比重高出很多。到了80年代，两者之间的差距逐渐缩小，再到80
年代末和90年代初，两个占比基本相等。但是从90年代初开始，一
直到2008年，发展中国家在世界生产制造业出口总量中所占的比重超
过了在工业增加值总量中所占的比重，直到2008年之后，这两个比重
才逐渐齐头并进地发展。这两个比重所发生变化的相似与不同之处将
会在本章的下一个部分中讨论，同时还将讨论发展中国家工业生产和
加工制造出口快速增长背后的一些潜在因素。

¹¹³   它们在世界制造业贸易中所占比重之所以增长，是由发展中国家
的工业化进程造成的。与此同时，还非常有必要去研究一下工业化是

表6.7 发展中国家的商品出口组成发生的变化：1980—2010年（百分比）

年份	初级产品	资源类制成品	低技术含量产品	中等技术含量产品	高技术含量产品
			发展中国家		
1980	60.4	14.9	9.5	6.1	2.8
1990	29.0	15.5	24.7	17.3	11.9
2000	21.2	12.7	20.2	18.7	25.2
2010	18.6	15.7	16.0	21.6	24.7
			亚洲		
1980	32.3	21.8	22.1	13.5	7.2
1990	13.1	13.8	33.4	20.1	17.7
2000	7.1	10.2	26.2	20.4	34.7
2010	6.7	13.6	20.1	24.0	33.6
			非洲		
1980	49.1	17.4	3.5	3.0	0.3
1990	66.9	17.8	9.7	4.7	0.7
2000	53.7	20.9	10.2	8.5	1.8
2010	54.5	20.5	7.9	11.9	1.7
			拉丁美洲和加勒比海地区		
1980	55.9	31.1	6.6	4.4	1.1
1990	51.1	23.0	10.3	12.2	2.1
2000	40.8	27.0	8.5	13.9	6.0
2010	42.6	31.1	6.1	12.8	3.8

注：依据拉尔的划分标准。由于剩余未分类部分，每列数据加和可能不足100。
来源：作者根据联合国双边贸易线上数据计算。

如何改变了它们的贸易组成。如此一来，就有必要在初级产品和工业制成品之间进行明确的区分，同样也很重要的是，要根据发展的不同程度和不同的技术水平在不同种类的工业制成品之间进行区分。出于这个目的，已经过世的桑加亚·拉尔（Sanjaya Lall，2011 年）所发展出来的、众所周知的按照商品出口的性质——是自然资源还是技术——进行的分类就非常适用，也很有意义。表 6.7 表明了发展中国家出口组成所经历的变化，同样把不同地区分解开来，并且对初级产品、基于资源开发的制造业、低中高技术水平的制成品进行了区分。重点被放在了 1980—2010 年，正是前面所强调的转型发生的时期。同时，此表还体现出了在所选择的每十年末的基准年的情况，从而将数据控制在可管理的范围之内，这些数据也足够了，因为结构性变化发展缓慢，也比较容易察觉。

数据体现出的结构性转变证明了工业化对贸易的影响。如果把发展中国家作为一个整体来看，在1980—2010年，初级产品在出口总量中所占的比重下降了41%还多，跌至不足20%，而基于资源开发的制成品产量占比依然保持在15%以上，但是工业制造（不包括基于资源开发的部分）出口量占出口总量的比重从不到20%增长到了60%多。加工制造出口组成发生如此的变化也是很重要的一件事。在早期阶段，低技术含量的工业制成品所占的比重从1980年的10%增长到了1990年的25%，但是在这之后出现明显下跌，而中等和高等技术含量的工业制成品所占的比重迅速攀升，从1980年的9%增长到了2010年的46%。很明显，在1980—2010年这段时间，发展中国家在结构组成方面出现的转变，与在此之前，即1870—1914年里发生并一直持续到1950年的大专项化形成了鲜明的对比。确实，这使得发展进程出现扭转，亚洲、非洲和拉丁美洲在国际劳动分工中的位置不再受限于过去，不像过去一样——只出口初级产品，并从西欧和北美洲进口工业制成品。

毋庸置疑，发展中国家世界的不同区域之间存在着大量实质性的不同。在亚洲，初级产品和基于资源开发的工业制成品在出口总量中所占的比重从1980年的54%下降到了2010年的20%；低技术含量的工业制成品在出口总量中所占的比重从1980年的22%增长到了1990年的33%，但是到2010年又降到了20%；而中等和高级技术水平的工业制成品加起来，在出口总量中所占的比重从1980年的21%一举跃升到2010年的58%（其中，高技术水平的工业制成品这一项就从占比7%增长到了34%）。在拉丁美洲，在1980—2010年，初级产品和基于资

表6.8 发展中国家的商品进口组成发生的变化：1980—2010年（百分比）

年份	初级产品	资源类制成品	低技术含量产品	中等技术含量产品	高技术含量产品
			发展中国家		
1980	22.2	19.1	13.0	32.0	9.9
1990	16.8	17.5	14.1	32.8	15.6
2000	14.2	14.4	12.9	27.8	27.0
2010	17.6	18.1	9.5	26.9	23.6
			亚洲		
1980	28.6	20.3	11.4	27.4	10.3
1990	15.6	16.4	14.8	32.2	17.8
2000	15.0	13.3	12.5	24.7	32.4
2010	19.7	17.9	8.0	23.7	27.5
			非洲		
1980	14.9	16.9	12.1	35.5	8.6
1990	18.9	21.7	14.7	33.6	10.0
2000	19.7	19.5	12.7	30.1	13.8
2010	16.7	21.0	12.1	35.0	12.5
			拉丁美洲		
1980	18.9	18.8	11.2	38.7	11.1
1990	20.7	20.1	9.6	35.4	12.5
2000	14.2	19.2	12.1	33.5	18.7
2010	13.2	19.2	12.9	35.7	18.0

注：依据拉尔的划分标准。由于剩余未分类部分，每列数据加和可能不足100。
来源：作者根据联合国双边贸易线上数据计算。

源开发的工业制成品在出口总量中所占的比重从 87% 下降到了 74%（其中大部分的降低是因为前者的缩减），低技术含量的工业制成品在出口总量中所占的比重保持不变，还是在 6% 多一点，而中等和高级技术水平的工业制成品所占出口总量的比重从 6% 增长到了 17%。在非洲，1980 年时，无法分类的剩余部分占比很大。在 1990—2010 年，初级产品在出口总量中所占的比重从 67% 下降到了 55%，基于资源开发的工业制成品所占比重从 18% 增长到了 21%，而低技术含量和中等水平工业制成品所占比重则从 6.5% 增长到了 20%，同时，高技术含量的工业制成品所占比重几乎可以忽略不计。看起来，工业化进程导致亚洲

出口的结构组成发生了重大变化。但是，初级产品和基于资源开发的
工业制成品在拉丁美洲和非洲出口中还是占据着主导地位，尽管工业
化发展确实导致其他工业制成品出口所占比重有所增长，在拉丁美洲，
主要是中等和高技术含量的工业制成品出口比重的增长，而在非洲则
是低技术含量和中等技术含量的工业制成品的出口比重的增长。

    发展中国家的工业化也体现在它们的进口组成中。表 6.8 列出了
发展中国家的进口组成发生的变化，也是基于同样的分类、涵盖了同
样的时期和年份。对于发展中国家而言，在 1980—2010 年，商品进口
中初级产品所占的比重从 22% 下降到了 18%；基于资源开发的工业制
成品所占的比重保持不变，还是在 18% 左右；低技术水平和中等水平
的工业制成品所占比重从 45% 下降到了 36%；高技术水平的工业制成
品所占比重则从 10% 增长到了 24%。发生的这些变化也与工业化的进
程保持了一致。当然，在不同的区域之间也存在着差异。在亚洲，自
1980 年至 2010 年，初级产品和基于资源开发的工业制成品在进口总
量中所占的比重从 49% 下降到了 37%，而中等水平和高技术含量的工
业制成品所占比重则从 38% 增长到了 51%。在拉丁美洲，自 1980 年至
2010 年，初级产品和基于资源开发的工业制成品在进口总量中所占的
比重从 38% 下降到了 33%，中等水平和高技术含量的工业制成品所占
比重则从 50% 增长到了 54%。在非洲，自 1980 年至 2010 年，初级产
品和基于资源开发的工业制成品在进口总量中所占的比重从 32% 增长
到了 38%，中等水平和高技术含量的工业制成品所占比重则从 44% 增
长到 48%。看起来，进口组成所发生的结构性变化与亚洲、拉丁美洲
的资源禀赋和工业化需求保持了一致，但是在非洲并非如此，因为它
的工业化发展几乎毫无进展。

4．工业化、开放性和干预程度

有关在 20 世纪后半叶出现的这些工业化发展的后进国家，存在着大量的研究文献和争论。去针对这一课题，即这些国家多元化的发展经历和相互冲突的观点进行讨论的话，就会跑题很远。考虑到本书的篇幅有限，其实也很难给出一个针对潜在因素的系统化的分析，就更不用说是否能够进行完整的分析了。尽管如此，最根本的一点就是要意识到，与世界经济相比，开放性的程度和国家在市场中的干预程度一直是，以后也会继续是有关工业化政策和战略部署中最重要的问题。

在后殖民主义时代初期，普遍认可的观点是，发展中国家必须进行工业化，首先就要从生产制造业的进口替代开始进行，在这个过程中，政府应该起到支持甚至主导的作用。这种 20 世纪 50 年代早期占据主导地位的发展共识一直持续到 70 年代初期。是因为亚洲、非洲和拉丁美洲在 1950—1975 年这四分之一个世纪里的实际工业化进程，让人们对这种共识产生了质疑。

对于新古典主义传统之下正统的经济学而言，对失败的事后剖析才能使问题得以诊断，对成功的分析才能找到解决办法。从某些特定国家的经历总结出来的经验教训被归纳概括，并应用到其他国家身上。这类思想的根源可以追溯到李特尔（Little）、西托夫斯基（Scitovsky）和司格特（Scott）的著述，他们提供了到此时为止，对于所选发展中国家的工业化进程的详细评论，认为政策框架导致经济低效和资源错置，而这些政策累积起来的效果，就是成为增长的一个障碍。[5] 得出来的主要结论就是，那些为保护国内工业不受外国竞争影响从而出现的工业化政策，导致国家对市场的过度或者不合时宜的干预，进而造

117

成了这些国家的发展高成本和经济低增长。进口替代所驱动的内向型政策，特别是在贸易领域，则被视为首要元凶。进行这一批评之后，随即就出现了解决的办法。更多的开放性和更少的干预将会给工业化进程带来更高的效率和更多活力。并且，外向型的政策，特别是在贸易领域，被视为最主要的救星。如此一来，贸易政策被视为在工业化进程及发展过程当中非常关键的一项。

需要说明的是，这种研究贸易和工业化关系的方法视野非常狭窄。因为它没有意识到，贸易政策其实有更深的含义，并不仅仅是将进口替代和出口促进区分开来，也不仅仅是内向型与外向型发展之间的区别，正如同工业化也有更广泛的内容，而不仅仅是与贸易政策有关〔赫莱纳（Helleiner），1992 年；纳亚尔，1997 年〕。事实上，对于进口替代或者出口促进、内向型或者外向型的强调，在不同的国家都会有不同，也会在由国家主导的工业化进程中随着时间的推移而变化。还有一点被公认的是，国内工业受到保护或者促进的这一时期，见证了发展中国家飞速的工业化，及生产制造总量的增长率所出现的变化，与之前一个阶段，即 19 世纪后半叶到 20 世纪上半叶这段推行了自由贸易的去工业化时期形成了鲜明的对比。确实，这一时期，正好也与资本主义发展的黄金时期相重合，发展中国家世界的工业增长与工业化国家保持了一致。

即便如此，这种方法还是对学界对工业化的思考产生了很强的影响。到了 20 世纪 70 年代末，可以察觉到开始出现一种变化（纳亚尔，2008 年 b）。发展中国家世界的很多国家——10 年之后又有一些转型中的经济体加入进来——开始重新调整它们国内的经济政策，力图在世界经济中有更多的融合与参与，并且相比政府干预，更多拓展市场所扮演的角色。出现这种变化，部分是因为对之前 25 年的发展经历进行了观察，之前总是会有不适宜或者过度的政府干预，都没有带来预计

中的发展效果。同时，再加上东亚有一些国家和地区，因为市场主导
和较大开放性，取得了显著的经济成果。这些成功的范例——新加坡、
韩国，及中国香港和中国台湾地区——都被描绘为发展中的模范。新
古典主义批评在整个 20 世纪 80 年代都积蓄了势能。由此而衍生出来
的对应政策一经世界银行采用，就变得越来越重要，首先是被纳入研
究计划，后又加入政策列表。这一过程因随之展开的现实而得到进一
步强化。早先的成功故事被演化成了东亚奇迹，随之故事主角又添入
了马来西亚、泰国，甚至在某些人眼里，印度尼西亚也加入到此行列
当中。拉丁美洲出现的债务危机先是扩散到了撒哈拉以南的非洲，最
终又蔓延到了南亚国家。新的正统观念很快就被陷入危机中的国家接
受，国际货币基金组织和世界银行在它们的稳定和调整过程中也施加
了巨大的影响力。一些国家的政权崩溃强化了这一过程。对于这种世
界观的拥护者而言，实行计划经济的东欧国家和苏联都失败了，而拥
有开放市场的东亚经济体则取得了成功。至此为止，发展共识彻底幻灭。
后来，20 世纪 90 年代早期的华盛顿共识，强调了市场主导和开放性的
优势，并提倡在世界各国都采取同样的政策，因为相信可以以一概全；
这种想法在有关发展的思考中也占据了近乎霸权的地位。[6]

　　这种霸权并没有持续很久。这种信仰体系在亚洲和其他地区遭遇
金融危机之后开始动摇。20 世纪 90 年代的发展过程也与预期不符。经
济增长放缓，并且变得更加不稳定。这种正统的解决方案遭到越来越
多的质疑 [阿姆斯登、克霍诺维奇（Kochanowicz）和泰勒，1994 年；
斯蒂格利茨，1998 年；伊斯特利（Easterly），2001 年]。但真正给人泼
冷水的，还是逐渐展开的现实（罗德里克，2005 年；泰勒，2007 年；
纳亚尔，2008 年 b）。那些遵从守则或者实现了自由主义的国家表现不
佳或者干脆毫无表现，反而是那些并非自由主义也没有遵从正统观念

的国家表现良好。拉丁美洲、撒哈拉以南的非洲和东欧的一些国家几乎全套照搬了华盛顿共识所提出的改革方案，但是它们的表现，从经济增长、工业发展和分配结果来看，不仅比世界其他地区要糟糕，甚至比它们在之前 30 年里的表现还要差劲。与之形成最鲜明对比的是，亚洲国家修改、调整、融合并放缓了它们的改革方案，采用了非正统非主流的一些政策来实现一些正统的经济目标，正如之前的一些东亚小国的做法。结果，即便抛开最后的分配结果不计，它们依然是经济增长和工业化过程中的明星表演者。

并不是说，对发展中国家的工业化进程所进行的新古典主义批评和提供的新自由主义方法，仅仅是由于实际结果才让人们产生怀疑。早在这一观点提出并开始推行之时就有了质疑和批评的声音，后来的一些有关工业化进程中的后进者发展经验的研究也都与新古典主义产生了矛盾。批评家们认为，不应该只是从个别国家和地区——新加坡、韩国，中国香港和中国台湾地区——的实际情况中吸取经验，这其中有两方都没有落后城市和国家的内陆地区，它们的经验都不能被简单概括之后转嫁到别的国家和地区身上。对于中国香港地区和新加坡而言，由于它们的内部市场规模很小，以出口为导向的发展有它的必然性。对于韩国和中国台湾地区而言，对出口的促进给予了境内公司很大的支持，使它们在国际市场上也具备竞争力，同时，这也成为赚取外汇来进口更多资本商品和技术，从而支持进口替代的一种方式。更重要的是，批评家强调说这种研究方法所使用的理论和历史事实都是有选择性的。一方面，在以下两者之间存在着惊人的不平衡：一是对自由贸易有无限制的热情、忽略时间与空间两个层面的数据和动态变化之间所存在的差异；二是通过小心推断、举证和声明例外等方法对经济理论中的自由贸易部分进行正式的阐述。[7] 另一方面，对那些倾向于开展自由贸易和不干涉政策的成功经济体范例的概括就算称不上夸张讽刺，也得说是不够全面的，因为它们所谓的出口导向并不完全等同于自由贸易；就好比政府看得见的手比市场看不见的手要发挥了更多的作用。[8]

但是，正统的理论并没有看到，或者说选择忽视了一个事实，那就是经济政策和发展实践并不是和市场化与开放性的经典范式保持一致。还有，它没有意识到虽然成功与失败之间的区别很重要，但是并不能说明全部问题。事实上，实际的发展结果是一个复杂的混合体，并不能简单地归为非此即彼的模式。发展中国家的工业化可以被归结为一部分国家成功、另一部分国家则乱成一片，还有一些国家几乎是彻底的失败。并不是说所有的这些国家在任何时候都可以被毫无疑问和清清楚楚地归到某一个类别里。事实上，不同的分类方法也会产生不同的国家排名（普里切特，1996 年）。每个国家自身的发展经验也是成功与失败不均等地混杂在一起。所以，建立在"以一概全"这种想法之上的预先概论就忽略了各个经济体在时间和空间中的一些特性，经常显得过于简单化。最重要的是，事情会随着时间推移而发生改变，国家会从学习推进工业化的早期阶段进入到个人管理能力和企业技术能力的发展提升阶段，再变成世界市场中有力的竞争者。工业化需要时间，所以并不能将重心放在早期阶段并将其与之后的发展隔离开来。强调正统理论的三点分析方面的局限性也非常重要，这就意味着这种理论忽视了工业化的一些基本维度。

第一，问题本身并不在于方法或者结果。真正的问题出在从方法到结果的路径上。把贸易自由当作调整价格的方法以及对贸易自由的强调，都认为国际竞争将会迫使国内的企业更加高效。这是在政策制定时一个很基本但也经常犯的错误。它把"对比"（均衡的位置）与"变

120

化"（从一个均衡的位置变成另一个均衡的位置）混淆起来。在现实世界中，经济政策不仅仅应该考虑对比的部分，还要考虑如何指引变化的过程。光是强调一个总的原则，即削减保护政策就可以带来一个更加节约成本的经济是不够的，因为这个过程并不是一个自动化的过程。成本问题正在转型，也就是从使用政策到实现政策所提出的目标。在这样一个追求实现的过程中，能否做到对贸易政策、工业政策和技术政策的战略性应用可以决定一个国家是成功还是失败。

第二，分析的架构非常狭隘。工业化取得成功不仅仅是因为在微观层面上进行了资源的分配和利用，更多地要考虑宏观层面上的资源流动和资源创造。对于资源分配的过度担心，特别是对某个特定时间点的静态分配效率所怀有的担心，其实都是担心错了地方，对资源利用的大力强调，特别是通过解除管制和加强开放性而实现的竞争，虽然很重要，但是有点比例失衡。这种方法从概念上来看是静态而非动态的，倾向于忽略那些跨时代的考虑，并且没有意识到逐渐增加的收益回报、市场结构、投资水平、外来影响以及"干中学"的重要性，这些在任何工业化的进程中都是固有的部分。

第三，在对分配效率进行再三强调的同时，还有在技术效率方面出现的显而易见的沉默。人们忘记了发展中国家的生产率水平之所以如此低，是因为技术而非分配低效。并且，国家之间的不同以及企业之间的不同，大部分也都是微观层面上的技术水平和管理能力方面的不同。这些能力方面的不同不仅决定了短期的效率高低，还决定了长此以往的竞争力水平。但是，考虑到这个学习过程的性质，这种能力是每个企业所特有的，并且具有路径依赖性［罗森伯格（Rosenberg），1994 年］，正统的经济理论忽略了供给这个最关键的维度。与之形成鲜明对比的是，一些被视为非正统的研究文献，在研究工业化成功范例的故事时，都把技术能力的获得与进一步的发展放在了最中心的位置。[9]这也表明，不管是从理论上还是从现实的证据中来看，贸易自由和技术高效之间的相关关系看起来都不是很靠谱。[10]

现在，即便言简意赅，也能够对本章前面所提出来的两个问题进行回答。是什么导致了从 20 世纪 70 年代早期开始出现在发展中国家的制造业生产总量的加速增长？是什么导致了从 20 世纪 70 年代中期开始出现在发展中国家的加工制造出口的迅猛扩张？这两点都是工业化进程中必不可少的一部分。

在工业生产总量方面可以观察到的结果，很重要的一部分都可以归因于后殖民主义时代的发展战略和经济政策，它们为那些工业化进程中的后进国家创造了最初的发展条件，并打下了最根本的基础。工业化进程中重要的以进口替代为导向的一些战略，很多都受到正统经济理论的恶意中伤，正统的经济理论更关注比较静态分析而非动态经济学，而后者在工业化追赶进程中也扮演了一个关键的角色（赫莱纳，1992 年；罗德里克，1992 年；纳亚尔，1997 年）。当然，要做出完整的解释则更为复杂，因为还要考虑一些特殊性和细微的差别。归根结底，很明确的一点是，政府在政策演变、制度发展和进行战略干预的时候，不管是作为催化剂还是引领者，都是这一过程中的核心部分（斯蒂格利茨，1989 年；张夏准和泰勒，1990 年；巴哈杜尔和纳亚尔，1996 年；拉尔，1997 年；阿姆斯登，2001 年）。确实，即便在东亚的小国当中，在那些被正统的经济理论当作市场化和开放性的范例的成功国家，发展更多也是靠得政府看得见的手，而非市场看不见的手，特别是在韩国和台湾地区，甚至在新加坡也是如此［阿姆斯登，1989 年；韦德（Wade），1990 年；张夏准，1996 年］。

如此一来，工业化不再仅仅是涉及如何制定合理价格体系，而更多

121

的是涉及如何正确进行政府的干预。甚至在一段时期，曾有一种合理的建议，就是其实是应该"制定不合理的价格"（阿姆斯登，2001年）。有人会争论，认为以制定工业政策来进行的政府干预应该意识到并充分发挥潜在的比较优势，但同时也有另一种合理的论点，认为与其一步一步地向上爬，不如连跳几级、忽略一些当时可能存在的比较优势，可能会获得意外收获（林和张夏准，2009年）。在这两种例子里，关键都在于政府干预。除了政府要扮演更全面、影响更深远的角色，利用引进的技术、更加紧张地学习、令个人具备管理能力、令公司具备技术能力、培养更多的企业家、发展更多的不同类型的企业等，都是决定工业化进程中追赶速度的重要因素。[11] 在创造出最初的发展环境之后，就是一段学习该如何开展工业化的时期，所以工业化的结果将会延迟显现。这也说明了为什么加工制造总量在20世纪70年代早期出现了加速增长。很明显，工业化的急剧增长并不是因为市场的魔力，主要是在之前的25年里打下的基础才导致了这样的效果。在这样的背景之下，很有必要注意一点，就是也可以对现在的工业化国家得出同样的结论，在这些国家工业化发展的早期，对于作为工业化国家当中的后进者而言，保护工业产权和政府干预也同样重要（张夏准，2002年；赖纳特，2007年）。

发展中国家的加工制造出口量从20世纪70年代起迅速增长，并在90年代早期积蓄了势能，在这背后其实有三组因素，它们之间相互联系，但是在时间上有着一个前后顺序。

第一，对于发展中国家而言，外部市场在工业化的过程中变得越来越重要。对于那些希望在国际市场上变得更有竞争力的企业来说，这就是立见分晓的试金石，尽管对于这类企业而言，出口是市场扩张这条道路的尽头而非开端。并不是所有地方都是如此。在有些国家，特别是在有些行业部门，跨国公司在发展加工制成品出口的过程中扮演了重要的角色（赫莱纳，1973 年；纳亚尔，1978 年）。这一过程始于 20 世纪 60 年代中期，先在拉丁美洲的巴西和墨西哥开展起来，但是快速的出口增长在 70 年代末期之后就告一段落。尽管如此，加工制成品的出口扩张仍在继续，并在这之后积蓄了势能，特别是新加坡、韩国，中国香港和中国台湾地区创造出东亚奇迹之后，这些国家和地区成为发展中国家世界中占比惊人的主要出口来源。但是，后来还是出现了一个显著的变化，就是这些国家和地区的企业更多的是为世界而非内部市场生产加工制成品，并且更多地依赖那些大型的国际公司作为自己的制造商、合作伙伴和买家。那些东南亚的国家，比如马来西亚和泰国，也紧随前面那一批国家和地区之后，为了跨国企业的母国市场而进行加工制造生产。没过多久，中国和印度这两个亚洲的超级经济体也开始寻找加入外部市场的入口，并且，在这一阶段，它们的加工制造出口都来自在庞大的国内市场已经学会了如何实现工业化的那些国内企业。在这样的背景之下，有必要注意到，中国的出口表现是从 1979 年开始、印度是从 1980 年开始、巴西是从 1964 年开始（但是只持续到 1980 年），这些国家在此年份之后的水平变得可以与日本在 1960 年和韩国在 1965 年的水平进行比较（纳亚尔，2010 年）。

第二，在 20 世纪最后的 20 年里，随着全球化不断积蓄势能，发展中国家有逐渐融入世界经济当中的趋势，特别是在国际贸易领域。这是由于生产的全球化造成的。一开始的时候，工业化国家的一些跨国公司开始参与一些享受特惠关税的境外组装业务，通过在全球范围内的工程分包，或者进口一些劳动密集的加工制成品，来将生产重新分配到几个工资水平较低的发展中国家［赫莱纳，1973 年；夏普斯顿（Sharpston），1975 年；纳亚尔，1978 年］。最根本的潜在要素就是薪资方面存在的巨大差异，虽然生产力水平低很多，但是这些发展中国家的单位产品工资成本明显要低很多。但是在这一过程中，工业化国家的大型跨国企业为了在市场上更有竞争力，也在找机会降低成本，因此，一些组装业务或者元件制造类的相对自由的工业都被跨国制造企业进行了重新分配，一些简单的劳动密集型商品（如服装）也通过跨国采购集团被分包到了所选择的几个发展中国家当中（纳亚尔，1978 年）。一段时间之后，这就为发展中国家的一些国内企业提供了机会，工业化的初始条件被创造了出来，要么就是为充满竞争的世界市场提供加工制成品，要么就是与一些跨国企业合作。

第三，市场和全球化因为交通和通信领域出现的变革而进一步加深，在 21 世纪的头十年里，世界经济中的各个国家之间的相互依赖与融合程度不断加深。这种全球经济融合使得产业转移越来越多，技术的快速变革和运输成本的不断下降也使得产业转移越来越可行，部分生产过程转移到了有熟练劳动力和低工资水平的发展中国家。这反过来又导致了加工制成品在世界贸易中的大幅扩张，不仅仅是最终制成品的贸易，也包括中间产品的贸易。这种现象被称为全球价值链的崛起。[12] 这种现象并不新鲜，也不像人们有时说的是一个突发现象，而是一个过程的累积，这一累积过程早在 20 年前就开始了。但是，考虑到国际贸易数据的本质，实际上很难从经验证据或者量化数据中考量这一点。即便如此，很明确的一点是，受到全球价值链驱动的国际贸易流不仅仅包括加工制造的中间产品，还延伸到了加工制造的最终产品，包括消费品和资本货物。[13] 事实上，在全球价值链中占重要地位的三个行业：在服装和制鞋业当中，制成品远远要比中间产品重要；而在作为国际贸易的一部分的电子产品、机动车和摩托车业，制成品和中间产品从进口和出口方面来看几乎都一样重要 [斯特根（Sturgeon）和梅美多维奇（Memedovic），2011 年]。[14] 毫不意外，在发展中国家，这些行业领域的生产进行了越来越多的转移。发展中国家加工制造中间产品的生产总量在世界贸易进出口总量中所占的比重在整个 20 世纪 90 年代都很稳定，1992 年占比 25.5%，1995 年占比 27.1%，2001 年占比 27.5%。但是到了 2006 年，这一占比一举跃升到了 35.5%（斯特根和梅美多维奇，2011 年，14 页）。因此，可以进行合理估测，在 21 世纪的头十年里，之所以服装、鞋类、电子产品、机动车和摩托车在发展中国家的加工制成品出口出现迅猛增长，全球价值链扮演了非常重要的角色。为了使整个画面更加完整，还要意识到在 21 世纪的头十年里，之所以服务业的国际贸易出现繁荣发展，劳动力在国家间的垂直分工也是一个重要的原因，特别是在信息技术领域，通信业发生迅猛变革，商务流程外包、知识流程外包以及软件开发方面都呈现出了虽不同但类似的跨国价值链。

　　发展中国家在世界制造业增加值和加工制造业出口总量中所占的比重有一定的平行关系，但是随着时间的推移其相对重要性也发生了变化。这一点也需要做一个简单的解释。又一次，尽管以下假说不可能去证实，但是非常合情合理。在 20 世纪 70 年代学习工业化的阶段，发展中国家在世界制造业增加值总量中所占的比重一直要比它们在世界加工制造业出口总量中所占的比重要高，但是到了 80 年代，二者之间的差距逐渐缩小，一些国家在某些行业领域的竞争力越来越强，比如在劳动密集型的消费品领域。从 80 年代晚期到 90 年代初期，随着发展中国家的加工制成品在世界市场上越来越具备竞争力，这两个占比的变化也是齐头并进。发展中国家在世界加工制造业出口总量中所占的比重在 1992—2008 年超过了其制造业增加值在世界经济中所占的比重，也许是因为它们的国际竞争力越来越强，部分由于生产的全球化和全球价值链的活动，它们在世界经济中也有越来越多的参与。出

124

乎意料的是，金融危机之后，本来是为发展中国家的加工制造出口提供市场的工业化国家出现了经济下滑和持续萧条的景象，因此，这两个比重在 2008—2010 年重新恢复到了齐头并进的状态。

总 结

很明显，发展中国家作为一个整体在工业化进程方面出现了显著的追赶，这一追赶从 1950 年左右开始，并在 70 年代早期积蓄了势能。生产总量和就业组成方面出现的结构性变化，农业所占比重的下降，以及工业和服务业所占比重增长，这也成为出现工业化追赶的重要潜在因素。在 1970—2010 年这短短的 40 年里出现了惊人的转变。在不变价格标准下，发展中国家在世界工业生产总量中所占的比重从十二分之一一举跃升至三分之一；在当年价格标准下，发展中国家在世界工业生产总量中所占的比重从八分之一一举跃升至五分之二，所以到了 2010 年，其占比已经接近在 19 世纪中期时的水平。类似的，发展中国家在世界加工制造业出口总量中所占的比重从十二分之一一举跃升至五分之二。工业化还使它们的贸易组成发生了显著变化，初级产品和以资源为基础的产品所占的比重下降，制成品（特别是中等和高等技术含量的产品）在出口和进口总量中所占的比重都出现了增长。但是，这种工业化在区域之间的分配格外不平衡。亚洲在结构性变化、工业生产中所占的比重、逐渐增长的加工制造出口和贸易模式的变化等方面都走在了前列，而相比之下拉丁美洲只发生了些微的变化，非洲几乎没有取得任何进展。在贸易发展和制定工业政策、发展机制和进行战略性干预等方面，政府所扮演的角色，不管是催化剂还是主导者，对这一过程来说都是最重要的。最初的环境被营造出来之后，就是一段学习如何工业化的过程，所以结果要经过一段时间才能反映出来。而且，并不是市场的魔力导致工业化出现突飞猛进的进展。事实上，成功不再仅仅是事关如何制定合理价格体系，而更多的是如何正确进行政府的干预。首先，对于一些国家而言，需要的是通过保护主义来实现进口替代，而对于另一些国家而言，需要的则是通过贸易促进来调整出口导向。在这两种例子里，外部市场在工业化的过程中都变得越来越重要。对于那些希望在国际市场上变得更有竞争力的企业来说，这就是立见分晓的试金石。这也是作为制造者或者买方的工业化国家的跨国企业受到市场竞争的驱动，主动寻求削减成本、生产的国际化才导致的现状。一段时间之后，随着 90 年代末全球价值链的变动，它也为发展中国家的国内企业提供了机会。

第7章
不平等的伙伴和不均衡的发展

很重要的一件事，就是要意识到，发展中国家世界作为一个整体所呈现出的样子很可能是个假象。事实上，前面几章中所罗列出来的证据显示，发展中国家在世界工业生产和加工制造业出口总量中所占的比重虽然出现快速增长，但这些增长是以一种不均衡的方式分配在其下的各个区域当中的。结构性变化的本质和发生速度也是如此。要说国家之间和区域之间一样有这种不均衡的分配也不会令人惊奇。本章的目标，就是要分析总体上在工业化方面进行的追赶是如何在发展中国家世界的各个国家中分布的。这样的做法背后有两层含义。这样一来就能够分辨出那些在这个过程中占据领导地位的国家，并帮助人们理解工业化取得成功所需的因素。同时，这也能为那些落后的国家提供一些先驱者的经验教训。当然，就工业化的经验而言每个国家自有独特之处，所以各种局限性和可能性也从来不会是一样的。考虑到本书有限的空间，不可能面面俱到地分析每个国家。但是，就算没法以一概全，还是可以从那些追赶上来的国家或者已经开始出现追赶征兆的国家身上大致总结出来一些程式化的事实的。

第一部分分析了发展中国家世界中选出来的 14 个国家的经济重要性——不仅仅在于它们在工业化中的重要性，也因为这些国家的规模和它们在世界经济中的参与程度——去分析集中在这一小部分国家、地区所实现的高度集中。第二部分研究了这些所选出来的国家、地区之间的多样性，并参考了造成这种集中化的原因，来就此考虑工业化过程当中出现的追赶，是否就使得与工业化国家相比在人均收入方面出现的分歧开始走向终结，并且开始趋同。第三部分研究所选国家和地区工业化进程之所以取得成功的一些潜在的共有因素，以及是什么让它们从发展中国家世界脱颖而出，并强调了可以从那些追赶中的先驱国家、地区身上吸取的经验，提供给下一批可能会跟上的迟到国家。

1. 于少数国家的集中

在 1950—2010 年这 60 年里，尽管北美洲、西欧和日本依然是工业化国家世界的中心，但差不多有十几个发展中国家在工业化进程中也取得了令人印象深刻的大跨步式进展，而且不仅仅是在工业生产和加工制造出口领域，还涉及结构性变化和经济增长的层面。这一过程与这几十年来加工制造生产总量一直保持快速增长有一定的关系。学习工业化的过程也使得国内企业的技术能力有所提升，工业产品在世界市场上也拥有了一定的竞争力。几乎毫无疑问，这些迟到者在工业生产的追赶和加工制造出口量的迅速增长中扮演着非常重要的角色。

选择属于这一类型的国家和地区的过程几乎是自动的，尽管在包括或者排除哪些国家的判断上会有些许不同。在一项对这些迟到的工业化推进国家和地区的研究中，阿姆斯登（2001 年）挑出来了 12 个国家和地区，即拉丁美洲的阿根廷、巴西、智利和墨西哥，亚洲的中国、印度、印度尼西亚、马来西亚、韩国、泰国和中国台湾地区，以及中东的土耳其，这些所谓的"其他"在 20 世纪后半叶缩小了与"西方"

之间的经济差距。在对世界经济中发展中国家的另一项研究中，作者（纳亚尔，2006 年和 2009 年）挑出了另一套存在些微差异的 12 个国家和地区，即拉丁美洲的阿根廷、巴西和智利，亚洲的中国、中国香港地区、印度、印度尼西亚、马来西亚、新加坡、韩国和泰国，以及非洲的南非。前一种分组中包括了智利、中国台湾地区和土耳其，在后一个分组中没有这几个地方，而后者又将前者忽略的中国香港地区、新加坡和南非纳入自己的选择。从经济发展和地理位置方面考虑，把智利、中国台湾地区和土耳其纳入选择是有意义的，但是完全把非洲排除在外就没有道理了。所以，把非洲工业化程度最高的经济体南非纳入所选国家当中，很明显是非常有必要的，但是可能还不够。非洲还有两个国家值得被考虑纳入范例当中来，这两个国家分别是埃及和尼日利亚。当然，如果从结构性变化、工业生产和加工制造出口方面考虑，埃及更符合被选中的条件，而尼日利亚的重要性主要在于其较大的经济规模。中国香港地区和新加坡也制造了一个难题，因为它们是东亚奇迹中至关重要的组成部分，在正统的经济理论中受到很多关注，但是这两个地方都是以城市为主，并没有发展落后的内陆。还有，它们的经济重要性受到在世界经济中参与程度的限制，这种参与通过国际贸易的形式实现，特别是以加工制造出口和国际投资的形式。但是，它们在发展中国家世界的人口总量、工业增加值和收入总量中所占的比重十分渺小或者说微不足道。[1]

128　　因此，本章中的分析试图集中研究所选出来的 14 个发展中国家和地区：拉丁美洲的阿根廷、巴西、智利和墨西哥，亚洲的中国、印度、印度尼西亚、马来西亚、韩国、中国台湾地区、泰国和土耳其[2]，非洲的埃及[3]和南非。这些国家和地区被称为"未来十四地"。给出这一描述的潜在逻辑非常简单。这些国家是 1950—2010 年浮出水面的工业化发展最重要的后进者，它们迄今为止都在主导着工业化的追赶进程，并且，如果在 2035 年再对工业化国家进行一次研究，这些国家和地区很有可能就是下一批领军者。还有一些其他国家，特别是现在还在推行计划经济的国家，如波兰和越南，它们本应被纳入考虑范围，并且还有其他一些可能会让人大吃一惊的国家，但是"未来十四地"就算不是显而易见，也是最有可能符合大部分条件的国家和地区。当然，这样选出来的个案通常都带有主观性，并且也仅仅是基于个人判断。如果这样说的话，"未来十四地"也可以被称作"纳亚尔看好的十四地"！接下来的讨论将会研究这些国家和地区在发展中国家世界中的经济重要性，我们不仅仅以工业增加值和加工制造出口方面所体现出来的工业化进程作为参考，还会考虑从它们 GDP 总量和人口总数体现出的规模，它们通过国际贸易、国际投资和国际人口迁移在世界经济中的参与程度。这一组国家和地区在地理、历史和经济这三个维度上呈现出了多元化，并且追赶开始的时间或者进行的速度也并非一致。尽管如此，它们在发展中国家世界中压倒一切的重要性和在世界经济中的参与程度很明显都在随着时间的推进而不断增长。

　　表 7.1 展示了从不同来源获得的数据，体现出了 1970—2010 年"未来十四地"在发展中国家世界的经济重要性。它们在经济规模方面占据主导地位，这体现在它们在人口总数和收入总量中所占的比重。在 1970—2010 年，它们在发展中世界 GDP 总量中所占的比重从 65% 增长到了 74%。这种增长持续不断，只是在 1975—1980 年出现过下降，这是因为在 1973—1979 年时石油价格飙升，而这些国家和地区当中又没有哪一个是原油或者成品油的重要出口国。另外，这些国家和地区在发展中国家世界人口总数中所占的比重持续稳定缩减，尽管中国和印度的人口基数庞大并且人口总数不断增长，印度尼西亚和巴西也是类似状况，

**表7.1 "未来十四地"在发展中国家世界中的经济重要性：1970—2010年
（所占发展中国家总量的百分比）**

	1970	1975	1980	1985	1990	1995	2000	2005	2010
GDP	64.5	59.7	56.5	59.8	67.8	71.9	71.7	71.8	73.9
人口	70.2	70.1	69.3	68.5	67.7	66.7	65.7	64.6	63.5
出口	36.4	27.9	31.7	46.1	50.3	56.6	57.2	58.9	62.4
进口	41.3	40.1	41.0	45.9	51.9	56.0	59.8	62.1	64.0
制造业增加值	75.6	74.7	73.1	71.4	75.2	77.7	85.1	85.1	85.6
制造业出口值	62.0	58.8	58.5	61.6	62.2	64.8	67.6	71.8	75.3
外商直接投资内存量	n/a	n/a	24.8	27.1	34.9	45.4	46.0	49.1	45.9
外商直接投资外存量	n/a	n/a	91.1	84.7	72.0	52.0	31.7	34.3	41.2
外汇储备	45.5	19.2	28.3	42.2	57.4	62.1	61.5	68.1	70.9
汇款额	n/a	n/a	49.6	50.9	49.3	47.2	49.9	51.3	52.8

注："未来十四地"包括阿根廷、巴西、智利、中国、埃及、印度、印度尼西亚、韩
国、马来西亚、墨西哥、南非、中国台湾地区、泰国和土耳其。
来源：联合国，作者计算，详见附录。

但其整体在人口总数中的占比还是从1970年的70%下降到了2010年的
63%。很明显，如果把"未来十四地"视为一个整体，其人均收入的增
长率要快过发展中国家世界作为一个整体的人均收入增长率。

　　这些国家和地区也主导了发展中国家以国际贸易、国际投资和国
际人口迁移等形式在世界经济中的参与。在1970—2010年，它们在
发展中国家商品出口总量中所占的比重从36%增长到了62%，而它们
在发展中国家商品进口总量中所占的比重也从41%增长到了64%。在
这两方面的增长一直持续不断，但是在进口总量中的占比在1975—
1980年出现了下跌，因为1973—1979年的油价上涨。有必要注意的
是，如果把中国香港地区和新加坡也纳入"未来十四地"当中，这个
扩大后的分组在发展中国家贸易总额中所占的比重就更高了，大约能
达到总量的四分之三。[4]在1980—2010年，"未来十四地"在发展中
国家世界的外国投资内存量总量中所占的比重从25%增长到了2010年
的46%，尽管它们在发展中国家世界的外国投资外存量中所占的比重

从 91% 下降到了 41%。这意味着这些国家和地区作为资金流入地的相对重要性增加，但是作为资金来源地的重要性有所下降。但是，外国直接投资的流量情况又是另外一个不同的故事了。在 2006—2010 年，"未来十四地"在发展中国家外国投资年均流入量和年均流出量中所占的比重都只有 47%。[5] 有必要注意的是，如果按照绝对值计算，在同一时期，这些国家和地区的流出量超过了流入量的 50%。毫无疑问，2006—2010 年，在发展中国家跨国并购和兼并的净销售和净购买总额中，"未来十四地"所占的比重也都超过了 60%。很明显，这些国家和地区是国际人口迁移的主要来源。表 7.1 显示，在 1980—2010 年，"未来十四地"在发展中国家移民汇款总量中所占的比重占到了一半左右。

在工业化领域，"未来十四地"所占据的主导地位，比其在收入总量和贸易总额中所占据的领先地位更令人印象深刻。它们在发展中国家加工制造业出口总量中所占的比重从 1970 年的 62% 增长到了 2010 年的 75%。这一次，如果继续把中国香港地区和新加坡纳入其中，这个扩大后的分组就更加比例失衡了。[6] 因此，就算不能够具体量化，也可以推测出，全球价值链是"未来十四地"在发展中国家世界的加工制造业出口总量中占据主导地位的最重要的潜在因素之一。加工制成品的国际贸易受到全球价值链的驱动，不仅仅局限于加工制造的中间产品，因为制成品在这些贸易活动中更为重要，特别是成衣和鞋类。即便如此，加工制造的中间产品的贸易就算不能提供一个近似值，也能为全球价值链作为重要转移渠道的一些国际贸易部门提供一个指标。"未来十四地"（包括埃及在内，但其数据不可得）在 2006 年中间产品的国际贸易进出口总量中占到了 25%，在发展中国家的这一总量中则占到了 70%。如果再把中国香港地区和新加坡加进去，这一扩大的分组在中间产品的国际贸易进出口总量中占比就达到了 32%，在发展中

表7.2 "未来十四地"、发展中国家和世界的制造业增加值总量：1970—2010年
（以市场汇率计算的当前价格）

年份	制造业增加值（十亿美元）			未来十四地制造业增加值占比（百分比）	
	未来十四地	发展中国家	世界	发展中国家	世界
1970	88	115	877	76.4	10.0
1975	194	256	1596	76.0	12.2
1980	387	515	2803	75.1	13.8
1985	398	534	2889	74.6	13.8
1986	421	563	3342	74.8	12.6
1987	473	619	3765	76.4	12.6
1988	570	732	4237	77.8	13.4
1989	634	796	4355	79.7	14.6
1990	638	810	4632	78.8	13.8
1991	675	850	4746	79.4	14.2
1992	746	931	4961	80.1	15.0
1993	832	1016	4934	81.9	16.9
1994	873	1071	5227	81.5	16.7
1995	1036	1256	5834	82.5	17.8
1996	1146	1379	5848	83.1	19.6
1997	1206	1449	5799	83.3	20.8
1998	1101	1333	5618	82.6	19.6
1999	1140	1376	5786	82.9	19.7
2000	1265	1514	5908	83.5	21.4
2001	1243	1491	5606	83.3	22.2
2002	1301	1553	5747	83.8	22.6
2003	1478	1746	6383	84.6	23.1
2004	1745	2059	7232	84.7	24.1
2005	2038	2396	7789	85.1	26.2
2006	2139	2549	8147	83.9	26.3
2007	2583	3056	9184	84.5	28.1
2008	2995	3544	9902	84.5	30.2
2009	2994	3526	9015	84.9	33.2
2010	3642	4255	10289	85.6	35.4

注："未来十四地"包括阿根廷、巴西、智利、中国、埃及、印度、印度尼西亚、韩国、马来西亚、墨西哥、南非、中国台湾地区、泰国和土耳其。百分比由计算得出。
来源：联合国，作者计算，详见附录。

国家的全部总量中则占到了90%。[7]

在工业生产领域，这种主导地位更加明显。表7.2展示了"未来十四地"1970—2010年在发展中国家世界以及在全世界的工业增加值总量中所占比重变化的趋势。表7.2显示，在1970—2010年，这些国家和地区在发展中国家工业增加值总量中所占的比重从76%增长到了86%，在全世界工业增加值总量中所占的比重从10%增长到了35%。很明显，发展中国家作为一个整体，其工业增加值的增长速度明显要快

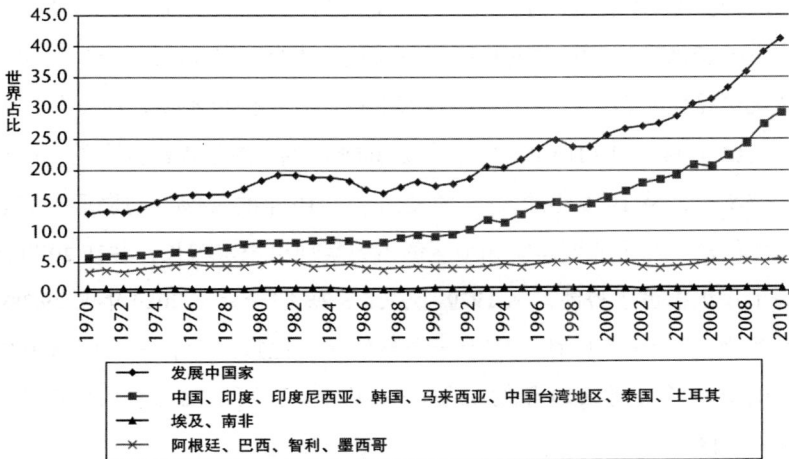

**图7.1 "未来十四地"在世界制造业增加值总量中所占比重：
1970—2010年**

注：百分比由当前价格和汇率的制造业增加值数据计算得出。
来源：联合国，作者计算，详见附录。

于全球的增长速度，这一点也被表中所显示的当年价格之下绝对价值的数据所证实。以不变价格为标准的工业增加值数据也是有的，但在这里没有展示。在 1990—2010 年，以 2000 年的不变价格为标准，"未来十四地"在发展中国家工业增加值总量中所占的比重从 85% 增长到了 96%，在全球工业增加值总量中所占的比重从 14% 增长到了 31%。[8]趋势是一样的，但是变化水平有所不同。以不变价格为标准，和以当年价格为标准进行对比，"未来十四地"在发展中世界中所占的比重要高一点（高出 5 至 10 个百分点），但是在全球总量中的占比要少一点（少了 2 至 4 个百分点），这有可能是因为工业化国家的通货膨胀率要低一点，而发展中国家的通货膨胀率要高一点的缘故。

考虑到在发展中国家世界的不同区域之间，工业增加值的分配也不均衡，很有必要去研究这种区域间的分配是不是也出现了在不同国

家之间。图 7.1 展示出了"未来十四地"在全球工业增加值总量中所占
比重的变化趋势，并且根据区域分布将这 14 个国家和地区分成了三组。
情况也是差不多的。两个非洲国家的占比几乎保持不变，1970 年的时
候占比 0.6%，到 2010 年时的占比是 0.8%。四个拉丁美洲国家的占比有
些许增长，从 1970 年的 3.5% 增长到了 2010 年的 5.4%。与之形成鲜明
对比的是，八个亚洲国家和地区的占比呈现出稳定增长，并在 20 世纪
头十年里积蓄了势能，从 1970 年占比 5.9% 增长到了 2010 年的 29.2%。
看起来，"未来十四地"作为一个整体所占比重的增长——即从 1970
年的 10% 增长到 2010 年的 35.4%——几乎完全可以归功于八个亚洲国
家和地区。

　　之前的讨论从多个维度证实了"未来十四地"在发展中国家世界
中的经济重要性。这种集中程度最明显的决定因素在于规模、增长速
度和历史条件。从规模而言，这些国家和地区当中，除了智利、马来
西亚和中国台湾地区，相比于发展中国家世界中的其他国家和地区而
言，都是人口数量庞大、地大物博、人均收入水平较高。从增长水平
来看，八个亚洲国家和地区呈现出了相比于其他发展中国家而言更高
的经济增长率，尽管不同的国家和地区是在不同时期出现明显的增长，
比如韩国和中国台湾地区、马来西亚和泰国、印度和中国分别是在差
不多同一时期。从历史范畴而言,这些国家和地区当中,大约有一半——
特别是中国和印度，但也包括阿根廷、巴西、墨西哥、埃及和南非——
在各自的所属区域或者整个发展中国家世界当中一直都占据重要甚至
主导地位，在世界经济中也都非常重要。因此，最根本的就是要意识
到这种集中化并不是什么新鲜事。也有必要意识到，在这些国家和地
区之间也出现了相当程度的多样性，正如它们和其他发展中国家世界
的国家之间所存在的巨大差异。

2. 少数国家内的多样性

这一部分的讨论分两步分析了这种多元化。第一步是研究"未来十四地"之间的多样性，即对比它们在经济规模、在世界经济和工业化中的参与程度等方面存在的差异，同时参考了体现出它们之间的高度集中的特性。第二步是考虑"未来十四地"在人均收入水平方面和工业化国家作比之后所体现出来的不同，并且研究在工业化的进程当中，这一差距随着时间推移究竟是变大了还是变小了。

从经济规模来看，在这少数国家和地区的子集中也呈现出了一种集中。[9]"未来十四地"当中的四个 2010 年时人口最多的国家——中国、印度、印度尼西亚和巴西——在 1970 年的发展中国家世界人口总数中所占的比重是 60%（14 地加起来所占的比重是 70%），在 2010 年的时候所占比重为 54%（14 地加起来所占的比重是 63%）。"未来十四地"当中的五个 2010 年时 GDP 总量最高的国家——中国、巴西、印度、墨西哥和韩国——在 1970 年的发展中国家世界 GDP 总量中所占的比重是 43%（14 地加起来所占的比重是 65%），在 2010 年时所占的比重是 57%（14 地加起来所占的比重是 74%）。看起来，GDP 总量的分布更加集中，然而人口的分布却几乎不变。

从在世界经济中的参与程度来看，又一次在这少数国家和地区当中出现了集中化。[10]"未来十四地"当中的六个 2010 年时进出口总量最大的国家和地区——中国、韩国、墨西哥、印度、巴西和中国台湾地区——出口总量在发展中国家世界出口总量中所占的比重从 1970 年时的 18%（14 地加起来所占的比重是 36%）增长到了 2010 年的 48%（14 地加起来所占的比重是 62%）；进口总量在发展中国家世界进口总量

中所占的比重从 22%（14 地加起来所占的比重是 41%）增长到了 2010
年时的 49%（14 地加起来所占的比重是 64%）。这些国家当中，五个
2010 年时接受外国投资累计金额总量最大的国家——中国、巴西、墨
西哥、印度和土耳其——在发展中国家世界的外国投资内存量中所占
的比重从 1990 年时的 18%（14 地加起来所占的比重是 25%）增长到
了 2010 年时的 30%（14 地加起来所占的比重是 46%）。这些国家当中，
五个 2010 年时对外投资金额总量最大的国家和地区——中国、巴西、
印度、韩国和中国台湾地区——在发展中国家世界对外投资总量中所
占的比重从 1990 年的 35%（14 地加起来所占的比重是 91%）下降到了
2010 年的 29%（14 地加起来所占的比重是 41%）。这些国家和地区中，
三个 2010 年时收到最多移民汇款的国家——印度、中国和墨西哥——
在发展中国家世界移民汇款总量中所占的比重从 1980 年的 22%（14 地
加起来所占的比重是 50%）增长到了 2010 年的 43%（14 地加起来所占
的比重是 53%）。很明显，进出口和移民汇款在"未来十四地"中的分
布从一开始就非常不平均，并且这种集中化会随着时间的推移变得更
加明显。但是看起来，外国直接投资的分布没有那么不平均，并且这
方面的集中化也随着时间的推移而渐渐不复存在。

134   在"未来十四地"，加工制成品出口的分布一直都非常不均衡。这
也反映出了工业化的不同水平。但是，随着时间推移，不同国家和地
区的相对重要性也在发生重大的变化，并且进一步加大了集中化的程
度。在 1970 年，这些国家和地区中六个最大的加工制成品出口地——
中国台湾地区、印度、中国、智利、南非和韩国——在发展中国家加
工制成品出口总额中所占的比重达到了 46%（14 地加起来所占的比重
是 62%），其中的前五个国家和地区所占比重差不多一样，大约都占到
了 8%，只有韩国所占的比重稍微小一点，只有 5%。在 1990 年，这些

国家和地区中六个最大的加工制成品出口地——中国台湾地区、韩国、中国、巴西、马来西亚和泰国——在发展中国家加工制成品出口总额中所占的比重达到了 48%（14 地加起来所占的比重是 62%），其中，中国台湾地区和韩国的占比几乎都达到了 14%，中国占了将近 10%，剩下的三个国家所占到的比重就要小很多。在 2010 年，这些国家和地区中六个最大的加工制成品出口地——中国、韩国、中国台湾地区、墨西哥、泰国和马来西亚——在发展中国家加工制成品出口总额中所占的比重达到了 64%（14 地加起来所占的比重是 75%），其中，中国是占比最大的国家，所占比重几乎达到了 36%，接下来是韩国，占比达到 10%，中国台湾地区和墨西哥各自占比 6%，剩下的部分就是泰国和马来西亚所占的比重。在 1970—2010 年，那些所占比重出现急剧下跌的国家包括印度（所占比重从 8.5% 降至 2.9%）和南非（所占比重从 7.5% 降至 1.1%）。"未来十四地"的分配出现如此戏剧性的变化，前六地出现的变化以及集中化程度的加深，特别是发生在 21 世纪头十年里的变化，都表明全球价值链即便不能提供一个全面完整的解释，也是一个非常重要的潜在因素。可以说，在 2006 年，中国、韩国、中国台湾地区、墨西哥、马来西亚和泰国是在发展中国家世界中与国际价值链联系最紧密的国家，它们的加工制造中间产品的进出口贸易在世界贸易总额中所占的比重已经超过了 19.4%（14 地加起来所占的比重是 24.3%），在发展中国家贸易总额中所占的比重是 55%。[11]

在工业生产领域，"未来十四地"的集中化程度比在其他方面的更高，但是区域内的分崩离析意味着在"未来十四地"中这种变化会更明显。国家层面的分解也证明了这种集中化的存在。[12] 在 1970 年，这些国家和地区当中五个最大的工业生产国——中国、阿根廷、墨西哥、巴西和印度——在发展中国家工业增加值总量中所占的比重是 61%（14

地加起来所占的比重是 76%）。在 2010 年，这些国家和地区当中五个最大的工业生产国——中国、巴西、韩国、印度和墨西哥——在发展中国家工业增加值总量中所占的比重是 68%（14 地加起来所占的比重是 86%）。前五个国家在"未来十四地"的工业增加值总量中的占比达到了五分之四，其集中化程度并没有发生变化。中国在两次统计中明显都是占比最大的国家。前五国中的阿根廷被韩国替代，排名也出现了变化。但是，中国的相对重要性发生了变化。在 1970 年，阿根廷、墨西哥、巴西和印度的工业增加值加起来在发展中国家工业增加值总量中所占的比重是 31%，超过了中国所占的 29%。到了 2010 年，巴西、韩国、印度和墨西哥的工业增加值加起来在发展中国家工业增加值总量中所占的比重只有 23%，比中国所占的 45% 要小得多。[13]

　　前面的讨论试图专注于"未来十四地"在宏观经济总计数中所呈现出的多样化，并没有考虑发展的不同阶段以及在收入水平方面的差异。出于这一目的，非常有必要考虑这些国家和地区在人均 GDP 水平方面所体现出来的不同。同样，将它们的人均 GDP 水平同工业化国家的人均 GDP 水平进行对比也非常重要，因为这能体现出工业化发展方面进行的追赶是否能导致大分歧的终结，或者趋同的开始。第 4 章分析了在 1950—2010 年这段时间里，发展中国家世界和工业化国家世界在人均收入水平方面出现的分歧和趋同，当时是把亚洲、非洲和拉丁美洲分开进行比对，但是没有分解到国家层面进行分析。这样的对比在国家层面是不太可行的，因为这样就会离题太远，但是有必要对所选出的几个国家和地区进行这样的分析。

　　在几个所选的国家和地区当中，在当年价格和当年市场汇率标准之下，其人均 GDP 的水平以及发展趋势会在下一章的表 8.2 中体现出来，它考虑到了这样一个问题，就是在发展中国家世界内部不同国家之

间出现的分歧。在本章的分析中，只需要注意到以下几点就足够了。在
1970 年，阿根廷、智利、墨西哥、南非和土耳其（按照降序排列，人
均 GDP 范围是从 1300 美元到 700 美元）是"未来十四地"之中人均
GDP 水平最高的国家；印度尼西亚、印度、中国、泰国、埃及和韩国（按
照升序排列，人均 GDP 范围是从 80 美元到 280 美元）是"未来十四
地"当中人均 GDP 水平最低的国家；中国台湾地区、巴西和马来西亚
（按照降序排列，人均 GDP 范围是从 400 美元到 330 美元）是在"未来
十四地"中处于中间水平的国家。到了 2010 年，韩国和中国台湾地区
的人均 GDP 水平在 14 地当中算是高高在上的（分别是 2.1 万美元和 1.9
万美元）；智利、巴西、土耳其、阿根廷、墨西哥、马来西亚和南非（按
照降序排列，人均 GDP 范围是从 1.2 万美元到 7000 美元）位于中间水平，
接下来是泰国、中国、印度尼西亚和埃及（按照降序排列，人均 GDP
范围是从 4500 美元到 2500 美元），印度位于垫底位置（人均 GPD 只有
1300 美元）。看起来，1970 年时的五个人均 GDP 水平最高的国家相比   136
之下落到了后面，而两个在 1970 年时人均 GDP 水平还比较低的国家和
地区（韩国和中国台湾）到 2010 年时已经远远超越他国，两个在 1970
年还处在中间水平的国家（巴西和马来西亚）到 2010 年时已经处于中
上水平，四个在 1970 年时人均 GDP 水平相对落后的国家（泰国、中国、
印度尼西亚和埃及）进行了一些追赶，而只有一个国家（印度）还落在
后面。

　　在考虑追赶的进程时，同样有必要把"未来十四地"的人均 GDP   137
水平与工业化国家的人均 GDP 水平进行对比。在这样的对比中，考虑
随时间推移的变化趋势时，既要使用在当年价格和市场汇率标准下的
联合国国民经济核算数据，又要使用以 1990 年国际美元为基准的麦迪
森数据。

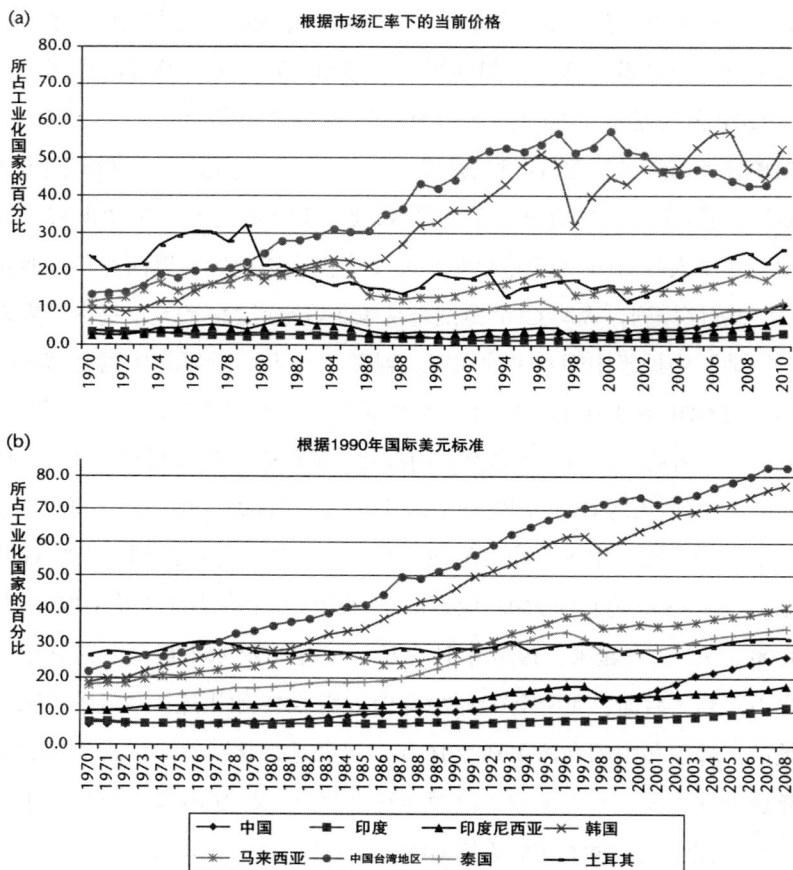

图7.2 "未来十四地"当中的亚洲国家和地区的人均GDP水平开始出现趋同发展：
1970—2010年（将其与工业化国家的人均GDP进行比对）
来源：作者根据联合国国民经济核算数据和麦迪森给线上数据库计算，详见附录。

图 7.2 展示了挑选出来的八个亚洲国家和地区的人均 GDP 的变化
趋势，呈现的是它们的人均 GDP 占工业化国家人均 GDP 的百分比，
上面一幅图展示的是在市场汇率标准下 1970—2010 年的变化趋势，下
面一幅图展示的是在市场购买力平价标准之下 1970—2008 年的变化趋
势。在市场汇率标准之下，韩国和中国台湾地区出现了快速的趋同，

马来西亚在两个阶段内也出现了一定的趋同，泰国在 20 世纪 90 年代晚期出现了回落，而中国、印度尼西亚和印度在 90 年代末出现了开始趋同的征兆，在中国身上表现得最明显，在印度身上则几乎察觉不到。土耳其的画面比较复杂，在 70 年代时出现了趋同，80 年代出现了分歧，接下来在 90 年代和 21 世纪的头十年出现了趋同，但是中间有一段回落期。在购买力平价标准之下，趋势更加流畅也更为明显。韩国和中国台湾地区有着非常惊人的趋同走向。马来西亚和泰国的趋同非常明显。从大约 1990 年开始，中国、印度尼西亚和印度出现了稳定走向趋同的征兆，中国要比印度明显很多，印度尼西亚排在中间。土耳其的画面比较复杂，它也有短暂的爆复式追赶。除了这些随时间推移而发生的变化，这两组数据之间显著的差异还在于它们所表示出的不同水平。如果按照其在工业化国家人均 GDP 总量中所占的比重来看，这些亚洲国家和地区在购买力平价基础上的人均 GDP 水平要远远高于在市场汇率标准下的水平。比如，在 2010 年，在市场汇率标准下，韩国和中国台湾地区的人均 GDP 水平大概是工业化国家人均 GDP 水平的 50%，而如果以购买力平价为基础，这一占比在 2008 年的时候能达到 70% 左右；马来西亚的两个占比分别是 20% 和 40%，中国的两个占比分别是 10% 和 25%，印度的两个占比分别是 3% 和 12%。

图 7.3 展示出了其他几个所选出国家的人均 GDP 水平变化趋势，包括四个拉丁美洲国家和两个非洲国家，以工业化国家的人均 GDP 水平作为基数，上面一幅图展示的是在市场汇率标准下从 1970 至 2010 年的变化趋势，下面一幅图展示的是在市场购买力平价标准之下从 1970 至 2008 年的变化趋势。它们的情况与亚洲的截然不同，这从两个方面体现出来。第一，在 1970 年，除了巴西和埃及，这些国家的人均 GDP 水平在市场汇率标准下占到工业化国家人均 GDP 水平的 25%

(a)
根据市场汇率下的当前价格

(b)
根据1990年国际美元标准

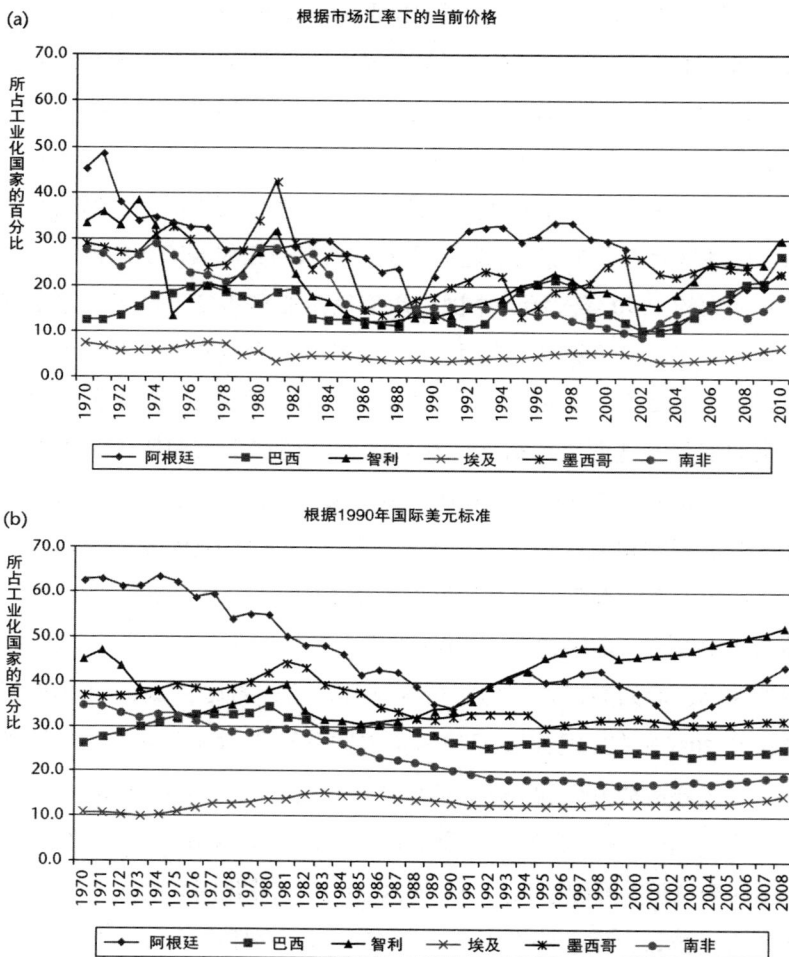

图7.3 "未来十四地"当中的非洲和拉丁美洲国家的人均GDP水平：分歧与趋同，
1970—2010年（将其与工业化国家的人均GDP进行比对）

来源：作者根据联合国国民经济核算数据和麦迪森线上数据库计算，详见附录。

至 50%，在购买力平价基础上占到工业化国家人均 GDP 水平的 35% 至
65%，所以这些国家的收入水平要远远高出亚洲国家和地区的水平。第
二，在一段时期内，既没有分歧也没有趋同。在市场汇率标准下，这 139
些国家的人均 GDP 水平如果按照占工业化国家人均 GDP 水平总量的
比重来看，在短期内会出现分歧或者趋同走向，但是这一占比在 2010
年时的水平要低于其在 1970 年时的水平。巴西也许是个例外，在 2010
年时的占比高出 1970 年时的水平，但这是在 2008 年之后才高出来的。
在购买力平价基础上的情况也差不多。在 2008 年，这些国家人均 GDP
水平与工业化国家作比，其占比要低于 1970 年时的水平，只除了智利，
它在 20 世纪 80 年代早期的时候出现了一些趋同发展，而且这一比重
在 2008 年也才刚刚超过 50%，高于 1970 年的 45%；埃及没有出现分歧，
而是有很轻微的趋同。

看起来，尽管只是从"未来十四地"里面挑选的对象，但单个国家
和地区层面的数据还是证实了早先的一个结论，就是在区域层面，分歧
即将结束，已经出现了趋同的征兆。亚洲使分歧告一段落，并且见证了
趋同发展的开端，一些国家变化惊人，另一些国家则出现了适度的趋同。
拉丁美洲见证了更多的分歧而非趋同，但水平还大致和原来持平。非洲
继续出现分歧。发生趋同的地方，都在 1990—2010 年积蓄了势能，并且
这种趋同在购买力平价的标准下比在市场汇率标准下体现得更为明显。

3. 领先者和落后者

几乎毫无疑问，那些在工业化追赶的过程中成为领先者的国家和
地区之间也存在着相当显著的多样性，而在 20 世纪下半叶和 21 世纪
头十年里，工业化的进程在不同的时间和不同的地区也发展得很不平

衡。但是，最根本的一点就是要从经济特征的角度去观察这些国家之间存在的相似点与差异，来看一看组群内是否存在群集。同样也很重要的是，找出是什么共性让它们在工业化进程中取得了成功。强调"未来十四地"和其他发展中世界国家之间的不同也会具有一定的指示作用。接下来的讨论就涉及这些问题，并研究了工业化进程中的领先国家和地区身上是否有一些好的经验，能够让落后者效仿，从而在工业化的进程中成为下一批迎头赶上的国家之一。

　　"未来十四地"的工业化和发展经验表明，在环境、驱动力、重心、过渡期和模型等方面都会存在不同。各地环境条件不一样。一些国家资源丰富、土地辽阔（阿根廷、巴西、智利、墨西哥、南非和印度尼西亚），而另一些国家和地区则资源贫瘠、土地紧张（中国、印度、韩国、中国台湾地区、泰国和埃及），还有一个国家虽然资源丰富，但是土地稀缺（马来西亚）。各国的驱动力不一样。一些国家的制造业以初级产品或者自然资源为基础（阿根廷、巴西、智利、南非和印度尼西亚），而另一些国家和地区则依赖廉价劳动力（中国、印度、马来西亚、韩国、中国台湾地区、泰国、土耳其和埃及，从某种程度上讲也包括墨西哥）。各国的重心不一样。对一些国家而言，外部市场和外来资源对于工业化的发展非常关键（阿根廷、智利、墨西哥、印度尼西亚、马来西亚、泰国和土耳其），而对于其他一些国家而言，国内市场和国内资源才是真正的发展驱动力（巴西、中国和印度），另外还有一两个国家和地区，需要的是外部的市场和国内的资源（韩国和中国台湾地区）。各国的过渡期不一样，体现在其结构性变化的模式上。一些国家和地区从农业部门的劳动吸纳粗放边际转移到工业领域的集约边际，劳动力也从工业领域的低生产率部门转向了高生产率部门（马来西亚、韩国和中国台湾地区，从某种程度上讲也包括中国大陆），而其他大部分国家都经历了不同的过渡期，它们农业部门的就业所占比重下降，服务业所占比重上升，而工业部门所占的比重几乎没有变化。

　　各地工业化的模式也不一样。[14]拉丁美洲模式主要依赖外国资金、外国技术和外国市场，在其中只有巴西是个例外，而南非也是类似的这种模式。当然，这只是一个概括性的特征总结，在阿根廷、智利和墨西哥也有大型的国内企业，巴西也有很多的外国企业。东亚模式又分出了三种形式。有一些国家，按照面积从小到大排列，如马来西亚、泰国和印度尼西亚，它们依赖外国资金、外国技术和外国市场。在这种情况下，它们其实和中国香港地区、新加坡的另外一种模式没有很大区别。东亚模式还有第三种分支，就是韩国和中国台湾地区，它们依赖外国市场，却调动了国内资源，并且是在发展国内的技术能力，而不是依赖外国资本或者外国技术。由中国和印度组成的大经济体模式，在工业化的早期阶段主要都是依赖国内市场、国内资源和国内技术，但是在后期，这两个国家都开始寻找国外市场，并有选择性地接触外国技术和外国资本。这一套模式显然不够全面详尽。还有一些国家，如巴西、土耳其和埃及，它们在进行工业化的过程中采用了另一种模式，试图将国内和外国市场、资本与技术结合在一起，并随着时间推移不断演变。这些工业化模式也要被放置在更大的发展背景当中，每一种都是将政府与市场、开放性与干预结合到一起，在各个国家情况不尽相同，也都会随着时间的推移而发生变化。需要说明的是，任何对工业化模式或者发展模式进行的总结，被当作程式化的事实是说得通的，但是并不是绝对的，也不是一劳永逸的，不仅仅是因为这一主题会发生变化，也是因为在纳入我们考虑的这段时期内，一些国家也发生了很多重大的变化。

　　如此一来，就有可能把"未来十四地"分解成类似的小组，互相之间既不会毫无联系也不会完全重叠。从地理区划来看，本来就存在

141

着分组——亚洲、非洲和拉丁美洲——同一个地区的国家和地区会有许多共同之处。按照由人口和收入水平决定的经济规模来看，也可以分成小型（马来西亚、中国台湾地区和智利）、中型（韩国、泰国、土耳其、埃及、南非、阿根廷和墨西哥）和大型国家（中国、印度、巴西和印度尼西亚）。按照经济特征的逻辑来划分，可以分出资源丰富、国土辽阔的国家（阿根廷、巴西、智利、南非和印度尼西亚），资源匮乏、土地稀缺但劳动力充足的国家（中国、印度、韩国、中国台湾地区、泰国和埃及），有更高工资水平的剩余劳动力但是资源丰富（马来西亚）或者土地辽阔（墨西哥和土耳其）的国家。从发展模式来看也可以分组，有些极度依赖市场和对外开放（阿根廷、智利、墨西哥、南非、马来西亚、泰国和印度尼西亚），有些是靠政府的支持和适度的对外开放（巴西、埃及和土耳其），还有的是靠政府战略性的干预和调整后的对外开放（韩国和中国台湾地区），另外一些则是靠政府干预和管控之下的对外开放（中国和印度）。[15] 不同之处不仅仅在于细节。适度开放基本上就是开放型经济，只在少数领域有为数不多的限制。调整后的对外开放公开地体现出了不平衡，在出口领域有一些战略性的贸易政策，但是在其他领域就有很多限制，对外国资本加强限制，对外国品牌也加紧了控制。管控之下的对外开放受限更多，不仅仅是在贸易领域，在对待外国投资和外国技术方面也有限制。根据地理区划、规模、经济特征或者发展模式进行的分组都表明，发展中国家世界的其他大多数国家，除了很小的岛国或者内陆国，总是会和"未来十四地"当中的一个、两个或者几个国家和地区有共同之处，所以从它们身上还是可以吸取一些经验的。

　　尽管这些国家和地区已经又被细分到了更小的群组里，它们之间还是存在明显的多样性。这种分组就帮助我们关注到了这些国家和地区的一些共通点。但是在这些不同的群组之间，还有更多的共同因素，使这些国家和地区走上了工业化的道路。应该能够识别出三个共有因素：初始环境、授权机制和政府所扮演的要么是催化剂要么是引领者的角色。

初始环境有两个方面。首先，要存在一个实体的基础设施建设。其次，就是教育在全社会的普及，初等教育负责打下基础、高等教育负责提供优势。这两个方面都必须至少具备一些，才能够启动工业化进程。"未来十四地"在发展水平上存在差异，因为在拉丁美洲，后殖民主义时代早来到了一百年。尽管如此，亚洲和非洲国家在后殖民主义时代早期也积蓄了发展所需的必备基础条件，或者在这之后不久就靠政府创造出了这种条件。如此一来，就算初始条件是由历史所赋予的，人为的干预也可以在这一现实基础上加以改进，而且不会有太大的时间差异，从而为工业化的启动创造出最基本的条件。而且，还有一个尽管不那么关键但也与初始条件相关的第三维度内嵌在了历史里，那就是这些国家过去的某些制造业的经验，所以它们一开始的起点就不一样（阿姆斯登，2001 年）。对于一些国家——如中国、印度、墨西哥、埃及和土耳其——而言，这一经验来自前资本主义时期，主要来自手工产品。对于另一些国家和地区——如印度尼西亚、马来西亚、中国台湾地区和泰国——而言，这一经验来自移民，大部分移民都来自中国大陆，也有一部分来自印度，土耳其的移民则主要来自欧洲国家。而对于其他国家——如阿根廷、巴西、智利和墨西哥——而言，这一经验可能一开始来自欧洲的移民个体，但是在这些国家独立之后，靠的也是外国的企业，所以严格意义上来说这些国家已经不再是殖民地。尽管如此，殖民主义仍旧成为制造经验的一个来源，比如英国在印度、马来西亚、埃及和中国；荷兰在印度尼西亚；日本在伪满洲国（中国东北地区）、韩国和中国台湾地区。对于南非而言，制造业方面的经验则来自移民个体、殖民主义和外国企业的融合。

　　类似的，对于"未来十四地"而言，一些机制也许是从过去继承来的，但也只是很小的一部分。这些国家和地区用来支持或者培养工业化进程的授权机制的框架是在 20 世纪 50 年代或者 60 年代早期建立起来的。这个时间段并不是个巧合，这正好是亚洲和非洲进入后殖民主义时代的初期，这个时候几乎世界各地都开始把发展规划作为一种意识形态，包括在拉丁美洲也是如此。在进行追赶的过程中，工业化成了共有的目标。这些机制都是由具有前瞻性、积极主动的政府设立的，不仅仅在中国和印度有，在阿根廷、巴西、智利、墨西哥，以及印度尼西亚、马来西亚、韩国、中国台湾地区、泰国和土耳其也有（阿姆斯登，2001 年），埃及也是这样的模式。一切都在于要进行工业促进和工业投资，不管是以通过制定工业、贸易、技术政策还是通过建立规划办公室、工业董事会或者金融机构。在这个范围内，那些在工业部门提供长期融资或者投资的发展银行就变得格外重要。目标就是要为域内的企业创造生产、投资和创新的能力，不同的国家和地区在国营和私营领域会有不同的强调重点（拉尔，1990 年）。机制的创造与演变是工业化和发展过程中必不可少的一部分（张夏准，2007 年）。授权机制不仅仅是要像正统的经济理论建议的那样只需要保证财产权和降低交易成本（诺斯，1990 年）。而且，很明显也不仅仅是在"警察国家"才有这种授权机制。很清楚的一点是，在早期阶段，在这些工业化的后进国家和地区中创建支持其工业化进程的授权机制时，政府发挥了关键的作用，但是在未来的转变道路上，这一点却出现了不同。

　　在进行工业化的过程中，政府在各个发展中国家几乎都发挥了关键作用 [埃文斯（Evans），1995 年；韦德，1990 年；拉尔，1997 年]，这一点在前面的章节中已经花了不少笔墨进行了讨论，重复讲也没太大意义。只需要说，这一点在"未来十四地"中体现得更明显，尽管政府所扮演的角色性质不同，目的也不尽相同（阿姆斯登，2001 年）。对于那些强调市场化和开放性的国家而言，政府的功用在于将市场失灵的可能性降到最小。重点在于制定合理的价格体系，并且购买进行工业化需要的技能或者科学技术。对于那些强调政府干预、在管控之下有适当开放性的国家而言，关键在于将政府失效的可能性降到最小，并且强调正确地进行政府干预、建设起发展工业化所需的技能或者科学技术。当然，这个角色并不是从一而终的，而是会随着工业化的进行和发展而不断演化（巴哈杜尔和纳亚尔，1996 年；纳亚尔，1997 年）。在早期阶段，在创造初始环境的时候，主要还是要建立起一个实体的基础设施项目，政府在能源、交通和通信以及通过教育实现的人力资源的发展方面进行投资。在工业化的后期阶段，性质和程度发生了变化，出现了三个维度：功能性的、制度性的、战略性的。功能性的干预旨在纠正市场失灵而导致的大而泛的或者具体的错误。制度性的干预旨在通过为市场上的"玩家"制定游戏规则来进行控制，并创造出一个框架来规范市场、建立起机制来监控市场的运作。战略性的干预旨在指引各个部门相互关联的市场，干预方式不仅仅是通过制定工业和技术政策，还会通过汇率和利率来保证实现工业化的长期目标。

政府还会在微观层面促进工业化，主要是通过在不同类型的商业企业培养企业家，或者是在私营领域为个人培养管理能力、为企业培养技术能力。但也不仅仅是这些。政府还在如石油、钢铁、通信、能源甚至商业银行和发展银行等领域建立起了大型的国有企业。在早期阶段，这也许是因为在这些臃肿、有风险并且收益周期长的领域缺少私人投资，所以政府才会建立国有企业。没过多久，这些企业就成为工业化在私有领域的一种战略性的支持。随着时间的推移，它们当中有很多都变成了世界市场上很有竞争力的企业，其中还有一部分引导了发展中国家世界企业国际化的过程。

从表面上看，"未来十四地"和发展中国家世界中的其他国家之间存在的差异主要在于它们的地理环境和规模的大小。这对于那些小岛国和欠发达国家当中的内陆小国来说还解释得通，但是对于其他大部分的发展中国家而言就解释不通了。根据"未来十四地"的地理区划、规模大小或者经济特征又分出来的小群组表明，有这么多的因素，大部分的发展中国家肯定会和其中至少一个国家和地区有一些共同点。确实，很多工业化进程中的后进者和 50 年前工业化的领头者并没有非常大的不同。

就"未来十四地"在工业化方面取得的成功而言，存在的最根本的差异，体现在了三个方面：初始环境、授权机制和政府。应该是有可能创造出一个初始环境并建立起机制来的。很明显，前者是必须要做的，但必须要在后者成立的前提下才能实现。政府在扮演它们应有的角色的时候，可能会出现问题。这两种民主形式都需要政府对人民负责，还要规范行为、杜绝腐败，而工业化进程中，政府在扮演自己的角色的时候也许会用得上这些特质，但它们并不是必需的。事实上，在"未来十四地"工业化的经验中，专制政权和腐败的政府要比民主政权更多。但是，工业化进程中的后进者确实需要在它们的体制中创造出一套管控机制，这样不仅仅能够对个体和企业的经济行为进行规范，也能对政府的行为进行监督（阿姆斯登，2001 年）。这就是面临的挑战。

研究工业化的一部分学者（阿姆斯登，2001 年）认为工业化中的先驱国家和其他发展中国家之间最显著的不同就在于前者具备生产经

验，后者没有。[16] 如果这样的话，这会是一个无法克服的限制，因为
生产经验是被涵盖在历史内的，因此没有办法改写。但是，这两组国
家之间的分界线并不绝对，因为生产经验包括了一系列的属性，而不
仅仅是一个二元属性，二元属性总是很难去衡量，并且在连续性的尺
度上要比在离散的尺度上体现得更清楚。即便如此，也有人争论，说
那些没有充足的或者不具备最低量的生产经验的国家会落在具备生产
经验的国家后面，发展中国家世界因此被分为两组国家：一类是那些
与当今世界中的现代工业隔绝的国家；另一类是那些重新定位并开始
学习工业化的国家（阿姆斯登，2001 年）。这是一个被过分夸张了的
假说。也许它能够部分地解释过去，但是它不能预测未来。原因很简单。
除了"未来十四地"，发展中国家世界还有许多国家早在 1950 年时就
有了生产经验，但是可能不够多，或者说没有初始环境、授权机制和
支持性的政府。

　　因此，有一种可能性，就是还有一些国家可以追随"未来十四地"
的脚步。事实上，阿姆斯登（2001 年）注意到，除了她所定义的 12
个"其他国家"，还有 10 个国家，在 1950—1995 年制造生产部门的年
均 GDP 增长率是最高的，这 10 个国家是拉丁美洲的哥伦比亚、厄瓜
多尔、洪都拉斯、委内瑞拉，非洲的埃及、肯尼亚、尼日利亚和突尼斯，
以及亚洲的巴基斯坦和菲律宾。当然，埃及属于"未来十四地"之一，
尼日利亚也很接近。巴基斯坦至少到目前为止还没有很大的发展前景，
原因很明显。但是，还有一些亚洲的其他国家，如伊朗和越南。所以
说又有了一个"紧随其后的十国"，由拉丁美洲的哥伦比亚、厄瓜多尔、
洪都拉斯和委内瑞拉，非洲的肯尼亚、尼日利亚和突尼斯，亚洲的伊朗、
菲律宾和越南组成。这 10 个国家也许会在不远的未来跟上"未来十四
地"的步伐。即便是在那些最不发达的国家当中，也有孟加拉国和坦

桑尼亚这两个国家，它们具备一定的潜力，有可能会加入这十个国家的行列当中。

看起来，初始环境、授权机制和支持性的政府，这些都是那些工业化的后进国家或者说是发展中的国家所必须具备的条件。在过去的历史中有过的制造业经验也会造成不同。这也许能够解释为什么"未来十四地"在工业化方面取得的成功要比其他国家大，当然，这 14 个国家和地区之间也存在着差异，而且并不是所有的国家和地区从始至终都那么成功。但是，最重要的是，追赶就意味着从一个发展中国家开始转变成为一个工业化国家。看一个国家是否能够从吸收、适应和扩散进口转变为主动创新，是最简单、立见分晓的办法，如此一来它就能在一些科技领域甚至工业部门取得进步。这样，那些通过融入全球价值链而走在工业化道路上的国家就没有办法继续这一过程。除非它们在技术水平上更上一个台阶，不然它们就会被困在加工制造业或者组装作业流水线上。从这个意义上来说，韩国和中国台湾地区完成了这种转变。中国、印度和巴西具有一定的潜力。中国正在技术阶梯上不断攀升，特别是国防部门。印度在信息技术方面具有竞争力，并且能够制造和发射卫星。巴西航空工业公司发展了 Embraer 系列飞机，以及离岸开采石油技术。但是，它们在任何科技领域都还没能达到引领创新的水平。

146

        在对发展中国家工业化进程中的科技水平进行的分析中，拉尔（1992 年）对微观层面上企业自身的技术能力和宏观层面上国家的技术能力进行了非常重要的区分。企业不仅仅是在生产功能上进行运作，更是围绕一个点运行，它们的技术进步都是靠自己的努力、经验和技巧的积累而获得（阿特金森和斯蒂格利茨，1969 年）。这样一来，一些变革性的理论，即强调投资能力、生产能力和连接能力的，为企业层面发生的技术变化提供了一个更为合情合理的解释，这种技术变化是一种持续吸收、学习和创新的过程[尼尔森和温特尔(Winter),1982 年]。但是,微观层面上企业的技术发展也受到宏观层面的技术能力的影响。国家技术能力是刺激、能力和机制之间一系列复杂互动的结果。每一个都可能受到市场失灵所带来的影响,所以就需要纠正性的干预。这种干预需要谨慎的规划和应用,它对于工业成功也是非常有必要的(拉尔,1990 年、1991 年和 1992 年)。那些工业化中的后进国家一旦在微观的企业层面和宏观经济层面发展出了足够的技术能力,就有可能完成这种转型。

为了审视这对于发展中国家世界当中那些可能紧跟引领者的其他后进国家的指示意义,很有必要考虑那些逐渐显现出来的技术能力的基础以及共同面对的政策困境(纳亚尔,2011 年 a)。在这样的研究当中,一些国家的经验对"未来十四地"的发展具有指导性的意义。

技术发展的水平和创新能力通常都是某国家、部门或者特定条件下所特有的。但是,在最根本的基础当中还是能察觉到一些相似之处。第一,在工业化的早期阶段,对较高的教育水平和科学研究的强调创造出了初始环境。这种对人力资源的开发为微观层面上的个人能力打下了基础。第二,加工制成品的进口替代,或者为世界市场进行加工制造(而不仅仅是融入到全球价值链当中)并格外努力去建立一个资本商品部门,这些都意识到了"干中学"的重要性。这种学习在工业化的努力当中是非常关键的,因为它创造出了中观层面而言企业的技术能力。第三,工业化起步较晚,就要求既不完全互斥又不能全面覆盖一切的机制体制来支持追赶的进程。国内的企业尝试去进行模仿,并试图进行跳跃式的前进,有的时候在保护知识产权的机制方面,还会有明显或者暗中的松懈。政府在进行战略性干预的时候,也会有与之并行的积极主动的技术政策。在国际贸易和国际投资方面的经济政策则被用来促进国内企业更好地融入全球价值链。一旦国内企业在世界市场上具备了一定竞争力，政策就会进行调整，对外国企业的兼并也就成为对外国技术的获取（纳亚尔，2008 年 a）。这种机制旨在在宏观层面创造出国家范围内的技术能力。

　　"未来十四地"的工业化经验显示，所有的这些国家和地区都会遇到一些共有的政策困境。其中，最重要的一个两难问题就是在技术进口和本土技术发展之间寻求一种平衡。在一些例子当中，技术进口带来的是停滞而非调整适应、扩散以及本土创新。还有一些例子，本土的技术发展并没有引起更广泛的扩散，更不用说产业升级了。在这样的情况下，市场结构和政府政策并没能结合在一起，没能提供一种鼓励吸收进口技术并加快本土技术发展的环境，也没能创造出一种易于扩散与创新的氛围。即便如此，对技术进口持鼓励态度的开放性制度并不是一个答案，因为市场制度并不能限制国内企业一次又一次的这样的重复进口。这些企业很像那些一年又一年都去找别人代他考试的学生，自己从来都学不到什么。国内技术能力也不一定会应运而生，要么是因为没有学习的动力（可以进行技术进口），要么就是动力都被扼杀了（因为进口的技术更好）。这一问题在那些技术发展迅猛、淘汰率高的部门可能更为明显。还有另外两个共有的难题。首先，很难在国内企业中培育出一种研发文化。这不是什么自发的过程，而是需要在启动和扩大阶段同时具备鼓励与抑制机制，并将其结合在工业政策当中。其次，很难在科学与工业之间发展出一种协同关系，使得科学知识能够转化为可营销的产品。这一过程也不是自动化的。这需要一些体制机制在两个世界之间构架桥梁。工业化进程中的每个后进国家，在历史的任一阶段，都曾遇到过这些难题。每个国家都试图用不同的方式来摆脱这些困境。

那些在后期成功实现工业化、完成由进口向创新的转变、从知道方法到了解原因的国家，就是通过解决这些难题来获得成功的。

总 结

工业化与发展进程中的追赶存在的不均衡不仅仅体现在不同地区当中，在同一地区的不同国家之间也有这种不平衡。追赶高度集中在少数国家和地区当中，它们包括拉丁美洲的阿根廷、巴西、智利和墨西哥，亚洲的中国、印度、印度尼西亚、马来西亚、韩国、中国台湾地区和土耳其，非洲的埃及和南非。事实上，就规模而言，"未来十四地"在发展中国家世界的经济中具有压倒性的重要地位，这体现在 GDP 总量和人口总数上；它们在世界经济中的参与程度，体现在它们的贸易、投资、移民和工业化水平上，也体现在制造业出口和工业生产上。这种集中的决定性因素是规模、增长率和历史。同时，在这几个国家和地区之内也存在巨大的多样性，特别是同一指标在它们中间极为不均衡的分布，同时也体现出了高度的集中化。与工业化国家世界的人均收入水平相比，国家层面的一些证据证明了区域间存在的差异。八个亚洲国家和地区使得大分歧告一段落，并见证了趋同化的开始，而四个拉丁美洲国家大概保持了原有水平，两个非洲国家则继续存在分歧。在背景环境、驱动力、重点、过渡转型和范式方面，"未来十四地"之间也存在着差异。尽管它们之间存在明显的多样性，还是有可能根据它们的地理条件、规模大小、经济特点和发展模式将其分成不同的组群。在不同的组群之间，还有三个它们都具备的要素，将其推上了工业化道路，即初始环境、授权机制和政府所扮演的要么是催化剂要么是引领者的角色。除了有在加工制造业方面的经验，它们与发展中国

148

家世界中其他国家最本质的不同，也就在这三个共有的要素上面。但是，50年前工业化进程中的很多后进国家和这些领先者的状态并没有太大区别。确实，在初始环境、授权机制和培育支持性的政府这三方面，"未来十四地"身上有很多地方值得它们借鉴。但是，这些追赶的努力也要放在一定的上下文中来考虑。在追赶的过程中，工业化的后进者、领先者和追随者都会遇到两个最根本的挑战。很有必要在体制内创建起一种控制机制，不仅能对个人和企业还能对政府的经济行为进行规范。还有必要在企业内发展技术能力，在经济中，要保证至少一些工业行业或者部门能够走在技术发展的前沿。

第8章
逐渐出现的分歧：不平等、排外和贫穷

在 20 世纪后半叶和 21 世纪头十年里，与工业化国家相比，发展中国家世界作为一个整体，其经济发展上的成就更引人瞩目。它们的增长比西欧和北美在工业革命中的增长快得多。很明显，也比它们自己在之前 80 年里的经济表现强得多。这就导致它们在世界 GDP 总量中所占的比重出现显著增长，在人均 GDP 水平方面存在的分歧也告一段落，尽管现在的趋同化还不很明显，分布也不均匀。同样，工业化方面的追赶也与此有关，并且使其在世界经济中的工业生产总量和加工制造业出口总量中所占的比重出现增长。但是，这些总计都具有欺骗性。在组成发展中国家世界的各个区域之间分布是很不平衡的，事实上，只是高度集中在 14 个国家和地区里。很明显，非常有必要注意这种空间上的不平衡发展。

然而，本章的目标却是要分析在世界经济中逐渐显现出的分歧，过去的 60 年里世界经济发生了明显的变化。如此一来，本章旨在关注追赶的过程是如何影响甚至造成了国家之间的不平等、地理空间上的隔绝，以及如何影响了人民的生活水平。第一部分根据工业化国家和发展中国家之间的鸿沟分析了全球性的不平等，以及世界上富人与穷人之间收入分配的不公。第二部分考察了发展过程中的一些国家，特别是最不发达的国家，以及国家内一些地区之间的隔绝，强调了发展

中国家世界内部所逐渐呈现出来的这种分歧。第三部分提出疑问：快速的经济增长，特别是在总收入方面进行的追赶，是否真的提高了发展中国家世界普通人的生活水平，并重点关注国家内部的贫穷和不平等状况。

1. 国家和人民之间全球性的不平等

　　有关全球性的不平等存在着三种概念［米拉诺维奇（Milanovic），2005 年］。第一，是国家之间收入分配的一种计算方法，没有经过人口加权，可以理解为抛开规模大小和人口不谈，每个国家都是一个有代表性的个体，国家的人均收入水平决定了世界各国之间的收入分配。第二，也是国家之间收入分配的一种计算方法，但进行了人口加权，并假设国家内的收入分配是非常平均的，每个国家的人均收入都经过了人口加权，从而来决定世界各国之间的收入分配。第三，是世界各国人民之间收入分配的一种计算方法，不管他们住在哪个国家，都要根据个人的实际收入来进行估测。计算人民之间（或者国家之间）收入分配最常见的一种方法就是使用基尼系数，如果所有的经济收入（全世界的收入）都归于一个人，该值为 100，而如果经济中的每一个人（或世界上的每一个国家）都有相同的收入，那么这个值是零。图 8.1 展示了由基尼系数测算得到的关于 1820—2000 年这个历史阶段世界不平等的数据。全球性不平等的三种概念分别由单独的图表显示。需要说明的是世界不平等的人口未加权和人口加权的测算由麦迪森数据库中以 1990 国际购买力平价（PPP）美元［吉尔里-哈米斯（Geary-Khamis）］为基准的人均 GDP 得到，而第三种不平等概念的计算方法来源于布吉尼翁和莫里斯（Bourguignon and Morrisson，2002 年），他们使用麦迪森数据库的人均 GDP 和人口数据并同时采用其他数据资源。

　　图 8.1.a 表明国家之间的人口未加权全球性不平等程度在 1820—1913 年迅速加深，而 1938—2000 年这一现象重演。当然，这种计算方法并不具有意义，因为它忽略了国家的人口规模，视大国、小国以及大经济体和小岛为同质。

　　图 8.1.b 表明国家之间的人口加权全球性不平等在 1820—1913 年的增长更为迅速，而 1938—1952 年再次增长，但在之后直到 2000 年都缓慢减少。这种方法更具说服力，但它的测算被那些具有大规模人口的国家的具体情况显著影响。观测到的趋势表明全球性的不平等正在减少，这可以近乎由两个人口大国——中国和印度的人均收入增长所解释。[1] 这没有什么价值，因为以 PPP 为基准的人均 GDP 增长比以市场汇率为基准计算出的要多。并且与工业化国家相比，中国和印度在 PPP 调整中有着不相称的大比重。如果中国和印度被排除，人口加权的不平等在 1980 年之后不会出现下降。不包含中国会比不包含印度带来更多的不同。若单独排除中国，始于 20 世纪 80 年代早期明显的降低趋势会被一个上升趋势所替代。显然，自 1980 年起，中国和印度的人口规模和快速增速导致了人口加权全球性不平等的显著变化。在此背景下，有趣的是若在测算全球性不平等时，用中国的省份和印度的邦去替代这两个大国，图片也会有重大的变化。中国和印度不断增加的区域间不平等对人口加权全球性不平等的影响清晰易见。如果将中国的省份和印度的邦比作国家，则如此定义的，人口加权的全球性不平等基尼系数自 1980 年起显示出巨大的增长趋势（米拉诺维奇，2005 年）。

　　图 8.1.c 表明人民之间的全球性不平等程度在 1820—1913 年迅速扩大，之后直到 2000 年大体上保持着相同的水平，且比国家间的不平等

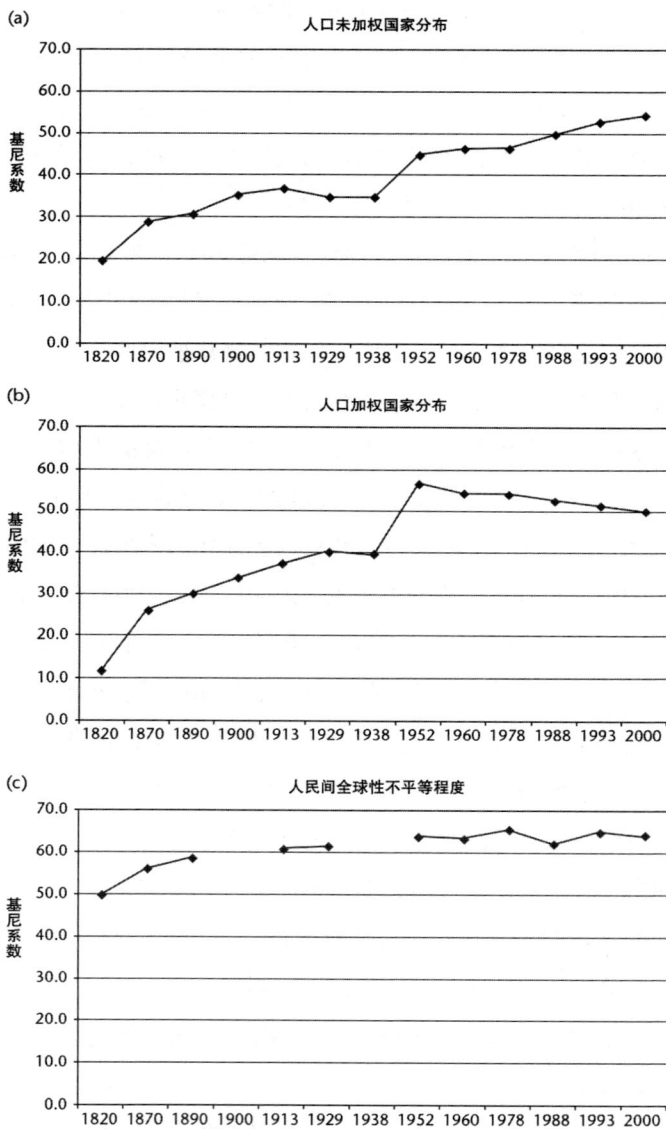

(a)

人口未加权国家分布

(b)

人口加权国家分布

(c)

人民间全球性不平等程度

图8.1 从历史角度看世界的不平等：1820—2000年

来源：米拉诺维奇（Milanovic），2005年。

程度更深。这种测算方法尤其重要，因为它捕捉了一个不同维度的全球性不平等，关注人民之间的收入分配而不是世界经济体中的国家。

　　国家间的全球性不平等程度似乎在1820—1913年迅速扩张，这种扩张加深并在1929—1952年再度上演。也就是说，这在很大程度上表现出大分歧。然而，在20世纪的后半叶，国家间的全球性不平等程度缓慢地减弱，尽管幅度很小，因为在2000年基尼系数保持在大于50的较高的水平。但是，若排除中国和印度，国家间的全球性不平等见证了直到20世纪80年代早期近乎30年的稳定和之后的迅速加深。自2000年以来，国家间收入分配的数据已经无从知道。尽管如此，鉴于本书先前讨论过的其他数据，排除中国和印度后的国家间全球性不平等在21世纪的头十年持续地扩大也言之有理。人民之间的全球性收入不平等在过去的1820—1913年也显著增加，这是大分歧的结果，彼时西欧和北美领先世界其他国家，而亚洲，尤其是中国和印度则经历了一个剧烈的经济衰退。整个20世纪后半叶，人民之间全球性收入不平等维持在略高的水平，基尼系数处于62—66。很明显，相比世界经济里国家之间的收入分配，人民之间的收入分配更为不平均。

　　第四章的证据表明，考虑发展中国家世界，它们以PPP为基准的人均GDP与工业化国家的分歧止于20世纪70年代早期；以市场汇率为基准则止于20世纪80年代中期，接着开始了轻微的趋同。若以PPP为基准，这种趋同在21世纪初期更为明显。自然，亚洲、非洲和拉丁美洲之间有着显著的不同。但即便是地区人均GDP水平也没有表明离差的范围。事实上，处于顶端的国家和处于底部的国家之间在人均收入水平上有着巨大的鸿沟。比如，最富裕的20个国家与最贫穷的20个国家的人均GDP的比，以恒定的1995年美元作为基准，从1960—1962年的54：1上升至2000—2002年间的121：1（纳亚尔，2006年）。

而最富裕的国家和最贫穷国家的差异会更大，我们应当毫不惊讶。[2]
全世界最富裕国家与最贫穷国家的人均 GDP 的比，按照当前的汇率计
算，从 1970 年的 119：1 上升至 1990 年的 371：1，到 2010 年为 916：1。
[3] 世界范围内最富裕国家与最贫穷国家的人均 GDP 比率，以 1990 年
的国际美元（吉尔里-哈米斯购买力平价）为基准，从 1970 年的 38：1
增加到 1990 年的 53：1，再到 2008 年的 125：1。[4] 以 PPP 计算，这
个差距不算太高。只能认为绝对的顶端国家和底部国家的人均收入差
距，用倍数表示时，会因计价标准从当前的美元到 PPP 美元的变化而
减少。并且时间越往后，两者差异越明显。然而，这个显著的分歧着
实瞩目又令人惊叹。

毫无疑问，全球性不平等的水平很大程度可归因于工业化国家和发
展中国家的分歧，即使在 20 世纪 70 年代后这个分歧没有扩大，甚至若
将后者视作整体，在 21 世纪头 10 年这个分歧还略微缩小。表 8.1 大致
体现了 1960、1980 和 2000 年全球性不平等的泰尔（Theil）指数。这个
指数仅仅考虑国家间的不平等，而不是国家内的不平等。这种不平等被
国家的人口规模进一步加深。泰尔指数是基于信息理论的一种衡量不平
等的测量方法。如果世界上所有的国家有相同的人均收入，泰尔指数将
会是零值。如果世界上所有的收入都归于一个国家，那么泰尔指数将会
是 LogN，N 为国家总数。与其他衡量不平等的方法相比，如基尼系数，
泰尔指数的优势在于其可分解。因此，它可以从整体不平等中分解出区
域间和区域内不平等。同时它具有一个有用的特性，能够额外地为不同
国家组成的群体，测量其群体内和群体间的不平等或差异。

154   表 8.1 此指数的计算由麦迪森数据库中以 1990 年 PPP 美元（吉尔
里-哈米斯）为基准的人均 GDP 得到。它表明贯穿整个时间线，百分
之八十五以上的国家间人口加权全球性不平等可以归因于地区间的不

表8.1 国际不平等的泰尔指数组成:1960—2010年

	1960	1980	2000
(a)全世界国家不平等的泰尔指数			
地区间	0.45 (0.35)	0.51 (0.42)	0.45 (0.48)
地区内	0.07 (0.07)	0.05 (0.05)	0.08 (0.09)
总量	0.51 (0.42)	0.56 (0.48)	0.53 (0.56)
(b)发展中世界不平等的泰尔指数			
	1960	1980	2000
地区间	0.25 (0.17)	0.26 (0.17)	0.08 (0.12)
地区内	0.06 (0.07)	0.09 (0.10)	0.15 (0.19)
总量	0.32 (0.24)	0.36 (0.27)	0.23 (0.31)

注:表格中的数据基于人口和GDP的五年平均值计算:1960年为1958—1962年的平均值,1980年为1978—1982年的平均值,2000年为1998—2001年的平均值。括号中的数据是除中国外所有国家的泰尔指数。
来源:联合国,2006年。

平等。进而,这也可以几乎归因于工业化国家和发展中国家之间的收入差距。事实上,全球性不平等的泰尔指数根据地区在 1960 年、1980 年和 2000 年的分解表明,工业化国家对于国家间的全球性不平等的贡献要大于其所引起的地区间不平等。[5]

即便如此,国家间的全球性不平等在发展中国家也很显著。表 8.1 体现了发展中国家不平等的泰尔指数。它表明不平等程度在 1960—1980 年有所加深,而若不包含中国,在 1980—2000 年亦如此。在这段时间,发展中国家的区域间不平等对于总体国家间不平等的贡献降低了,而无论中国是否被排除出去,区域内不平等的比重则有所升高。上升的区域内不平等的趋势折射出每一个地区最富裕和最贫穷国家的人均 GDP 比率。[6]亚洲最富裕国家和最贫穷国家的人均 GDP 比率,以当前市场汇率价格计算,从 1970 年的 117 : 1 上升至 2010 年的 145 : 1,按 1990 年的国际美元(吉尔里–哈米斯 PPP)为基准,从 1970 年的 7 : 1 上升至 2008 年的 23 : 1。在非洲,这个比率若以当前市场汇率价格计算,由 47 : 1 升至 147 : 1,而按 1990 年国际美元(吉尔里–哈米

斯 PPP）为基准，则从 20 : 1 增长为 88 : 1。在拉丁美洲，这个比率以
当前市场汇率价格计算由 71 : 1 上升为 93 : 1，而按 1990 年国际美元
（吉尔里-哈米斯 PPP）为基准，则从 12 : 1 增长为 31 : 1。当我们将计
价单位由当前的美元转变为 PPP 美元时，最富裕和最贫穷的国家间绝
对的收入差距显著地减少而相应的收入差距增加。但所有的比率表明，
非洲的区域内的不平等比率最高且增长最多，而拉丁美洲则最低并且
增加最少，亚洲居中。

2. 国家和地区的隔绝

世界经济增长中分配的不平等，或许是引起持续且不断增加的国
家间不平等的最重要的缘由。但前述的讨论并没有捕捉到这一个重要
的可能塑造了结果的事实。国家间有隔离，并且国家所在的地区之间
也有，以至于在发展的进程中一些地理间隔基本上被忽略了。

最不发达国家（LDCs）为我们提供了最有力的例证。[7] LDCs 的
数量从 20 世纪 70 年代早期的 24 个到 21 世纪初已经翻倍。在这些国
家中，有 10 个小型海岛经济体和 13 个内陆国家。在 2010 年，LDCs
对于世界产出的贡献不到 0.9%，比它们在 20 世纪 70 年代中期的贡献
率还要低。事实上，世界前 20 位富裕的人所拥有的资产比所有 LDCs
的总 GDP 还要多。即便资产（存量）和收入（流量）的比较并不准确，
这样的事实也还是令人诧异。然而 LDCs 在 2010 年拥有 8.33 亿人口，
占世界总人口的 12%。以当前的市场汇率价格为基准，LDCs 的人均
GDP 在 2010 年不到发展中国家的五分之一，更不到工业化国家的五十
分之一。即使以 PPP 为计价单位，LDCs 的人均 GDP 只有发展中国家
的四分之一，是工业化国家的二十五分之一。经济的发展显然并没有

为 LDCs 的人民带来更多的社会机会。

实际上，在 21 世纪的第一个 10 年末期，LDCs 的社会发展指标低于发展中国家的平均水平。成人识字率不到 60%，而发展中国家为 80%。平均预期寿命为 51 岁，而发展中国家为 60 岁。婴儿死亡率为千分之七十八，而发展中国家为千分之四十八。高等教育毛入学率不到 6%，而发展中国家为 21%。总人口中有 38% 无法摄取安全饮用水，而发展中国家只有 16%。LDCs 的情况无疑比发展中国家的平均水平更糟。把它们从经济发展中隔离似乎是引发国家间全球性不平等的一个重要因素，无论是在世界范围内还是在发展中国家范围内。当然，这只是一个特定的侧面。与 1970 年 LDCs 的情况相比，尽管数据无从得到，几乎可以肯定地显露出在过去的 40 年间在社会发展指标上的进步。然而真正的问题在于，LDCs 国家与发展中国家或工业化国家在经济上的差距是随着时间的推移逐渐缩小，还是逐渐加大。

为了聚焦国家间的收入不平等，进而推断事实上是趋同还是分歧，表 8.2 展示了以当前市场汇率价格为基准，在 1970—2010 年这段时间以五年为间隔，将 LDCs 和发展中国家、工业化国家以及全世界人均 GDP 进行对比。发展中国家间的进一步的分解对比，同样显示出"未来十四地"的人均 GDP，还有 LDCs 以及和它们一起共同构成发展中国家世界的其他发展中国家的人均 GDP。

它同时表明 LDCs 的人均 GDP，在 1970 年高于发展中国家平均人均 GDP 的五分之三，而在 1990 年低于其三分之一，在 2010 年低于其五分之一。这也同样说明 LDCs 的人均 GDP，在 1970 年为工业化国家的 4.5%，在 1990 年为其 1.6% 而在 2010 年为 1.7%。与发展中国家对比的结果类似。LDCs 人均 GDP，与"未来十四地"的人均相比，从 1970 年的 63% 下降到 1990 年的 31%，在 2010 年为 16%，而与其他发

表8.2 最不发达国家和发展中国家、工业化国家以及世界经济总量之间存在的差异：1970—2010年（以市场汇率计算的当前价格的美元）的人均GDP上

	1970	1975	1980	1985	1990	1995	2000	2005	2010
最不发达国家	128	193	285	259	303	266	274	403	684
未来十四地	202	365	646	621	981	1464	1648	2330	4313
其他发展中国家	275	677	1372	1125	1191	1533	1584	2460	3872
发展中国家	209	416	772	697	947	1324	1444	2081	3715
工业化国家	2873	5387	9710	10761	19303	24898	25711	33977	39723
世界	892	1579	2675	2682	4201	5247	5286	7053	9275
未来十四地									
阿根廷	1308	1821	2684	2904	4330	7405	7699	4736	9167
巴西	367	998	1570	1376	2687	4751	3696	4743	10574
智利	970	741	2637	1505	2541	5001	4877	7254	12052
中国	114	179	317	298	360	635	957	1792	4454
埃及	211	328	535	495	693	1110	1472	1325	2643
印度	111	161	264	289	374	383	444	737	1326
印度尼西亚	82	248	526	569	679	1109	773	1258	2953
韩国	284	623	1719	2432	6291	11892	11598	17959	20911
马来西亚	329	787	1838	2055	2511	4452	4006	5286	8319
墨西哥	839	1786	3310	2831	3416	3400	6370	7946	9043
南非	796	1438	2770	1736	3044	3650	2969	5169	7206
台湾地区	400	983	2393	3291	8135	12920	14702	16051	18681
泰国	193	353	681	743	1496	2817	1943	2644	4619
土耳其	689	1585	2097	1830	3742	3867	4189	7088	10273

来源：联合国国民经济核算数据，详见附录。

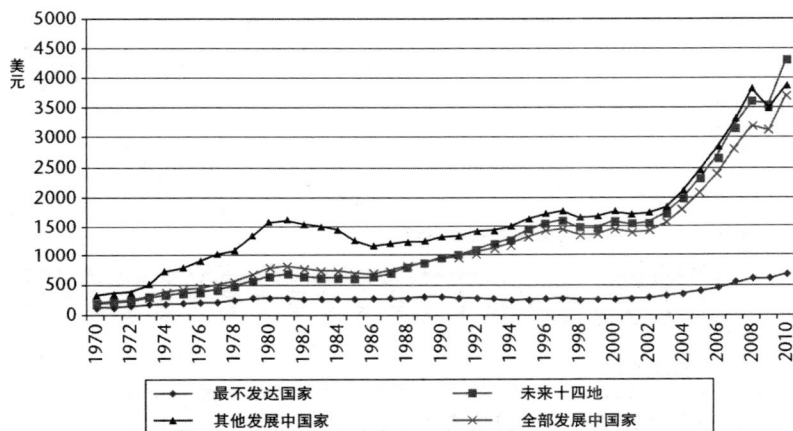

图8.2 最不发达国家和发展中国家世界的其他国家和地区在人均GDP水平上出现的分歧：1970—2010年
来源：联合国国民经济核算数据，详见附录。

展中国家相比，也从 1970 年的 47% 下降到 1990 年的 32%，在 2010 年为 18%。很明显，那 40 年间在人均收入上 LDCs 不仅仅与工业化国家，与其他发展中国家也有着巨大的分歧。事实上，这并没有什么价值，因为在 1970 年，LDCs 的人均 GDP 比中国、印度、印度尼西亚的人均 GDP 要高。然而到 2010 年，LDCs 的人均 GDP 不到中国的六分之一，不到印度尼西亚的四分之一，也不到印度的一半。

上文突出的比率的变化和差异的大小十分重要，而图 8.2 更清楚地显示出时间趋势，该图绘制出以当前市场汇率价格为基准的人均 GDP 时间序列数据，将 LDCs 与"未来十四地"、其他发展中国家以及所有发展中国家进行对比，时间跨度为 1970—2010 年。它表明在 20 世纪 70 年代早期，发展中国家的三个分组，在人均 GDP 上是相近的。而在这之后，其他发展中国家开始拉开差距，部分而不是全部的原因在于，该组中的石油出口国在 1973—1979 年的石油价格上涨中收益颇丰。不

158

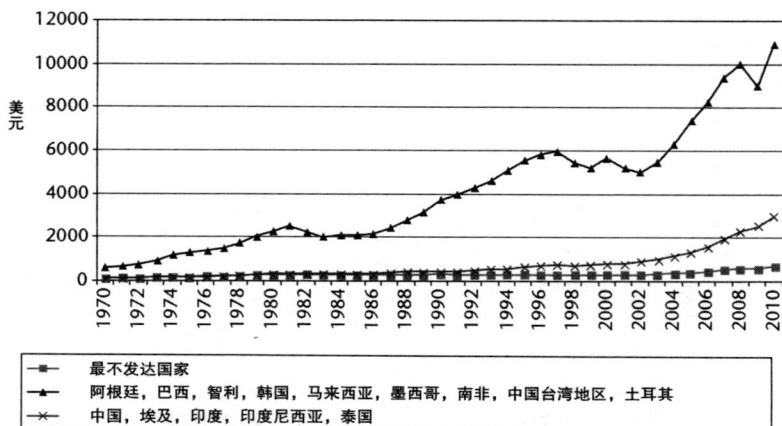

**图8.3 最不发达国家的人均GDP水平与"未来十四地"进行对比所呈现的变化趋势：
1970—2010年（分为两组）**
来源：联合国国民经济核算数据，详见附录。

久后，"未来十四地"的人均 GDP 开始增长并且在 20 世纪 80 年代形成势头。这些增长的趋势反映在全体发展中国家的人均 GDP 的增长上。LDCs 和其余的发展中国家的收入差距，从 20 世纪 80 年代中期到 20 世纪 90 年代中期越拉越大，而在 21 世纪初再一次形成了更加快速的步调。

对于 LDCs，这样的分歧是骇人的。如此分歧在发展中国家中也比较罕见。一个必然的结果是其他发展中国家与工业化国家分歧的结束，或者趋同的开始。"未来十四地"提供了一个剧烈而持续的趋同，它们的人均 GDP 在 20 世纪 80 年代中期迅速朝发展中国家的平均水平移动，并且在 21 世纪初更加迅速得拉开了差距。然而，真正的趋同是"未来十四地"和其他发展中国家的趋同。后者的人均 GDP 在过去 30 年中明显高于前者。但是"未来十四地"在 21 世纪初追赶上来，并在 21 世纪的第一个 10 年的末尾力压其他国家。似乎在人均收入上发展中国家的

对比中，对于 LDCs 是一个分歧，而对于"未来十四地"则是一个趋同。　159

　　在由国家组成的两个群体之间进行对比似乎是具有指导意义的。认识到即便是"未来十四地"也是一个多元化的群体，非常重要。事实上，正如前面的章节指出的，它们在人均收入上也有着显著的不同。甚至在 1970 年，LDCs 的人均 GDP 高于"未来十四地"中的三个国家（中国、印度和印度尼西亚），也略微低于另外两个"未来十四地"的国家（埃及和泰国）。图 8.3 勾勒出以当前市场汇率价格计算的 1970—2010 年的人均 GDP 变化趋势，数据来自 LDCs 和按照 1970 年人均 GDP 水平分拆成两个组的"未来十四地"：（a）中国、印度、印度尼西亚、埃及和泰国；以及（b）阿根廷、巴西、智利、马来西亚、墨西哥、南非、韩国、中国台湾地区和土耳其。它表明 LDCs 和"未来十四地"第二个分组的分歧，随着时间的推移变得越来越大了，有了相当大的扩张，而它与"未来十四地"第一个分类的 5 个国家的分歧要显著地小一些，这个分歧在 20 世纪 90 年代后期才开始显现，在 21 世纪初加快了步伐。如果全部发展中国家的人均 GDP 要叠加到这张图表中，它将会表明"未来十四地"第二个分组的人均 GDP 开始时略高，但随着时间的推移逐步出现分化，而"未来十四地"第一个分组中 5 个国家的人均 GDP 始　160
终很低并且遵循着相似的路径，但没有随着时间趋同。

　　然而这十分清晰地表明，当与其他发展中国家的人均收入对比时，LDCs 经历了一个突然的分歧，也意味着这些国家在追赶的进程中被大规模地隔离。值得注意的是，在国家内部的地区之间存在一种类似的排除，尤其是那种在追赶进程中处于中坚力量的国家。这本不该令人讶异或感到新鲜。它符合市场的逻辑，是自由主义的结果，历史积累倾向于扩大地区间的分化，导致市场驱动良性或恶性的循环。那些拥有自然资源、基础设施、熟练的劳动力和受过教育的人民的地区，确实会经历快速的增长。像磁铁一样，它们吸引着其他地方的资源和人民。相反，劣势地区开始落后并且变得越来越不占优势。斗转星移，这个差距因为累积的原因会越来越大。基本上那些经历了快速发展，在产出上引领了追赶进程的国家都发生了这些变化，即便它还没有导致收入上的趋同，或工业化上的追赶，即便它并不总能够带来改善人民生活的有意义的发展。

在巴西，北部和南部地区的不平等，尤其是圣保罗，在经济快速发展的时显著地加深。墨西哥北部和南部也形成了不断扩大的分化，南部的州比如恰帕斯和瓦哈卡明显的比较贫穷，而北部的州更加工业化并且更发达，部分原因在于它们在地理位置上更靠近美国。在印度尼西亚，爪哇和其他岛屿之间的经济差距也越来越大。中国的东部沿海和西部内陆的经济分化空前严重。在印度，西南地区已经遥遥领先，东部和北部的确比较落后。区域间不平等在中国和印度如此明显，正如在前面章节中讨论过的，在测算国家间不平等时，如果中国的省和印度的邦被比作国家，人口加权全球性不平等基尼系数会表现出自1980 年以来的显著增加，而不是当中国和印度仅作为国家时的显著降低。发展中国家在经济快速发展的同时也伴随着地区分歧的频繁化。这是社会张力和政治矛盾的潜在缘由。

161   ## 3. 国家内部的贫穷和不平等

像很多地区一样，国家的人民被排除在发展的进程之外的情况也经常发生。发展中国家经济自 1950 年开始有着瞩目的增长，尽管在国家和地区之间发展并不均等。但应该认识到这样的增长，即便用一种更为平等的方式在地理空间进行分配，仍然无法保证能充分顾及人民。

棘手的问题在于，快速的经济增长常常没有被转换为有意义的、能够改善普通人生活环境和保证幸福的进步。当然，在少数国家，快速增长的经济同样导致了有意义的进步。但也有很大一部分国家的经济增长没有带动社会进步。还有相当多的国家既没有经济增长也没有社会进步。对于那些经济确实增长的国家，结果取决于产出在人民之间进行的分配，以及是否提升了贫穷人民的收入。对收入分配和贫困水平这两个问题提供系统性的数据很难，因为在发展中国家这类数据或者不完整或者不具实用价值。确实存在一些国家层面的测算数据，但刻画全球图景仍太过艰巨。

发展中国家的贫困率在 1950 年左右是相当高的。发展中国家生活在贫困线以下的这部分人口数量在 1950—1980 年的 30 年间有轻微的下降，但这个减少对于人们期望的减少来说根本微不足道，更不指望能根除贫困［斯特里顿（Streeten），1981 年；斯图尔特（Stewart），1985 年；纳亚尔，2008 年 b］。关注发展中国家占世界总产出份额的显著增加之后的这段时期十分重要，人均收入方面的分歧逐渐结束，工业化方面的追赶迎来了高潮。这些变化改善了发展中国家贫穷人们的生活吗？这个问题的答案很关键，并且依赖于 1980—2010 年发展中国家的绝对贫困人口是否显著减少。

需要说明的是由于概念选择、方法上的困难和数据限制，对于贫困人口的测算衍生出很多的问题（阿特金森，1987 年）。有三种概念选择（纳亚尔，1991 年）。最简单的是人头数测量，测算生活在由临界最低需求定义的特定的贫困线下的人口比重；任何人只要低于此线将被视为绝对贫困。其次是贫困距指数，计算出低于贫困线的平均距离，因为它决定了为使所有人脱离绝对贫困所需的国民收入比重。而更为复杂的测算方法是 Sen P 测算，采用基尼系数去计算低于贫困

(a)
百分比

人口百分比

1981 1984 1987 1990 1993 1996 1999 2002 2005 2008

(b)
百万

百万人口

1981 1984 1987 1990 1993 1996 1999 2002 2005 2008

┌───┐
│ ━◆━ 低于PPP标准的每天1.25美元　━■━ 低于PPP标准的每天2美元 │
└───┘

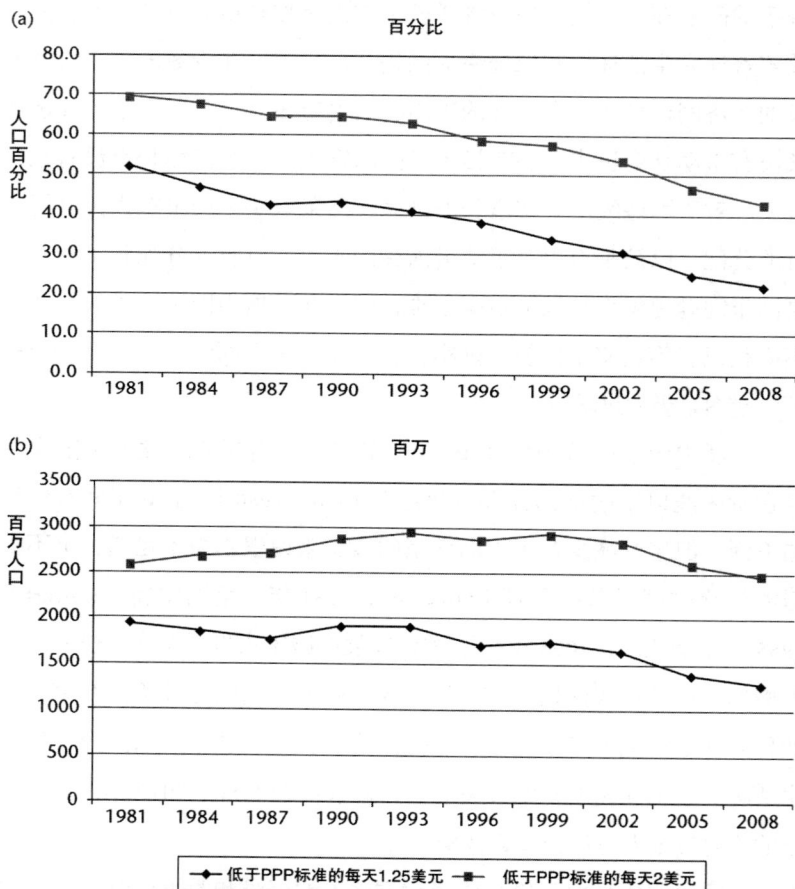

图8.4 发展中国家世界绝对贫困情况的变化趋势：1981—2008年。
来源：陈（Chen）和拉瓦里安（Ravallion），2012年。

线的不平等［森（Sen），1976 年］。简单地说，贫困测算的复杂性增加了，数据的限制会更多，而方法上的困难就会更少。全球性的对比使得这项工作更复杂则是不言而喻的［阿特金斯和布吉尼翁，2001 年；迪顿（Deaton），2005 年］。

　　人头数测量法由于其计算简单、利于理解而得到广泛使用。当然，随之产生的方法上的困难也是相当多的，从选择贫困线并通过寻找合适的价格指数来依据随时间变化的通胀调整贫困线，到选择宏观层面调研得出的家庭消费或者家庭收入作为样本数据。每一个问题都涉及无穷无尽的讨论。这样的关于贫困人口的计数，可能是国家的测算也可能是世界银行的测算。国家的测算由于其方法和数据库，毫无疑问会有说服力并且更稳健，尽管在很多方面也会有异议和讨论。世界银行的测算由于他们的方法或统计基础，明显不如国家测算。有些人质疑他们的测算方法[坡吉（Pogge）和雷迪（Reddy），2010年]。还有人认为世界银行低估了贫困[卡普林斯基（Kaplinsky），2005年]。也有少数人声称世界银行高估了贫困[萨拉-艾-马丁(Sala-i-Martin),2006年]。在这三种争论中，第一种最令人信服，第二种有一定的道理（由于在消费篮子里食物和必需品的比重需要更大），而第三种就有些牵强了。然而，世界银行的测算是唯一可行的国家间比较的来源，因此在这里被用来勾勒全球图景的轮廓。必须强调的是数据需要被谨慎地解释。

最新的世界银行测算采用了两个贫困线，以2005年PPP计算的每天1.25美元和每天2美元（陈和拉瓦里安，2012年）。第一种是贫困线的平均值，它依据世界上最贫穷的15个国家人均消费而制定，而第二种是将发展中国家视为一个群体，进而得到的贫困线中值。此数据库由125个国家的850个问卷调查组成。通常的国家测量方法上的困难在这里也存在。但国际间的比较在某种程度上展现出新的困难，比如首先要将国家贫困线用购买力平价修正为通用的货币，进而需要在测算贫困时用同样的PPP将国际贫困线修正为本国货币。此问题是突出的，因为世界银行PPP测算方法的改变将会导致大量的，有时是令人费解的一些国家收入的增长[常（Chang），2010年]。

图8.4以三年为间隔，勾勒出1981—2008年发展中国家处于贫困

表8.3 发展中国家世界贫困人口的数量和占比：1981—2008年（人口百分比）

	低于PPP标准的每天1.25美元			低于PPP标准的每天2美元		
	1981	1993	2008	1981	1993	2008
东亚和太平洋地区	77.2	50.7	14.3	92.4	75.8	33.2
其中中国	84.0	53.7	13.1	97.8	78.6	29.8
南亚	61.1	51.7	36.0	87.2	82.7	70.9
其中印度	59.8	49.4	41.6*	86.6	81.7	75.6*
撒哈拉沙漠以南的非洲	51.5	59.4	47.5	72.2	78.1	69.2
中东和北非	9.6	4.8	2.7	30.1	22.1	13.9
拉丁美洲和加勒比地区	11.9	11.4	6.5	23.8	21.7	12.4
东欧和中亚	1.9	2.9	0.5	8.3	9.2	2.2
总共	**52.2**	**40.9**	**22.4**	**69.6**	**63.1**	**43.0**

人口数量（百万）

	低于PPP标准的每天1.25美元			低于PPP标准的每天2美元		
	1981	1993	2008	1981	1993	2008
东亚和太平洋地区	1097	871	284	1313	1301	659
其中中国	835	633	173	972	926	395
南亚	568	632	571	811	1010	1125
其中印度	421	444	456*	609	735	828*
撒哈拉沙漠以南的非洲	205	330	386	288	434	562
中东和北非	17	12	9	52	54	44
拉丁美洲和加勒比地区	43	53	37	87	100	71
东欧和中亚	8	14	2	36	43	10
总共	**1938**	**1278**	**1116**	**2585**	**2942**	**2471**

注：表中标记（*）的数据是2005年的数据而非2008年。表格中所有印度的数据来源于陈和拉瓦里安，2008年。
来源：陈和拉瓦里安，2012年。

线下的人口数和占比的趋势，贫困线是以 PPP 测算的每天 1.25 美元和每天 2 美元。图 8.4.a 表明，生活在两条贫困线下的人口占比平稳地减少。按 PPP 计算，发展中国家低于每天 1.25 美元的人口比重从 1981 年的超过一半降低到 1993 年的五分之二，而在 2008 年为五分之一多；而按 PPP 计算，生活在低于每天 2 美元的人口比重有所降低，但减少量像之前一样多，从 1981 年的 70% 降低到 1993 年的 63%，而在 2008 年为 43%。显然，在贫困人口数量的减少方面，这个进程变得缓慢了。图 8.4.b 表明以 PPP 计算，生活在低于每天 1.25 美元的人口数在 1981—1993 年保持在 19 亿不变，2008 年这个数目减少为 13 亿，然而，以 PPP 计算生活在低于每天 2 美元的人口在 1991 和 2008 年都是 25 亿，但在整个 20 世纪 90 年代，它曾接近 30 亿。对于发展中国家来说，30 亿的数目十分巨大，它几乎组成了发展中国家 1990 年五分之三的人口，或组成了 2000 年一半的人口。

这个问题还有另一个维度。那些生活在低于以 PPP 计算的每天 1.25 美元的贫困线下的人们属于常驻的贫困，即便是在营养方面他们也很可能无法达到临界最低标准。那些生活在按 PPP 计算的每天 2 美元的贫困线下的人们则属于脆弱的贫穷，他们在食物和衣着以及一些基本必需品上可能达到临界最低值，但在适宜的居所或者充裕的医疗和教育上可能达不到。显而易见的是，两条贫困线面前的人口同样是脆弱的，因为任何变动，比如坏的收成、高的通胀、裁员或家庭成员的疾病，都可能将他们拉进贫困线内。图 8.4.b 清楚地表明两条贫困线之间的人民在这段时间显著地增长。事实上，这个数目在这段时间几乎翻倍，从 1981 年的 6.5 亿到 1993 的 10 亿，而在 2008 年为 12 亿。

同样值得考量的是发展中国家总体的，在绝对数量和相对比例上的贫困趋势。表 8.3 展示了低于贫困线下的人口比重和人口数，按照地理位置将发展中国家进行划分，并选择了 1981、1993 和 2008 年这三个年份以便于数据的控制。[8] 它表明贫困集中在发展中国家的三个地区：东亚（大部分是中国），南亚（基本上是印度）和撒哈拉以南的非洲。在其他地区，比如中东和北非以及拉丁美洲和加勒比地区，这个比例小一些并且人数更少。

在 1981—2008 年，东亚生活在以 PPP 计算每天 1.25 美元的贫困线下的人口占比急剧减少了超过 60 个百分点，其中大部分应该归功于中国，南亚、印度和其他地方显著地减少了 25 个百分点，撒哈拉以南的非洲仅仅轻微地减少了 4 个百分点。东亚低于以 PPP 计算每天 2 美元的贫困线下的人口占比急剧减少了约 60 个百分点，这也应归功于中国，南亚显著地减少了 16 个百分点，而撒哈拉以南的非洲仅仅轻微地减少了 3 个百分点。然而，减少贫困人口数量的进程却远没有如此瞩目。中国是个例外。在 1981—2008 年，若除去中国，发展中国家生活在以 PPP 计算每天 1.25 美元的贫困线以下的人口保持在 11 亿不变，而以 PPP 计算每天 2 美元的贫困线以下的人口数从 16 亿增加至 21 亿。在 1981 年，绝大多数贫困人口集中在东亚，紧接着是南亚然后是撒哈拉以南的非洲。到 2008 年这个格局改变了，绝大多数贫困人口集中在南亚，紧接着是撒哈拉以南的非洲，后面才是东亚。然而，在绝对方面，所有这些地区的贫困人口数量都是庞大的。事实上，即便在中国和印度，贫困人口的数量也不容小觑，虽然这两个国家已经显著地降低了绝对贫困人口的占比。

上面所显示的数据需要被谨慎地解读，发展中国家绝对贫困人口的规模是无可比拟的。在 1981—2008 年，低于特定国际贫困线人口的占比缓慢地有所降低，以较低贫困线计算出的结果相比降低得更多，与以较高贫困线计算所得相比降低得更少，但这些比例仍然是显著的。不仅如此，所有低于贫困线下的人口数量是庞大的；以较低的贫困线计算并且不包括中国，它仍然如此，即便以较高的贫困线计算并且包括中国，这个数目依旧保持不变。在亚洲，2008 年有 8.55 亿人生活在以 PPP 计算每天 1.25 美元的贫困线以下，他们中的 6.29 亿生活在印度和中国，而生活在以 PPP 计算每天 2 美元的贫困线下的人口是 17.84 亿，有 12.23 亿生活在中国和印度。尽管亚洲有着快速的经济增长，占世界收入的份额越来越多，在 1980—2010 年进行的工业化的追赶中，尤其是中国和印度在此进程中也占据关键位置，其贫困持续的程度依然令人惊愕。撒哈拉以南的非洲 2008 年生活在按 PPP 计算每天 1.25 美元的

表8.4 "未来十四地"收入分配发生的变化:1980—2005年
(基尼系数)

国家和地区	c.1980	c.1990	c.2000	c.2005
阿根廷	42.5	44.4	50.4	48.8
巴西	57.4	60.5	58.8	56.4
智利	53.2	55.7	55.2	51.8
中国	29.5	34.0	39.0	46.9
埃及	34.0	31.9	37.8	34.4
印度	31.4	29.6	36.0	36.8
印度尼西亚	34.2	31.9	30.8	39.4
韩国	38.6	34.9	37.2	32.6
马来西亚	50.6	49.1	44.3	40.3
墨西哥	50.6	53.1	55.6	51.0
南非	49.0	63.0	60.1	69.6
中国台湾地区	27.7	30.9	31.2	32.2
泰国	42.6	47.4	42.9	42.0
土耳其	52.0	46.5	46.0	44.8

注:详见附录。
来源:联合国大学-世界发展与经济研究中心、世界收入不平等数据库。

贫困线以下的贫困人口接近4亿,而生活在按PPP计算每天2美元的贫困线以下的贫困人口超过5.5亿,这个数字近乎1981年的两倍。这个现象很容易解释,因为在20世纪80年代非洲经历了萧条,在那段时间它的世界收入份额有所减少,但这与非洲在21世纪头十年的快速经济增长依然是不一致的。[9]

在增长、不平等和贫困之间存在一个三角关系。对于任何给定的汇率,经济增长能多少程度地转化为贫困的减少,取决于经济的不平等状况。如果经济的不平等没有发生任何变化,则产出或者收入的增量,在不同的阶层或人群间的累积恰好与原始的收入分配比例相同。因此,大部分的收入增量积累到了相对较少的富人手上,而少部分的增量收入积累到相对多的穷人手中。直接的结果是经济增长很小部分地转化为贫困的减少。只有经济增长与经济不平等的减少紧密相连,才会最终转化为更多相称的贫困的减少。事实上,不平等的减少如果能刺激增长还可能减少将来的贫困。当然,事实很可能是相反的。如果较高速的经济增长配合经济不平等的增加,贫困反而得不到成比例的减少。

尽管 1980—2010 年我们见证了亚洲空前的经济增长速度，其在两条贫困线下的人口比重也都有所降低，但亚洲大范围持续的贫困也是可以被理解的。同样，即便撒哈拉以南的非洲也有着令人瞩目的经济增长，其贫困人口的增加也可以得到理解。

167

　　找出系统性的或完整的发展中国家收入分配的数据空前困难，部分的问题在于国家层面的统计，这使得不同时间内国家间的比较更加不易，尤其对于国家群体或地区。但勾勒一个框架很重要，即便它只是关于国家内部收入不平等情况的一个粗略的概括。带着这个目的，图 8.4 加入了"未来十四地"在 1980—2005 年以基尼系数为指标的收入分配数据。

　　它表现出了相似性和不同。在阿根廷、巴西、智利和墨西哥，收入不平等从 1980 年起持续加剧并且直到 2000 年都在增加，对应的基尼系数至少是 50，尽管在 21 世纪初期略微减少。南非的情况更不如人意，它的收入不平等本身就很高，仍旧在持续大比例地增长。中国、印度和印度尼西亚在 1980 年的特点是低水平或者温和的收入不平等，但中国的收入不平等快速加深了，它的基尼系数从 1980 年的低于 30 增加到 2005 年的 47，接近拉丁美洲的水平。印度和印度尼西亚的收入不平等的增加大概比数据显示得更快，因为这些国家的基尼系数与消费的分配有关而不是收入。类似的，埃及和泰国的数据同样测量的是消费的不平等，这个值总是比收入不平等低，这是由于在持续一段时间内，富人可以储蓄而穷人储蓄少，这种情况在一段时间内始终没变，

168

因此泰国的收入不平等自然没有拉丁美洲那么低。马来西亚和土耳其是个例外，它们的基尼系数在 1980 年超过 50 而之后有所降低，而马来西亚降低的比土耳其多。韩国的基尼系数也从 1980 年的 39 降低到 2005 年的 33。中国台湾地区在某种程度上有些特殊，它的收入不平等

在 1980 年要比中国大陆低，但在随后的年间不断增长，到 2005 年已经和韩国同一水平。在某种意义上这也是合逻辑的，大多数引领了追赶进程的"未来十四地"中，有些初始不平等程度低的国家和地区随后收入不平等显著地加深了，也有一些国家和地区保持着程度高的不平等，即便相对初始水平有略微的降低。并且，尽管 2010 年的数据无从知晓，但很可能收入不平等会进一步扩大。因此，与外界温和的收入趋同和这些国家内部的收入分歧紧紧相连。

需要强调的是"未来十四地"在这个纪元既不是例外也并不罕见，因为收入的不平等被市场和无处不在的全球化抬高了。事实上，基于这个主题的研究［考尼亚（Cornia）和吉斯基（Kiiski），2001 年；布吉尼翁（Bourguignon）和莫里斯（Morrisson），2002 年；米拉诺维奇，2005 年；帕尔玛（Palma），2001 年；米拉诺维奇，2011 年］表明，即使不同国家间的不平等程度不同，各地人民之间也有一个加深的收入不平等的全球性趋势。一篇关于 135 个国家的收入分配的研究中，帕尔玛（2011 年）发现前 10% 的国民收入份额上升了而最后 40% 的国民收入份额有所降低，而中间的 50% 相对稳定。简言之，富人更富了，穷人更穷了。

尽管不可能将因果关系简单归结为时间上的巧合，可以考虑的是市场和全球化的机制可能导致发展中国家内部经济的不平等（纳亚尔，2006 年）。贸易的自由化引发了熟练和非熟练工人之间的工资不平等。私有化和放松管制的结果是，以劳动力为代价的资本所得作为利润不断上涨而工资份额却降低了。结构性改革、削减税率和引导劳动力市场的灵活性，增强了这一趋势。资本的流动性和劳动力的非流动性改变了自然的雇佣关系并削弱了工会的谈判能力。通胀管理的目标因为全球性金融市场的敏感性而近乎成为一个困扰，以至于政府采用紧缩的收紧就业的宏观政策。金融的自由化意味着公共以及私人债务的迅速扩张，随之产生了食利阶层。而金融资产的集中将不可避免地导致更严峻的收入分配不平等。

169　　　全球化时代同样伴随着工业化国家大规模加深的经济不平等，它导致前 1% 以及前 0.1% 国民的收入剧烈上升［阿特金斯和皮凯蒂（Piketty），2007 年和 2012 年］。[10] 这似乎说明不相称的大部分的收入增量累积到超富或巨富手上。这不仅限于工业化国家，在一些发展中国家也有这样的情况［阿特金斯、皮凯蒂和赛斯（Saez），2012 年］。在印度，前 1% 国民的收入份额从 1980 年的 4.8% 上升至 1990 年的 7.4%，到 1997 年已经是 10.7%，而前 0.1% 国民的收入份额分别从 1.4% 上升至 1.8%、4.4%。在阿根廷，前 1% 国民的收入份额从 1997 年的 12.4% 上升至 2004 年的 16.8%，而前 0.1% 国民的收入份额从 4.3% 上升至 7%。在中国，前 1% 国民的收入份额从 1990 年的 3.3% 上升至 2000 年的 5%，到 2003 年已经是 5.9%，而前 0.1% 国民的收入份额分别从 0.6% 上升至 1%、1.2%。如果后面年份的数据可以获得，比如 2010 年，几乎可以肯定的是超富或巨富的收入份额会进一步更加，不仅仅是这些国家，其他经历了快速增长的发展中国家也是一样。

总 结

　　这一章节提出了三个关于在 1950—2010 年的"追赶时代"里世界经济出现分歧的问题。答案显而易见。第一，国家和人民的全球性不平等维持在一个较高水平。国家间的不平等程度降低得缓慢或者说是温和，但如果排除中国和印度，在 1980 年之后分歧反而加深了。这大部分归因于工业化国家与贫穷的发展中国家间的不平等，尽管在后者内部不平等程度也有所加深。世界范围内人民之间的不平等，在1820—1950年由于大分歧而迅猛加深，在20世纪后半叶持续在一定的高水平上。第二，随着发展中国家的不断进步，它们的追赶进程也伴随着国家间的隔绝，以及国家内部地区间的隔绝。LDCs和其他发展中国家之间在人均收入上有一个巨大的分歧，而"未来十四地"和其他发展中国家在人均收入上却有显著的趋同。但是，在"未来十四地"的趋同过程中其地区之间也有隔离。第三，发展中国家快速的经济增长——引发了收入方面的累积增长——却并不总是能转化为有意义的增进普通人民幸福的能力。在1981—2008年，生活在特定贫困线下的人口占比平稳降低了，与较低的贫困线相比降低得更多，而与较高的贫困线相比降低得少，但这些占比都不容忽视。更值得一提的是，生活在贫困线下的绝对人口——这些人的境况也十分脆弱——数目仍然庞大，在这段时间轻易地就翻了倍。在2008年，不仅仅是撒哈拉以南的非洲的贫困人口数量庞大，在有着快速经济增速、上升的世界收入份额、进行工业化追赶的亚洲也是如此。这是因为在这些国家，人民之间经济的不平等程度很高而且在继续上升，尤其是引领了追赶进程的"未来十四地"。的确，大部分收入增长可能累积到了超富或者巨富手中。

170

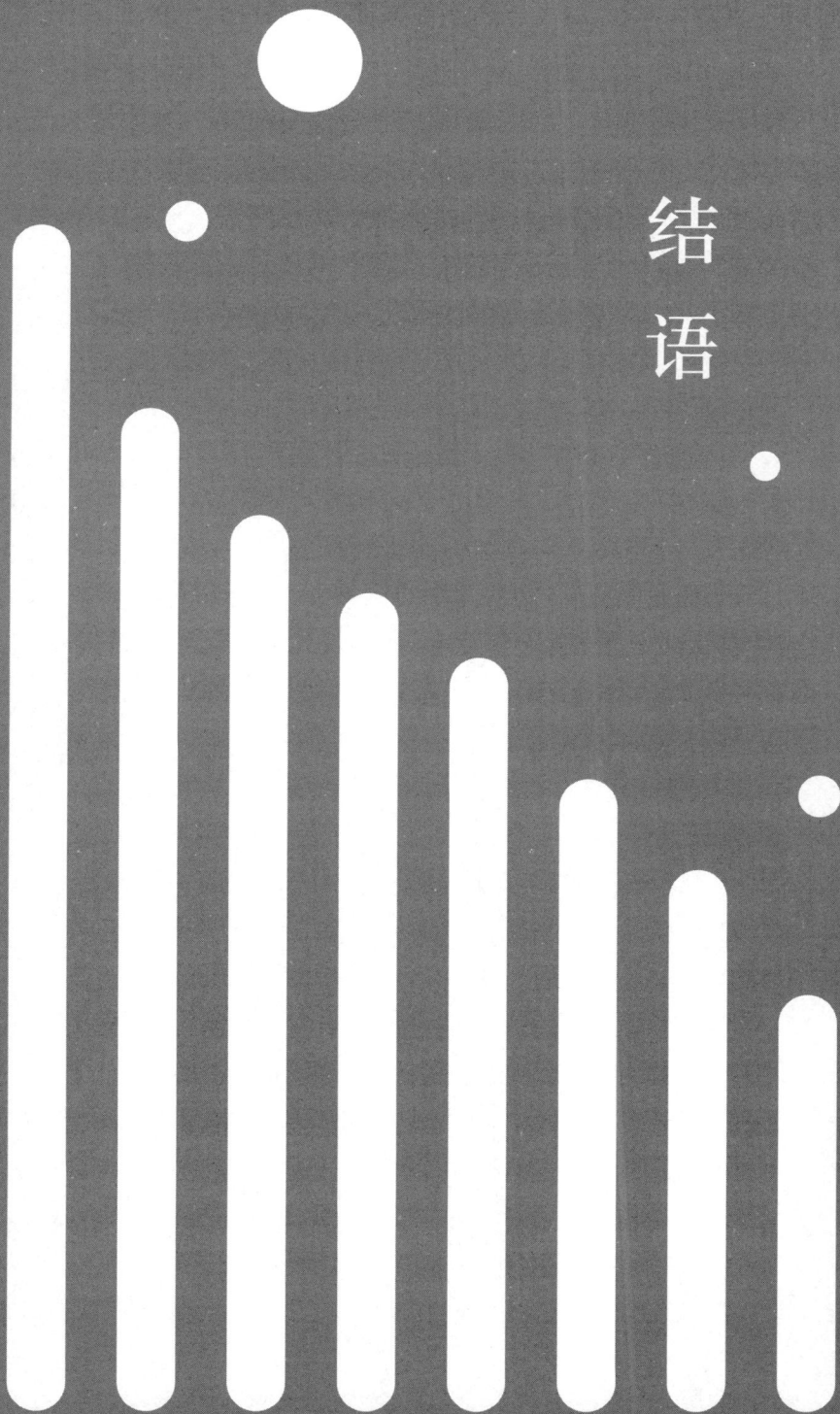

结 语

第 9 章
蕴含在过去里的未来

本书旨在分析发展中国家在世界经济中的位置所发生的演变，这种分析被置于广泛的历史背景当中，前后延伸了几个世纪，但是分析重点放在了 20 世纪中叶之后。第一部分是准备阶段。它研究了 1820—1950 年发展中国家的衰落与颓败。第二部分是重点。它分析了在 1950—2010 年所进行的追赶的程度和性质。本篇结语则负责总结。本章第一部分从历史角度大致给出了变化的轮廓，为一开始提出的问题提供了答案，并概括出了一个未曾被人讲述过的故事的基本要点。本章第二部分从各种可能性和局限性出发，考察那些截至目前在追赶过程中领先的国家和那些可能会追随其后的国家的发展前景。第三部分则参考过去预测未来，并推测这种追赶将会如何重塑国际秩序，又或者会受到国际大环境怎样的影响。

1. 变化的轮廓

在世界历史长河中，工业化国家和发展中国家或者富裕国家和贫穷国家之间的区别是相对晚期才划分出来的。这种差异在 19 世纪的最后 25 年里逐渐浮出水面。事实上，1000 年以前，亚洲、非洲和南美洲加起来，能占到世界总人口和世界总收入的 80%。这里面主要的份额都是来自亚洲，而亚洲主要就是两个国家——中国和印度，它们两个就占到世界总人口和世界总收入的 50% 左右。这三个大洲在世界经济中压倒性的重要地位又延续了五个世纪，直到 1500 年。在 16 世纪早期至 18 世纪晚期，便能够察觉出这种变化的开端。航海大发现和对美洲的殖民是关键的转折点，在此之后，在国家力量和海军力量的支持下，商业贸易实现了扩张。再加上欧洲发生的社会、政治和制度变革，

为资本主义创造了发展的初始环境。即便如此，在 18 世纪中叶，欧洲和亚洲之间的相同点还是远远要比两者的差异更为显著。确实，人口、科技发展水平和制度方面都有很大的可比性。18 世纪末发生在英国的工业革命在接下来的 50 年里传播到了欧洲大陆，对即将发生的其他事件造成了深远的影响。但是，在 1820 年，也就是不到两百年之前，亚洲、非洲和南美洲加起来还占到世界人口总数的将近四分之三、世界总收入的三分之二左右。中国和印度加起来所占的比重，在 1820 年的时候也超过了 50%。

世界经济发生的颠覆性转变始于 1820 年左右。慢慢地，但是毫无疑问地，世界由原先的按地理划分逐渐转变为按经济划分。这种分类标准逐渐变成了一道巨大的鸿沟。亚洲、非洲和拉丁美洲的经济重要性遭遇了急剧的下跌，以至于到了 1950 年，它们在世界人口总数中所占的比重为三分之二，在世界总收入中所占的比重却只有四分之一，形成了如此显著的不平衡。与之形成鲜明对比的是，在 1820—1950 年，欧洲、北美洲和日本在世界总人口中所占的比重从四分之一增长到了三分之一，在世界总收入中所占的比重从三分之一多一点增长到了接近四分之三。"西方国家"的崛起集中在西欧国家和北美洲国家。"其他国家"的衰落集中于亚洲，主要是中国和印度的衰退，拉丁美洲是个例外，它在世界总人口和世界总收入中所占的的比重不仅一直保持

平衡，还随着时间的推移不断增长。

人均收入方面出现的大分歧也的确是摆在眼前的事实。在短短的
130 年里，也即从 1820 到 1950 年，如果将西欧和西海岸国家的人均
GDP 水平作为基数进行比对，拉丁美洲的人均 GDP 从占其五分之三
降到了五分之二，非洲从占其三分之一降到了七分之一，亚洲则从占
其二分之一降到了十分之一。但还不仅仅如此。在 1830—1913 年，亚
洲、非洲和拉丁美洲在世界制造生产总量中所占的比重（其中亚洲的
大部分，特别是中国和印度的产量），从占比 60% 锐减至 7.5%，而欧
洲、北美洲和亚洲其他地区（主要是日本）所占的比重则从 40% 升到
了 92.5%，并且一直到 1950 年都保持着这一水平。19 世纪发生的西欧
国家的工业化和亚洲国家的去工业化可以说是一枚硬币的正反两面。
这就导致了大专项化的出现，也就意味着西欧国家及紧随其后的美国
专门进行加工制成品的生产与出口，而亚洲、非洲和拉丁美洲则负责
进行初级产品的生产与出口。1850—1950 年的这一百年里，亚洲、非
洲和拉丁美洲与世界经济加速融合，从而在国家之间产生出一种根深
蒂固的劳动分工，导致发展结果极不平等。这一过程引发的结果就是
亚洲的衰退和非洲的逆行。尽管在后殖民主义时代，拉丁美洲除了在
收入方面出现的分歧之外都要发展得比亚洲和非洲好一些，但是到了
1950 年，富裕的工业化国家和贫穷的发展中国家之间依然横亘着一条
巨大的鸿沟。

在 1950—2010 年这六十年里，发展中国家在世界生产总量中所占
的比重和人均 GDP 水平占工业化国家人均 GDP 水平的比重所发生的
变化展示出了明显的对比。以麦迪森在购买力平价基础上估测出的数
据为基础，发展中国家在世界生产总量中所占的比重在 1960 年之后停
止下跌，这个时候的占比大约是四分之一，在 1980 年之后出现了迅速

的增长，所以到 2008 年的时候占比几乎达到了二分之一；在人均 GDP
水平方面的分歧在 1980 年左右也告一段落，随后出现了适度的趋同，
所以到了 2008 年，发展中国家的人均 GDP 水平占到了工业化国家人
均 GDP 水平的五分之一左右。如果按照市场汇率下的当年价格为标准，
在 1970—2010 年，发展中国家在世界 GDP 总量中所占的比重从六分
之一翻了一番，达到了三分之一，而它们的人均 GDP 水平占工业化国
家人均 GDP 水平的比重也出现了些许增长，从十四分之一增长到了
十一分之一。

GDP 增长率方面存在的差异造成了发展中国家在世界 GDP 总量
中所占比重的增长和工业化国家所占比重的下降。在 1951—1980 年，
发展中国家的 GDP 增长率要比工业化国家的高一些。这一点很了不
起，因为这 30 年也恰好是资本主义发展的黄金时代，这个时候工业化
国家世界正经历着前所未有的快速增长。对于发展中国家而言，这样
的增长率与之前 100 年里它们的表现形成了鲜明的对比，并且，这一
增长率也比工业化国家在同一发展阶段的增长率要高。在 1981—2008
年，发展中国家的 GDP 增长率几乎是工业化国家的两倍。1980 年之前，
发展中国家的人均 GDP 增长率都要比工业化国家低，主要是因为居高
不下的人口增长率，但是在 1980 年之后，局势出现了逆转，发展中国
家的 GDP 增长率高出许多，而人口增长率又出现了减速。这些差别导
致在 1980 年之后人均收入方面出现的分歧告一段落，接下来就是适度
的趋同，在 1990 年之后趋同开始体现出来，到了 21 世纪的头十年就
非常明显了。

发展中国家在世界经济中的参与在 1950—1980 年出现缩水，特别
是与过去一段时间相比。但是在 1980 年之后又开始复苏，并在此后实
现迅速增长。这种更深程度的参与是出于自愿的选择，与过去的被迫

参与形成了强烈的对比。它们在世界商品贸易、出口和进口总量中所占的比重翻了一倍多，从 1970 年的不到 20% 增长到了 2010 年的 40% 多。类似的，它们在国际服务贸易中的占比也出现了显著的增长，这也体现出它们在服务出口方面的相对优势。在 20 世纪 90 年代和 21 世纪的头十年里，发展中国家在全球外国直接投资的内外流量和存量中所占的比重出现了增长，并取代了工业化国家的一些份额，但是它们的重要性更多的是作为目的地国而非资金来源国。人口从发展中国家迁移到工业化国家，这也成了一种重要的参与方式，尽管现在的移民法越来越严苛，领事实践的限制也越来越多，受到市场和全球化的驱动，人口迁移还出现了客籍工人、非法移民和专业人士的移民等新的形式。这种国际人口迁移对世界经济产生了重要影响。这是造成工业化国家生产力提高和经济活力增强的潜在因素之一。移民汇款也成为发展中国家外源融资的一个重要来源，它缓解了增长方面所出现的局限性，尽管人才流失是非常明显的一个负面结果，但是移民回流可以将其转变成为一种人才获得。

　　从 1950 年左右开始，发展中国家作为一个整体在工业化进程方面出现了显著的追赶，并在 20 世纪 70 年代早期逐渐积蓄势能。生产总量和就业组成方面出现的结构性变化导致农业所占比重下降、工业和服务业所占比重增长，这是出现上述追赶的一个重要的潜在因素。在 1970—2010 年这四十年里出现了颠覆性的转变。在不变价格标准下，发展中国家在世界工业生产总量中所占的比重从占其十二分之一，一举跃升到三分之一，在当年价格下，这一占比从八分之一一举跃升至五分之二。类似的，在当年价格标准下，它们在世界加工制造业出口总量中所占的比重也从十四分之一一举跃升到五分之二。

　　工业化还导致它们的贸易组成出现显著变化，初级产品和基于资源开发的制成品所占的比重下降，加工制成品（特别是中等和高级技术含量的商品）在出口和进口总量中所占的比重都出现了增长。

　　在贸易发展和制定工业政策、发展机制和进行战略性干预等方面，政府所扮演的角色，不管是催化剂还是主导者，对这一过程来说都是最重要的。最初的环境营造出来之后，就是一段学习如何工业化的过程，所以结果要经过一段时间才能体现出来。而且，并不是市场的魔力导致工业化出现突飞猛进的进展。首先，对于一些国家而言，主要是通过贸易保护来实现进口替代；而对另一些国家而言，则是通过贸易促进来实现出口为主的贸易。在这两种情况下，外部市场在工业化的进程中都变得越来越重要。这对那些想在国际市场上变得有竞争力的国内企业来说是个试金石。这也是生产全球化的一个结果，工业化国家的跨国企业受到市场竞争的驱动，作为制造者或者买家的它们试图削减成本。一段时间之后，这为那些发展中国家的国内企业提供了机会，20 世纪 90 年代晚期全球价值链的崛起也提供了一定的帮助。

　　很明显，在 20 世纪后半叶和 21 世纪的头十年，发展中国家这一侧出现了显著的追赶。把现在它们在世界经济中的相对重要性同过去在世界经济中的地位进行对比能给人们一些启迪。在 2008 年，发展中国家在世界 GDP 总量中所占的比重和它们在 1850 年时所占的比重非常接近，而以工业化国家的人均 GDP 水平为基数，它们的人均 GDP 水平占其比重和 1900 年时所占的比重一样。发展中国家在世界贸易中所占的比重，即便在 1970 年，也只是和它们在 1913 年时的水平持平。在 20 世纪末，外国投资对发展中国家的重要性和其在 19 世纪末时的重要性差不多。发展中国家在世界工业生产总量中所占的比重在 1970 年还保持在 1913 年的水平上，但是到了 1990 年左右，该比重恢复到 1880 年的占比水平。到 2010 年，这一比重比 1860 年的水平要高一点，更接近其在 1850 年的占比水平。总体来说，可以认为 2010 年之后，发展中国家在世界经济中的重要性和 1870 年或者再早一些它在世界经济中的地位差不多。考虑到 2010 年的这个结果是由从 1950 年就开始进行的追赶所造成的，也可以比较合理地预测发展中国家在世界经济中的重要性到 2030 年时会和其在 1820 年时的重要性差不多。

非常有必要意识到，这种追赶在发展中国家世界的几个区域之间分布极不平衡。追赶的整体结果非常具有欺骗性，因为它们所掩盖的和它们所展示的几乎一样多。发展中国家在世界生产总量中所占的比重出现显著增长，在人均收入方面也出现小幅趋同，这些几乎都要归功于亚洲，拉丁美洲这两点都不符合，非洲的占比则出现了下跌。它们在世界贸易总额中所占的比重出现迅速扩张，也几乎完全归功于亚洲，拉丁美洲勉强保持了自己所占的比重，而非洲则持续下跌。幸运的是，外国投资的分配方面没有这么不平衡。但是，工业化进程中的追赶在区域之间的分布还是非常不平衡的。亚洲引领着这一过程，包括实现结构性变化、在工业生产总量中所占的比重增长、加工制成品出口增加，以及贸易模式的变化；拉丁美洲相比之下几乎毫无变化，非洲则毫无进展。确实，发展中国家在世界制造业增加值和加工制成品出口总量中所占的比重出现大幅增长，主要都归功于亚洲，拉丁美洲所占的比重出现小幅增长，非洲所占的比重原地踏步。

工业化中的追赶不仅仅表现在区域间不平衡，在各个区域内的各个国家之间分布也很不均衡。追赶主要集中在几个国家和地区，即拉丁美洲的阿根廷、巴西、智利和墨西哥，亚洲的中国、印度、印度尼西亚、马来西亚、韩国、中国台湾地区、泰国和土耳其，以及非洲的埃及和南非。这些国家在追赶的过程中被称为"未来十四地"。事实上，它们在发展中国家世界具有压倒一切的经济重要性，这主要是参考它们的规模大小，而这种规模大小是从它们的 GDP 总量、总人口、在世界经济中的参与程度中体现出来的，是从它们的贸易、投资、人口迁移和工业化程度上体现出来的，是从它们的加工制成品出口和工业生产总量中体现出来的。这种集中的决定因素在于其规模、增长率和历史。在这几个国家和地区之间也存在着巨大的多样性，而且即便是集中于这些国家和地区的同样的因素，也有不平衡的分布。中国在"未来十四地"中逐渐体现出来的重要性特别令人吃惊。很明显，这些国家和地区的成功并不一致，各自有各自的特点，所以必须从它们的经济、社会和政治大背景来进行理解，同时还要明白它们的既有历史。但是，尽管存在如此明显的多样性，根据它们在地理环境、规模大小、经济特征和发展模式等方面的相似之处，还是可以把它们分成几个组群。同时，即便不同的组群之间也会有不少的相同点。初始环境、授权机制和支持性的政府是将它们推上工业化道路的主要因素。

追赶的过程与世界经济中的一些持续的或者刚刚出现的分歧紧密相连。全球各个国家和人们之间的不平等还是保持在一个较高水平。即便现在，国家之间的不平等也主要表现为富裕国家和贫穷国家之间的巨大鸿沟。世界人民之间存在的不平等在 1820—1950 年之间急剧扩大。这主要是因为大分歧的出现，并在 20 世纪后半叶持续保持在一个较高的水平。在追赶的过程中，发展中国家世界的一些国家以及一些国家中的部分地区被排除在这一过程之外。在最不发达国家和发展中国家世界的其他国家之间，人均收入水平也出现了巨大的分歧。即便"未来十四地"和其他发展中国家之间在人均收入水平方面出现了大幅的趋同，在这一过程中，这些国家之内的一些地区还是被排除在外了。更重要的也许是，发展中国家世界迅速的经济增长虽然是总收入水平提高的潜在因素，却没有使普通人的生活水平得到多少改善。在

1981—2008 年，发展中国家总人口中处于国际贫穷线之下的部分虽然减少了，但是依然占据着不小的比重。并且，生活在两种贫困线以下——按购买力平价计算每天生活支出低于 1.25 美元和 2 美元——的绝对人口数还很大，而处于这两条贫困线之间的脆弱的人群，其总数在这一时间段内翻了一番。在 2008 年，世界上生活在这两条贫困线以下的贫困人口当中，有四分之三的都在亚洲，尽管亚洲经济增长迅速、在世界总收入当中所占的比重逐渐增长，并且在工业化进程中实现了赶超。这是因为经济不平等在一些国家内部是十分严重的，特别是在引领追赶进程的"未来十四地"。因此，追赶是有必要的，但是并不足以改善人民的生活条件。

2．可能性和局限性

那么，是否可以对发展中国家在世界经济中的发展前景进行推测呢？不仅是对那些截至目前在追赶过程中领先的国家，还包括那些也许会紧随其后的国家？它们过去是相关的，当下也是如此。虽然对未来的预测靠的不仅仅是线性外推法，然而，对未来增长的预计通常都是建立在对过去增长的外推之上。在试图建立这样的模型时，大部分的实验都是建立在资本累积和生产率增长的简单模型基础上，再加上人口因素，从而推测发展中国家和工业化国家的增长率会与过去最近一段时间观察到的水平保持一致，在这之后会渐渐放缓 [奥尼尔（O'Neill）等，2004 年]。还有一些更为复杂的实验，用到了一些简单的趋同方程式来对在购买力平价和市场汇率标准下未来 GDP 总量和人均 GDP 水平进行估测（罗森，2008 年）。

所以，没什么奇怪的，这样进行的预测会把发展中国家在世界生

产总量中所占的比重算得更高，并且会预测到 2050 年甚至 2030 年发
展中国家的人均收入水平就能和工业化国家的水平出现显著的趋同。[1]
当然，这些预测只能提供一个大概范围内的估计，而不是精准的预测。
即便如此，这种数据实验也强调了复合增长率的力量。增长率确实
实非常重要。如果 GDP 的年均增长率能达到 7%，国民收入在十年内
就能翻倍；如果 GDP 年均增长率能达到 10%，国民收入在七年内就能
翻倍。类似的，如果人均 GPD 的年均增长率能达到 5%，人均收入在
14 年内就能翻倍；如果人均 GDP 的年均增长率能达到 7%，人均收入
在十年内就能翻倍。事实上，"未来十四地"中亚洲国家和地区的增长
率至少有 25 年保持在这个范围内，在 21 世纪的头十年里很多发展中
国家也已经达到了这一水平。如果能保持这个增长率，它们在一段时
间后的累积效应只会加速追赶的进程。但是，增长不仅仅是一道算术题。
实际上，更多的事关经济学。因此，有必要去考虑发展中的后进国家
在增长方面具备的可能性以及所带有的局限性。

　　发展中国家世界潜在增长的经济决定因素是好消息的来源。而且，
从原则上来讲，发展中国家应该能在未来一段时间内保持一个较高的
经济增长率，有以下几点原因支持这一论证。第一，它们的人口规模
很大，这是可能出现增长的一个源泉；它们的收入水平又很低，这就
意味着实现增长的可能性更大。第二，它们的人口特征，特别是年轻
人在人口中占有较高比例，这意味着在未来一段时间内，只要发展中
国家进一步普及教育、提高人们的能力，就能实现劳动力的增加和储
蓄率的增长，最终保持经济增长。第三，在大部分发展中国家，工资
水平明显比世界其他地方要低，这在未来一段时间里也会成为这些国
家竞争力的重要来源之一。第四，生产率提高的潜力在发展早期阶段
的粗放边际比较明显，农业生产率能从几乎为零提高到虽然低却比较

可观的一个水平；制造业生产率和服务业生产率在集约边际上，劳动力从低生产率的工作转向高生产率的工作。一些国家还在技术方面又向上登了一层。

在实践中，发展中国家也许没法实现这种增长率，因为不同的地方会有不同的局限性，一些限制也会随着时间推移浮现出来。很明显，不管是在领先国家还是后进国家，在不同的地方都会有一些特定的限制。一些例子能够起到指示性作用。在中国，投资在边际上的生产率逐渐下降、外部市场作为需求的来源逐渐变弱，还有政治体制的限制这些都是发展的局限。在印度，农业危机、基础设施建设的瓶颈、教育在社会中的普及程度受限等都是潜在的限制因素。在光谱的另一端，例如刚果或者卢旺达这样的国家，发展的初始环境还没有被创造出来，几乎到处都有扼杀增长可能性的因素。除了有特定限制因素的国家，大部分的发展中国家还有一些共同的局限性，比如稀缺的基础设施建设、欠发达的机制、教育不足、不稳定的政治环境（或者失败的统治）。除此之外，还有一些也许一开始不被察觉但是会在增长过程中暴露出来的局限性，比如经济排外性、社会冲突、环境压力。还有一些对于发展中国家而言可能是来自外部的限制因素，比如更加不利的贸易条款、外源融资来源不足、世界经济危机等。

截至目前，"未来十四地"都是追赶过程中的领军者，它们之间极具多样性。但是，初始条件、授权机构和政府的作用又是它们共有的因素，这些都是那些可能会紧随其后的国家值得借鉴的经验。确实，在 19 世纪中叶到 20 世纪中叶这段时间进行工业化的后进国家身上都能体现出这样的发展经验。初始环境有两个方面。首先，要存在一个实体的基础设施建设；其次，须在全社会普及教育，这两个方面都必须至少具备一些，才能够启动工业化进程。这对于工业化中的后进者来说明显是可以实现的因素。更难的是建立起一个授权机制的框架。即便如此，过去的经验证明这是完全有可能实现的。"未来十四地"中的部分国家也许从过去的发展中继承了这样的机制，但只是一小部分，大部分还是靠采取主动行动的政府来建立起这样的机制的。但是，并不存在一个标准的蓝图或者设计方案。这是在进化过程中的一种通过实践来不断学习的更迭的前进过程（阿姆斯登，2001 年；张夏准，2007 年）。机制的建立其实是发展所带来的一种能发挥作用的结果，而非驱动发展的一个原因。如此一来，机制的建立必须融入实际的经济、社会和政治环境当中。政府所扮演的支持性角色，不管是催化剂还是主导者，对这一过程来说都是最重要的。这两种民主形式都需要政府对人民负责，还要规范自身行为、杜绝腐败，这些也许是政府履行职责时所希望具备的特质，却不是其履行职责的必要条件。事实上，在"未来十四地"的发展经验当中，独裁政权和腐败的政府比民主政府更为常见。发展中的后进国家所面对的挑战在于要创造出一种内嵌于体制当中的控制机制，不仅能够对个体和企业的经济行为进行规范，从而使市场失灵的可能性降到最小，还能规范政府的行为，将政府失灵的可能性降到最小。

　　发展中国家在世界经济中进行追赶的前景不仅由"未来十四地"长期的表现决定，也要看这种追赶过程是否能扩散到发展中国家世界的其他国家当中。又一种可能性认为，在发展中国家世界还有十个国家，它们具备的一些特质使其极有可能紧随"未来十四地"，这些国家是拉丁美洲的哥伦比亚、厄瓜多尔、洪都拉斯和委内瑞拉，非洲的肯尼亚、尼日利亚和突尼斯，以及亚洲的伊朗、菲律宾和越南。而且毫不夸张地说，在最不发达的国家当中，还有两个国家，即孟加拉国和坦桑尼亚，它们在某些因素方面也具备了发展的潜力。"未来十四地"按照地理位置、规模大小或者经济特征进行的分组，展示出了范围相当大的一堆特质，大部分的发展中国家就算不具备其中的几条，也至少会有一条与之相符。确实，很多工业化的后进国家和那些工业化领先国家 50 年前的状况并没有什么区别。比如，在 1960 年，完全没有可能预测到韩国现在的发展状况。如此一来，认为非洲注定无法发达的理论就是站不住脚的了。[2] 确实，有可能想象出一种场景，在未来 50 年的追赶过程当中，一些非洲国家会成为不可或缺的一部分，正如部分亚洲国家在之前 50 年里所扮演的角色。

发展在于在经济体中创造出生产能力，并且确保国内人民能够有幸福生活。初始环境、授权机制和支持性的政府对工业化进程的启动是必不可少的，它们会改变生产率和科技水平方面的能力。但是，如果不能改善人民的生活条件，以上可能还不足以维持经济的长期增长，也没有办法将其转变为一种有意义的发展。在追求发展的过程中，消除贫困、创造就业和包容性增长都是缺一不可的。首先是因为它们组成了发展的最根本的目标；其次，这些是帮助实现发展的最主要的方法。[3] 这是推动发展中国家可持续前进的唯一方法，因为它能够使这些国家为了发展动用最丰富的自然和人力资源，并通过累积因果的方式来强化增长的过程。因此，发展中国家必须努力将经济增长、人类发展和社会进步结合起来。

这就需要政府与市场之间有一种创造性的互动，突破发展过程中市场模型所占据的主导地位。一方面需要规范市场，另一方面要实现包容性增长。在类似的语境、不同的时间，波兰尼（Polanyi，1944 年）分析了他称之为欧洲"大转型"的一段时间。在进行该项研究时，他描述了一种"双重运动"：首先是在 19 世纪，从一种前资本主义体系转变到由市场驱动的工业化；其次是从有市场模型主导转变为一个更具包容性的世界，政府在其中扮演了一个纠正和规范的角色。这种转型在 20 世纪早期开始，到了 20 世纪中期逐渐完成，但是没有持续太久。在 20 世纪 70 年代，市场模型又开始复兴。所以，在 2010 年时，发展中国家的状况和欧洲转型前差不多（斯图尔特，2007 年）。21 世纪初，发生在发展中国家世界的大转型和工业化国家在 20 世纪初的大转型十分类似，这一转变将会深化并扩大追赶的进程。

3. 对未来的思考

就整体而言，就算不是比各个部分的总和更大，也是有着很明显的不同。发展中国家在世界经济中的追赶过程很有可能受到国际环境的影响，这种追赶也很有可能重塑国际环境。这时出现了三个问题。最近发生的全球经济危机会不会有什么长远的影响？发展中国家世界的经济崛起会给环境造成怎样的后果？领先的工业化国家将如何应对？换言之，工业化国家面对自己的经济主导地位和政治霸权的衰弱将进行怎样的调整？这些复杂的问题对于未来都会有重要的启发性意义。但是，在一个充满不确定性和无法估量的世界里，很难提供一个答案，更不用说预测结果了。

很明显，2008 年年末开始并在随后转变成为一场大萧条的金融危机，是自 75 年前的大萧条以来资本主义所面对的影响最深远的一次危机。值得注意的是，两次危机的区别在于，75 年前发展中国家尚处在边缘位置，而现在它们变得更加重要，也在很大程度上融入了世界经济当中。总体来说，发展中国家世界似乎要比工业化国家和转型中的经济体应对得更好（纳亚尔，2011 年）。首先，它们并没受到灾难性的冲击。其次，这些国家恢复得很快。初始环境、政策应对和国内需求

183

保证了恢复与重振。在金融部门解除管制和自由化时保持的审慎态度也使得间接损害降到最低。政府可利用的财政资源也发挥了作用。发展中国家在世界总产量和世界贸易总额中所占比重的显著增长也意味着除了工业化国家之外仍有一定的外部市场和资源。几乎可以肯定的是，亚洲充满活力的增长为这种复原提供了动力。但如果觉得"未来十四地"当中走在前列的国家和地区能够靠一己之力驱动这种恢复或者成为世界经济增长的引擎，那就错了。它们最多能起到补足的作用而无法取而代之，也就是说，它们只能在增长的旧引擎减速的时候提供一些动力。世界经济复苏的希望在更大程度上还必须依靠工业化国家复苏的性质和速度，尤其是美国的恢复情况。[4]汇率方面出现的变化，特别是欧元的变动也十分关键。最大的可能性就是设想出另一种场景。工业化国家的持续性复苏将会重新带动增长，而持续的萧条则会使发展中国家世界的经济增长减速。在这两种情况下，发展中国家和工业化国家的增长率差异都会继续维持下去，所以在生产总量和收入水平方面的追赶也仍将继续。

　　发展中国家世界的经济快速增长所带来的环境影响肯定是非常显著的。[5]两个超大的经济体——中国和印度——的能源需求是巨大的。这一点并不令人吃惊，因为它们的人均消费水平非常低，需求的收入弹性又非常高。[6]"未来十四地"当中较大的国家也都是类似情况，同理，其他有可能紧随其后的发展中国家也是如此。但是负面的影响也很明显，二氧化碳排放量会上升，从而变成经济增长的限制。但是也有可能出现正旋转。随着对于环境压力和气候变化方面越来越多的关注，工业化进程中的后进国家也有可能获取更多的清洁能源技术。同时，能源的来源也可能发生转变，从化石燃料转向那些可能会降低碳排放量的能源。如此一来，增长受到的环境限制就不会有那么大的约束性。

184

但是，发展可持续的清洁能源从长远的角度来看会对经济增长的模式造成一种重大的挑战。在考虑这个两难的局面时，历史也帮不上什么忙。尽管工业革命改变了生产的可能性和社会关系，但那是建立在向化石燃料能源转变的基础上的。

发展中国家在世界经济中的重要性所发生的变化从 1950 年开始，在 1980 年之后积蓄势能，并开始逐渐削弱领先的工业化国家所享有的经济主导权和政治霸权。这种重要性在 90 年代苏联和东欧的共产主义政权解体之后得到进一步加强，但是在 2008 年经济危机的余波之后却开始减弱。从过去可以得出一个很重要的经验教训。占据统治地位的国家很不愿意将经济或者政治发展空间割让给后进者。所以，新的经济生产中心和新的政治权力中心的出现在政治经济学的角度确实对这些霸权势力产生了深远的影响。这种过程总是非常缓慢，当前的态势又表现出一种断层，因为亚洲，特别是中国的复兴在世界经济的大环境中还不够突出，至少到目前为止还不足以打破既有的霸权格局。但是变化已经开始，霸权已经被可察觉地逐步削弱。事实上，这种现象并不简单，而是要复杂一些，并且会在很长一段时间内都是如此。这一过程的持续以及结果都是无法预测的。即便如此，还是可以进行思考，或者去推测一下未来可能出现的场景。

最重要的是要注意到，发展中国家在世界中的重要性不仅仅是由经济领域的表现所决定，也有政治领域的因素。它们在世界经济中逐渐凸显出来的重要性一部分可以归因于它们在世界总人口和总收入中所占的比重，另一部分可以归因于它们在国际贸易、国际投资和国际人口迁移当中的参与程度。在经济领域，它们在未来潜在的重要性超过了它们目前的重要性。在政治领域，它们的重要性在目前这个时机更为明显，部分可以归因于它们的人口规模（年轻人而非老年人的人口总数），部分还归因于它们在地理空间上的规模。21 世纪的头十年告一段落，这也许会是一个转折点。所以一种讲得通但很难证实的观点就是，这是代表世界经济和政治权力的平衡发生重大转变的开始。

历史也许不会重复，但是从历史中学习经验是非常明智的。19 世纪早期在世界经济中是一个转折点。亚洲在世界经济中压倒性的重要地位发生扭转。同时，欧洲，特别是英国逐渐在世界中占据主导地位。20 世纪早期是第二个转折点。英国主导世界的时代告一段落。同时，美国崛起并主导世界。追赶和转变的过程延续了半个世纪。21 世纪早期也许代表了一个类似的转折，美国主导世界的时代可能会走向终结。北美洲和西欧之外的国家的崛起，特别是亚洲的那些蓬勃发展的经济体，也包括发展中国家世界中其他大洲的国家，一起构成了一种惊人的转变力量。亚洲的崛起和西欧的衰退，在相对而非绝对的意义上来说是可以察觉的。当与亚洲和西欧过去的历史进行对比的时候，这种逐渐显现出来的状况就多了一丝讽刺意味。

50 年后的世界很可能是多极化的世界，任何国家都不会有绝对的主导地位。当然，对于未来"未来十四地"是否能继续崛起，那些紧随其后的国家以及作为一个整体的发展中国家世界的发展状况，都是没有办法进行预测的，更谈不上预测的确定性。很大程度上，一切取决于发展中国家能否转变为包容性的社会，即经济增长、人口发展和社会进步能够同时进行。这种追赶和转变如果能够实现，将延续至少半个世纪甚至更久。权力平衡的转变已经可以被察觉。过去也可能成为对未来的指示。

附录：数据来源及其注释

第 2 章

表 2.1 至表 2.5，图 2.1 至图 2.2

这些表格和图表建立在麦迪森根据 GDP 总量和人口总数所收集的历史数据之上，之前已经发表在一些专题论文或者学术著作里了（1995年，2001年，2003年和2007年），但是一直在随着时间的推移不断进行修订。包含了历次修订的完整数据序列可以在麦迪森的在线数据库中找到（网址：http://www.ggdc.net.MADDISON/oriindex.htm）。在表格和图表当中体现出来的数据就是作者通过对这个在线数据库当中的数据进行计算而得出的。GDP 总量和人均 GDP 都是按照 1990 年国际美元的标准，并参考了购买力平价来进行测算的。国家组的组成如下所列。西欧包括安道尔公国、奥地利、比利时、塞浦路斯、丹麦、法罗群岛、芬兰、法国、德国、直布罗陀、希腊、格陵兰、根西岛、冰岛、爱尔兰、马恩岛、意大利、泽西岛、列支敦士登、卢森堡、马耳他、摩纳哥、荷兰、挪威、葡萄牙、圣马力诺共和国、西班牙、瑞典、瑞士和英国。西海岸分支国家包括美国、加拿大、澳大利亚和新西兰。东欧包括阿尔巴尼亚、保加利亚、捷克斯洛伐克（现在的捷克共和国与斯洛伐克）、匈牙利、波兰、罗马尼亚和南斯拉夫。俄罗斯地区包括亚美尼亚、阿塞拜疆、白俄罗斯、爱沙尼亚、格鲁吉亚、哈萨克斯坦、吉尔吉斯斯坦、拉脱维亚、立陶宛、摩尔多瓦、俄罗斯联邦、塔吉克斯坦、土库曼斯坦、乌克兰和乌兹别克斯坦。"西方国家"包括西欧国家、西海岸分支国家、东欧国家、俄罗斯和日本。"其他国家"包括非洲、亚洲（除日本以外）和拉丁美洲国家。

表 2.1 和表 2.3

在 1000 年、1500 年、1600 年和 1700 年：

在对人口的估测当中，所包含的区域与国家如下所列。亚洲不包括日本（对日本有单独的估算），包括中国、印度、印度尼西亚、伊朗、伊拉克和土耳其，对该区域的其他国家也进行了残量估测。非洲包括阿尔及利亚、埃及、埃塞俄比亚、利比亚、马达加斯加、摩洛哥、莫桑比克、索马里、南非、苏丹和突尼斯，对该区域的其他国家也进行了残量估测。拉丁美洲包括巴西、墨西哥和秘鲁，对该区域的其他国家也进行了残量估测。这种覆盖几乎涵盖了全部的西欧国家（30 个国家）、西海岸分支国家（4 个国家）和东欧国家（7 个国家）。俄罗斯地区则是被当作一个整体区域来估测的。

在对 GDP 的估测当中，所包含的区域与国家如下所列。亚洲不包括日本（对日本有单独的估算），包括中国、印度、印度尼西亚、韩国、伊朗、伊拉克和土耳其，对该区域的其他国家也进行了残量估测。非洲包括埃及和摩洛哥，对该区域的其他国家也进行了残量估测。拉丁美洲包括巴西和墨西哥，对该区域的其他国家也进行了残量估测。东欧和俄罗斯地区的国家则是被当作一个整体区域来估测的。但是，对西欧国家（30 个国家）和西海岸分支国家（4 个国家）的覆盖是全面的。

在 1820 年：

对西欧国家、西海岸分支国家、东欧国家、俄罗斯地区和日本的覆盖基本上和之前的年份一致。但是，对其他三个地区的估测与早年相比要详细得多。在对人口的估测当中，囊括了亚洲的 55 个国家、非洲的 11 个国家以及拉丁美洲的 44 个国家，对该区域的其他国家也进行了残量估测。在对 GDP 的估测当中，囊括了亚洲的 47 个国家、非洲的 6 个国家和拉丁美洲的 26 个国家，对该区域的其他国家也进行了残量估测。

表 2.2

在该表格对人口和 GDP 的估测当中，按照每个区域所囊括的国家数量来算，1870 年和 1913 年的覆盖面几乎和 1820 年的覆盖面一致（前文已明确说明）。对于亚洲、非洲和拉丁美洲而言，在 1900 年和 1940 年的覆盖面要小一点，但是 1950 年时的覆盖面又相对大了一些。

表 2.6

在该表格中，对制造生产总量的估算建立在对不同部门实物产出总量的估测之上，是三到五年之间的平均值，经过在一个特定国家的每个部门的加权计算，这样就得出了各个国家和国家组的综合指数，以英国 1900 年的工业总产量作为基数。

表 2.7

该表格建立在一份未发表的论文的基础之上，论文名为 "1900—1960 年的国际贸易数据"，是由联合国统计局在 1962 年 5 月撰写的。在联合国数据统计网站（unstats.un.org）上可以看到这篇文章。该表格中对亚洲、非洲和拉丁美洲的出口与进口总量的计算包括如下国家组或者地区：拉丁美洲的美元区、拉丁美洲的非美元区、缅甸、锡兰、印度、巴基斯坦、中东地区、"其他国家"、"其他中东国家"、中国大陆、印度尼西亚、柬埔寨、老挝、越南和其他"远东国家"。对发展中国家世界的覆盖很明显还不完整，但是也足以提供一个合情合理的大概推算。本表中所包括的所有国家和地区的出口总额在 1953 年时为 1890.2 万美元。联合国发布的完整的国际贸易数据显示，所有发展中国家的出口总额在 1953 年时为 2334.5 万美元。

第 4 章
表 4.1 至表 4.2，图 4.1 至图 4.3

这些表格和图表建立在从麦迪森在线数据库中获得的历史数据之上。在表格和图表当中体现出来的数据就是作者通过对这个在线数据库当中的数据进行计算而得出的。GDP 总量和人均 GDP 都是按照 1990 年国际美元的标准，并参考了购买力平价来进行测算的。发展中国家组包括非洲国家、除了日本以外的亚洲国家和地区，以及除了加勒比地区以外的拉丁美洲国家。工业化国家组包括如下国家和地区：(a) 西欧（安道尔公国、奥地利、比利时、塞浦路斯、丹麦、法罗群岛、芬兰、法国、德国、直布罗陀、希腊、格陵兰岛、根西岛、冰岛、爱尔兰、马恩岛、意大利、泽西岛、列支敦士登、卢森堡、马耳他、摩纳哥、荷兰、挪威、葡萄牙、圣马力诺共和国、西班牙、瑞典、瑞士和英国）；(b) 北美（加拿大和美国）；(c) 大洋洲（澳大利亚和新西兰）；(d) 日本。东欧和俄罗斯地区主要包括之前都是执行计划经济、现在变成转轨经济的欧洲国家 [阿尔巴尼亚、保加利亚、捷克斯洛伐克（现在的捷克共和国与斯洛伐克）、匈牙利、波兰、罗马尼亚、南斯拉夫（现在的波斯尼亚、黑塞哥维那、克罗地亚、马其顿、黑山共和国、塞尔维亚和斯洛文尼亚），以及俄罗斯地区的国家（亚美尼亚、阿塞拜疆、白俄罗斯、爱沙尼亚、格鲁吉亚、哈萨克斯坦、吉尔吉斯斯坦、拉脱维亚、立陶宛、摩尔多瓦、俄罗斯联邦、塔吉克斯坦、土库曼斯坦、乌克兰和乌兹别克斯坦）]。这些表格和图表当中由非洲、亚洲和拉丁美洲国家组成的"发展中国家"正好和第 2 章中描述的"其他国家"相对应。但是，第 2 章所提到的"西方国家"这个概念已不再使用。现在这个组已经分解成了两个国家组：(i)"工业化国家"组，这些图表和表格以及本书其他部分里所提及的工业化国家包括北美洲国家、西欧国家、日本和大洋洲国家；(ii)"东欧和俄罗斯地区的国家"组，包括之前执行计划经济、现在变成转轨经济的欧洲国家。

表 4.4 至表 4.5，图 4.4 至图 4.6

这些图表和表格建立在联合国贸易和发展会议所公布的联合国国民经济核算数据的基础之上。发展中国家由非洲国家、除日本之外的亚洲国家和地区，以及除加勒比地区之外的拉丁美洲国家组成。工业化国家由北美国家、西欧国家、日本和大洋洲国家组成。东欧和俄罗斯地区的国家由之前执行计划经济、现在变成转轨经济的欧洲国家组成。GDP 总量和人均 GDP 数据都是基于按市场汇率标准和当年价格换算的美元标准。表格和图表中呈现的数据都是建立在作者的计算之上。

表 4.6 和表 4.7

按照 1990 年国际美元标准，并参考了购买力平价来进行测算的 GDP 总量和人均 GDP 数据都是从麦迪森在线数据库获得的。联合国基于 1990 年国际美元标准统计的 GDP 总量和人均 GDP 数据则是从联合国统计局下面的国民核算总量数据库获得的，人口数据则是来自纽约经济和社会事务部下的人口司 2008 年修订版的《全球人口发展报告》。

麦迪森和联合国收集的 GDP 总量和人均 GDP 数据严格来说没有办法
进行比较。这些表格中的数据覆盖了 129 个国家，其中 21 个是工业化
国家（经济合作与发展组织最早的成员国），108 个是发展中国家。表
格中每个时间段的年均增长率都是按照相应时间段里的年增长率进行
的几何计算。

表 4.8

联合国基于 1990 年国际美元和 2005 年国际美元标准统计出来的
GDP 总量和人均 GDP 数据都和前面提到的表 4.6、表 4.7 一样，出自
同一来源。从 2008 年开始统计的 GDP 总量和人均 GDP 数据都是基于
2005 年国际美元的基础之上。在 1990 年国际美元和 2005 年国际美元
基础上计算出的 2001—2008 年的年均增长率都是按照相应时间段的年
增长率进行的几何计算。这两套图表几乎是一样的，所以这两组数据
可以进行比较。2008 年、2009 年、2010 年和 2011 年的增长率都是用
其在当年的年增长率除以前一年的年增长率。

第 5 章
表 5.6

这张表格中的跨国兼并和并购所涉及的买进和卖出数据都是根据
如下净额基准进行的计算。销售额是指东道主国把公司卖给外国跨国
企业的销售额减去外国子公司在东道主国的销售额。购买额是指国内
的跨国企业在国外收购企业的购买额减去国内跨国企业的外国子公司
在国外的购买额。数据仅包括那些购买股份额超过 10% 的交易。数据
指的是所购得公司所在的国家或地区的净销售额，以及最终购得该公
司的国家或地区的净购买额。

第 6 章

表 6.3 至表 6.4，图 6.1

这些表格和图表建立在联合国的数据资料之上。以不变价格为标准，制造业增加值的数据：(a) 1960 至 1980 年的数据以 1975 年的当年价格为标准，来源于联合国工业发展组织（1981）；(b) 1975 至 1991 年的数据以 1980 年的当年价格为标准，来源于联合国工业发展组织的《国际工业统计年鉴，1995—1997 年》；(c) 1990 至 2010 年的数据以 2000 年的当年价格为标准，来源于维也纳的联合国秘书处。1970 至 2010 年在当年价格标准下的制造业增加值数据来自联合国贸易与发展会议，建立在联合国的国民经济核算数据基础上。表格和图表中以不变价格为基础为这三个组算出的百分比是分别根据 1975 年、1980 年和 2000 年的美元标准进行计算的。对于以当年价格为标准的序列，百分比是根据当年的美元标准以及当年的市场汇率来计算的。类似的，在表 6.4 当中，亚洲、非洲和拉丁美洲的制造业增加值数据被分解开来，百分比是根据市场汇率下的当年国际美元标准进行计算的。

表 6.5 至表 6.6，图 6.2

在当年价格和汇率标准下，用国际美元算出的加工制造业出口总量：(a) 从 1960 至 1999 年的数据，来自联合国不同年份刊发的《国际贸易统计年鉴》；(b) 从 2000 至 2010 年的数据，来自联合国工业发展组织的统计数据。在这张表中，加工制成品被定义为国际贸易标准分类当中第 5 部门（未另列明的化学品和有关产品）、第 6 部门（主要按原料分类的制成品）、第 7 部门（机械及运输设备）和第 8 部门（杂项制品）的总和，出口总量的数据来自联合国的《国际贸易统计年鉴》。

这是对加工制成品最完整的定义。对加工制成品更为常见的定义就是除了第 68 类（有色金属）之外第 5 部门到第 8 部门的总和。这里没有使用这种定义，是因为在 1950—1980 年，国际贸易统计数据在各个国家层面进行了这样的统计，但没有对国家组或者各个区域进行这种统计。但是，在联合国贸易与发展会议的统计数据当中，加工制成品被定义成除了第 68 类（有色金属）和第 667 类（已加工或未加工的珍珠、宝石和半宝石）之外第 5 部门到第 8 部门的总和。第 68 类已经被加到联合国贸易和发展会议对加工制造业出口总量的统计数据当中。第 667 类的出口总量非常小，与加工制成品出口总值相比，几乎可以忽略不计。这就使得两组数据可以进行几乎完全契合的对比。这些表格和图表中使用到的百分比数据是根据当年市场汇率和当年价格下的国际美元来进行计算的。在图 6.2 当中，在当年价格标准下，发展中国家在世界制造业增加值总量中所占的比重即为图 6.1 中计算出来的数据。

第 7 章
表 7.1

这张表是根据联合国发布的数据整合起来的。人口数据来自联合国经济和社会事务部下面的人口司公布的《世界人口发展报告》。"未来十四地"在世界总人口中所占的百分比是根据以百万为单位的绝对数值来进行计算的。表格中其他列的百分比是根据"未来十四地"和发展中国家世界作为一个整体的标准来进行计算的。在当年价格和当前市场汇率标准下得出的 GDP 总量的数据和制造业增加值的数据来自联合国贸易和发展会议给出的国民经济核算数据。在当年价格和当前市场汇率标准下得出的进出口总量数据同样来自联合国贸易和发展会议公布的数据。由第 5、6、7、8 部门定义的加工制造业出口总量数据

来自联合国 1970 至 1995 年间的《国际贸易统计年鉴》和 2000 至 2010
年间联合国贸易和发展会议公布的数据。外国直接投资的内外存量数
据来自联合国贸易和发展会议的外国直接投资在线数据库。在当年价
格和当前市场汇率标准下得出的移民汇款的数据由联合国贸易和发展
会议根据国际货币基金组织的《国际收支统计》、世界银行的《移民发
展简报》、经济学人智库、国家数据和其他数据来源整理而来。外汇储
备数据来自国际货币基金组织的《国际金融统计》。

表 7.2 和图 7.1

该表格和图表的数据来自作者对联合国贸易和发展会议公布的联
合国国民经济核算数据进行计算后的结果。

图 7.2 和图 7.3

在当年价格和当前市场汇率标准下，人均 GDP 的数据来自联合国
贸易和发展会议公布的联合国国民经济核算数据。按照 1990 年国际美
元标准计算的人均 GDP 数据来自麦迪森在线数据库。百分比是根据每
个所选择国家与工业化国家人口加权平均后的人均 GDP 作比而计算出
来的。

第 8 章

表 8.2、图 8.2、图 8.3

该表格和图表的数据是根据联合国贸易和发展会议公布的联合国
国民经济核算数据而得出的。在当年价格和当前市场汇率标准下计算
出的"未来十四地"（在图 8.3 中将 14 个国家分解成了两个组，但计算
方法是一样的）和"其他发展中国家"的人均 GDP 数据都是根据 GDP

总量和总人口的平均值计算出来的。最新的 2010 年使用的数据是根据
当时所公布的数字整理出来的，但是这些数据在未来一段时间还会发
生变化，因为国民核算数据也会不断更新修正。

表 8.4

　　这张表中每一列的标题分别是 1980 年左右、1990 年左右、2000
年左右和 2005 年左右，因为不是所有的国家都一定有一些特定年份的
基尼系数，所以只能选择尽可能接近年份的数据。在 1980 年左右这一
列，马来西亚的数据其实是 1979 年的，巴西、埃及和中国台湾地区
的数据是 1981 年的，印度和土耳其的数据是 1983 年的，墨西哥的数
据是 1984 年的。在 1990 年左右这一列，土耳其的数据是 1987 年的，
马来西亚和墨西哥的数据是 1989 年的，埃及的数据是 1991 年的。在
2000 年左右这一列，南非的数据是 1997 年的，韩国的数据是 1998 年的，
印度和印度尼西亚的数据是 1999 年的，巴西的数据是 2001 年的，土
耳其的数据是 2002 年的。在 2005 年左右这一列，泰国的数据是 2002
年的，中国、埃及、印度和马来西亚的数据是 2004 年的，智利、韩国
和土耳其的数据是 2006 年的，南非的数据是 2008 年的。埃及的数据中，
1980 年左右的数据只统计了其乡村地区的情况。本表格中的基尼系数
主要依据对域内有代表性的家庭进行的调查，阿根廷除外，它的样本
来自域内 28 个最大的城市。阿根廷、巴西、智利、中国、马来西亚、
墨西哥、南非、韩国、中国台湾地区和土耳其的基尼系数是以人均可
支配收入为依据的，而埃及、印度、印度尼西亚和泰国的基尼系数则
是以人均支出为依据的。

注 释

第 2 章

［1］麦迪森采用的是国际美元标准，这种方法对于针对很长一段时间内许多国家之间进行的比对是很恰当的。这种方法更倾向于"多边"而非"二元论"，并且会根据 GDP 总量的大小给不同国家进行相应的加权，这也就使得对比具有可传递性，同时排除了其他一些期望性质。克拉维斯、赫斯顿和萨默斯都采用过这种方法（1978 年）。麦迪森估测将 1990 年当作基准年，提供了 GDP 总量测算的跨空间与跨时间角度。如此一来，货币兑换率计价标准就被定为 1990 年的国际美元。如果需要参考更详细的讨论，请看麦迪森线上数据库（2003 年）。

［2］在麦迪森的估测数据中，西欧和西海岸分支国家并不包括东欧国家和日本，它们被贝罗奇的测算涵盖在内，并被称为"发达经济体"。麦迪森数据对拉丁美洲、非洲和亚洲分别进行了估测，但是贝罗奇却将这三个大洲合在一起进行测算。这里有必要提及一下后一种差别。根据表 2.4 呈现的数据进行的计算表明，拉丁美洲、非洲和亚洲的人均 GDP 加起来，与西欧和西海岸分支国家的人均 GDP 作比，1820 年占其 47.3%，1870 年下降到占比 26.7%，1900 年下降到占比 20.1%，1913 年下降到 17.9%，1940 年下降到 16.4%，1950 年下降到了占比仅 13.6%。

［3］这些数据包括该区域内几乎所有但并非全部的国家，因为贸易数据的公布和覆盖范围都不完整，特别是非洲在 20 世纪上半叶时的数据。同样

的几组数据表明，1953年时，这些国家的出口总量是1890.2万美元。联合国公布的国际贸易数据是完整的，其中发展中国家在1953年时的出口总值为2334.5万美元。如此一来，就可以合情合理地推断表2.7中的数据提供了一个很好的估计值。

［4］这个百分比是根据当年价格和当前市场汇率标准下以百万美元为单位的商品出口总值所计算出来的，即麦迪森数据公布的1870年、以42个国家为样本的数据资料（1995年，第234—235页）。这个样本包括了7个拉丁美洲国家、6个亚洲国家、4个非洲国家、13个西欧国家、4个西海岸分支国家、4个南欧国家和4个东欧国家。

［5］麦迪森(1989年)曾经估测过，在1900年，以1980年的当年价格为标准，亚洲、非洲和拉丁美洲的外国资本存量为1083亿美元（第30页），而亚洲和拉丁美洲所选出来的15个国家的GDP总量为3388亿美元（第113页）。

第3章

［1］几乎毫无疑问，欧洲刚刚开始进行航海大发现的时候，中国人早就熟知了印度、阿拉伯和东非的海岸线，所以他们的航海知识更为领先。莫里斯（2010年）报道说，在1405年，郑和从南京出海航行到了现在的斯里兰卡，他手下共有27000名船员，其中包括180位大夫和药师，还有300艘船舰、装满饮用水的运载船舰、复杂精细的旗语、指南针、有关印度洋信息的21英尺长的海图。与之形成鲜明对比的是，哥伦布在1492年从加的斯出海的时候，他只有3艘船和90名船员，没有装载饮用水的专门船只、没有真正的医生、没有海图，他所拥有的最大船只的船体吃水量只有郑和麾下船只吃水量的三十分之一。

［2］欧洲的奴隶贸易对阿拉伯人管理的国家几乎没有造成任何影响，因为伊斯兰世界的奴隶贸易也在这同一时期开展。

［3］这种对比从芬德利和奥罗克的一段描述很明确的文字中（2007 年，第 355 页）清晰体现出来："奥斯曼帝国、萨非王朝和莫卧儿帝国，以及中国的清朝并不仅仅是只代表了一个暴君意志的暴政，而是在多民族国家的一系列复杂运作，远远要比哈布斯堡王朝复杂得多。这四个政权都有令人生畏的军事机构，靠生产率较高的农业经济来维持，也受到内部和外部商业活动的影响，而这些在 18 世纪之前都没有受到西方侵略势力的影响。"

［4］对 1820—1950 年拉丁美洲经济发展的讨论，包括对潜在因素系统性的分析，请见贝尔托拉（Bertola）和奥坎波（2012）的研究。

［5］要想了解文化为什么没有办法为当今世界上依然存在的不发达提供解释，请参见张夏准（2007 年 a）的观点。

第 4 章

［1］有必要注意的是，表 4.1 中列出来的由非洲、亚洲和拉丁美洲国家组成的"发展中国家"组和表 2.2 当中所描述的"其他国家"组完全对应。但是，表 2.2 中被定义为"西方国家"的国家组却不再被使用，而是又分解成了两个国家组。表 4.1 中的"工业化国家"组，以及书中其他章节里所提到的工业化国家，都是由北美洲、西欧、日本和大洋洲国家组成的，并且与表 2.2 中的西欧国家、西海岸分支国家和日本相对应。"东欧和俄罗斯地区"国家组在表 2.2 和表 4.1 当中都是代表的同一群国家。

［2］非常有必要注意的一点是，在 1950 年，表 4.2 中的人均 GDP 比例数据和对应的表 2.4 中的数据不一样。这是因为两张表的分母不同。在表 4.2 里，分母是由北美洲、西欧、日本和大洋洲国家组成的工业化国家的人均 GDP。在表 2.4 里，分母是西欧和西海岸分支国家的人均 GDP，这些国家包括北美洲国家和大洋洲国家，但是不包括日本。如果想要针对 20 世纪后半叶以及在此之后的追赶进行研究，很有必要也应该把日本归入工业化国家。

　　［3］从原则上来说，这可能会对在第 2 章用过的麦迪森估测数据带来一些问题。但是从实际出发，并不会有问题。原因有三个。第一，麦迪森所采用的国际美元的算法是根据购买力平价而进行的更为复杂的全球性对比，因为它会根据国家 GDP 总量的大小对不同的国家进行相应的加权。第二，"多边"而不是"二元"的获取结果的方法使得比较更具有传递性，并且能显示出其他所需特质。第三，在各种情况下，在 1950 年之前，文中所提到的有可能出现的歪曲其出现的可能性都是最小的。如果要进行更详尽的讨论，请参见麦迪森数据（2003 年，第 227—230 页）。在这种背景下，非常重要的一点就是要注意到几乎没有其他的对 1950 年之前情况的估测，现在所存在的极少数据也都很片面或者不完整。对于 1950 年之后的这一时期，本章中所进行的全球性对比同样使用了在市场价格和市场汇率标准下，以国民经济核算数据为参考的 GDP 和人均 GDP 数据。

　　［4］要了解有关金融危机和大萧条对发展中国家整体的影响没有那么严峻，后者的恢复也更加迅速的分析，请参见纳亚尔（2011 年）的分析。

第 5 章

　　［1］关于贸易和工业化这个课题有海量的研究文献。比如赫莱纳（1992 年）和纳亚尔（1997 年）的研究。关于开放性、工业化和发展的观念的转变成为 20 世纪下半叶之后发展中国家世界政策体制的转折点。要看这方面的分析，参见纳亚尔（2008 年 b）的分析。

　　［2］该处引用的 20 世纪早期的部分是从第 2 章移过来的，而对于本段中所引用的 21 世纪早期的部分则是根据联合国贸易和发展会议的外国直接投资在线数据库当中的数据计算而来的。需要说明的是，需要谨慎解读这些根据地理区划和行业部门组成所计算出来的数据，因为数据覆盖面并不完整，世界总量也只是根据那些在世界经济总存量和总流量中占到五分之

四的 80 至 100 个国家的数据而得来的。但是这些数据确实能够提供一个大概的范围和简况。

［3］作者对国际人口迁移对经济发展水平可能会带来的潜在后果在别的地方进行了详细的阐述（纳亚尔，2002 年和 2008 年）。在这之后的讨论主要就是根据前期的研究而来的。

［4］很有意思的是，这代表了在历史上的早些阶段，从母国到殖民地的反向移民，尽管当时的规模要更小一些，主要是英国人向印度和加勒比海沿岸移民、法国人向阿尔及利亚和越南移民、荷兰向印度尼西亚和苏里南移民。

［5］很长一段时间以来，马来西亚都是依靠来自印度尼西亚的工人来发展农业和种植业。在 20 世纪 90 年代和 21 世纪头十年，韩国、新加坡，中国台湾和香港地区也开始成为劳务移民的目的地。

［6］本段当中所用到的证据主要是根据发展中国家移民汇款与 GDP 总量、援助净流入量和外国直接投资内流量在一段时间内进行的比较，数据来源在本章中已有说明。由于篇幅有限，这些段落就不再在这里重复说明。

［7］一开始看，这样的提议可能会自相矛盾，因为从核算的角度来讲，国民收入核算当中，储蓄量应该会有相应的增长，但是出现增长的是国民储蓄总量而非国内储蓄总量，而经济将能够实现投资超过国内储蓄的情况。

第 6 章

［1］工业化中的后进国家实现了结构性变化和经济发展，在这种更为广泛的背景之下，要看对服务业的详细探讨，特别是专门讲到印度经验的，请参见纳亚尔（2012 年）。

［2］这 57 个国家被分成了 12 个国家组：东亚、东南亚、中国、南亚、主要来自拉丁美洲的半工业化国家以及南非和土耳其、较小的安第斯山麓国家、中美洲和加勒比海沿岸国家、撒哈拉沙漠以南"具有代表性的"和"其

他"国家、中东和北非、东欧、以俄罗斯和乌克兰为代表的俄罗斯地区。作者研究了在这一程度的分解下，在 21 世纪最后的 30 年里，根据这些国家人均 GDP 的年增长率和就业组成中的结构性变化，区分出了那些保持持续增长的国家组（特别是亚洲）、增长缓慢的国家组（半工业化国家、中美洲和加勒比海沿岸国家、中东和北非、东欧）和增长停滞的国家组（安第斯山麓国家、非洲和俄罗斯地区）。

［3］麦克米兰和罗德里克（2011 年）进一步将此观点推进，认为在 1990—2005 年，在部分拉丁美洲和撒哈拉以南非洲国家，结构性变化削弱了增长的幅度，因为初级产品在出口中所占的大比例限制了有可能会提高生产率的结构性变化。

［4］在这样的环境之下，很重要的一点就是要意识到在某一部门或者整个经济当中，就业增长是可能实现的，只要人均生产总量的增长率大于生产率的增长。

［5］这是建立在一系列分析七个国家工业化经验的学术研究之上的。这种批评理论在后来被克鲁格（Krueger, 1978 年）和巴格沃蒂（Bhagwati, 1978 年）认可，并进行了进一步的研究。

［6］威廉姆森（1994 年）也许是第一个使用"华盛顿共识"这个概念来描述这一套政策的人，这一共识是由世界银行和国际货币基金组织共同提议的，这些机构的总部都在华盛顿。这些政策成为它们向发展中国家提供贷款时所要求对方必备的条件。

［7］在有关贸易和工业化的一篇讨论文章中，这一提议由迪亚兹－亚历杭德罗（Diaz-Alejandro, 1975 年，第 96 页）最为简洁明了地提出："在有关贸易和发展的文献中，很长一段时间以来，至少要追溯到约翰·斯图尔特·密尔的年代，对自由贸易——特别是涉及谨慎的假设和告诫时——要求要有严谨规范的证明，而大部分的主流专业人士都有一种冲动的热情，去在任何时间、任何

地点提倡在静态和动态领域都实现自由或者更加自由的贸易政策，这两者之间存在一种显著的差异。"请参见克鲁格曼（Krugman，1987 年）和纳亚尔（1996年）的文章。

［8］在有关亚洲四小虎——新加坡、韩国，中国台湾和香港地区——的发展经验的文献中，李（1981 年）是最先强调这种局限性的学者之一。在后来阿姆斯登（1989 年）、韦德（1990 年）和张夏准（1996 年）的文章中也广泛认同了这一点，这样就以严谨的研究为基础，提供了系统化的证明，来驳斥新经典主义对东亚奇迹的解读。

［9］比如，可参见帕克和韦斯特法尔（Pack and Westphal，1986 年），拉尔（1987 年），达尔曼，罗斯-拉松和韦斯特法尔（Dahlman，Ross-Larsson，Westphal，1987 年），阿姆斯登（1989 年），拉尔（1990 年）以及贝尔和帕维特（Bell and Pavitt，1993 年）。

［10］在一篇涉及贸易政策和技术效率之间关系的分析文章中，罗德里克（1992 年，第 172 页）得出了以下结论。"用广告业的真相原则来描述政策建议，那么每一份开给贸易自由的药方上都会注上免责声明：警告！贸易自由化并没有体现出能够提升技术效率；在历史上也没有记载过它可以做到这一点。"

［11］要想看一份有关此论点的完整且令人信服的论证，参见阿姆斯登（2001 年）的文章。在早期的著述中，拉尔（1987 年和 1990 年）也发展了类似的相关概念。同样，可也参见张夏准（2002 年）的文章。

［12］在这个话题上有越来越多的研究文献。比如，可参见芬斯特拉（Feenstra，1998 年），汉弗莱和施密茨（Humphrey and Schmitz，2002 年），格雷菲（Greffi）、汉弗莱和斯特根（2005 年）的观点。同样可参考拉尔（2000年）和卡普林斯基（2005 年）的观点。

［13］据估测，加工制造中间产品在世界加工制造业出口总量中所占的

比重从 1962 年的 71% 下降到了 1993 年的 52%，并且一直稳定在这一水平，直到 21 世纪早期之后才又稍微增长了一点。最终产品、消费品和资本货物加起来在世界加工制造业出口总量中所占的比重也出现了相应的增长（斯特根和梅美多维奇，2011 年）。

［14］在 1988—2006 年，中间产品在贸易总量（包括出口和进口）中所占的比重发生变化，在衣服和鞋类商品中所占的比重从 39% 下降到了 28%，但是在电子产品贸易总量中的占比从 43% 增长到了 55%，在机动车和摩托车贸易总量中占比从 43% 增长到了 47%（斯特根和梅美多维奇，2011 年，第 23 页）。

第 7 章

［1］例如，在 2010 年，作为发展中国家总量当中的一个部分，香港在总人口中的占比为 0.15%，在发展中国家制造业增加值总量中所占的比重是 0.1%，尽管它在 GDP 总量当中的占比达到了 1.1%。这些占比在 1970 年的时候还要更低。在 2010 年，新加坡在发展中国家总人口中所占的比例为 0.1%，而它在发展中国家世界制造业增加值总量和 GDP 总量中的占比均为 1% 左右。这些比重在 1970 年的时候也要明显低得多。本注释中所提及的占比在计算时所依据的资料来源同表 7.1。

［2］一些区域性的划分也包括了中东的土耳其和北非国家，相当于包括了西亚和北非在内。但是，在本研究当中所使用的分类只在发展中国家世界区分出了三个地区：亚洲、非洲和拉丁美洲，其中拉丁美洲包括加勒比海沿岸国家在内。联合国的统计数据使用的是同样的分类，其中也包括了亚洲的土耳其。所以，在这本书里，土耳其被视作亚洲的一部分，这在地理上讲也是合情合理的，因为土耳其就位于亚洲和欧洲的交界之处。

［3］一些区域划分包括了中东的埃及和北非。但是，考虑到前面已经解

释过的本书当中使用的分类，埃及被视为非洲的一部分。从地理上大洲的划分来看，在组成发展中国家世界的几个大洲当中，埃及就属于非洲，正如土耳其属于亚洲。

　　［4］作为发展中国家总量当中的一个部分，在1970—2010年，中国香港地区和新加坡合在一起，在出口总量中所占的比重从6.8%增长到了11.8%，在进口总量中所占的比重从8.8%增长到了12.4%（计算时所依据的资料来源同表7.1）。如此一来，在这一段时间里，"未来十四地"加上这两个城市和小国，在发展中国家出口总量中所占的比重从77%下降到了74%，而它们在进口总量中所占的比重则从50%增长到了76%。

　　［5］这些百分数都是根据联合国贸易和发展会议的在线数据库中外国直接投资数据计算而来的。对于那些所选国家，在2006—2010年，外国直接投资内流量为年均2610亿美元，外流量为年均1350亿美元。段落后面提及的跨国兼并和收购所占的比重、净销售和净购买总额所占的比重都是根据联合国贸易和发展会议在线数据库中的资料计算出来的。

　　［6］中国香港地区和新加坡合在一起，在发展中国家加工制造业出口总量中所占的比重从1970年的22.9%下降到了2010年的14.8%（计算时所依据的资料来源同表7.1），之所以如此，最根本的还是因为发展中国家世界当中其他一些国家的加工制成品出口开始兴起，并在这一时间段内出现了快速的扩张。即便如此，还是有必要注意到，"未来十四地"和这两个城市及小国加起来，在发展中国家加工制造业出口总量当中所占的比重在1970年就是压倒一切的巨大，占比达到了85%，在2010年这一比重已经达到90%。

　　［7］本段中所用到的2006年加工制造中间产品的世界贸易总额数据，是通过斯特根和梅美多维奇的计算（2011年，第16页）得来的。在同一年，工业化国家（北美洲国家、西欧国家、日本和大洋洲国家）在加工制成品世界贸易总额中所占的比重是56%，东欧国家和独联体加起来所占的比重

为 6%。仅仅是中国香港地区和新加坡加起来，占比就达到了 7%。还有没被写出来的一些剩余部分，因为这个资料来源只提供了各种贸易中排前 50位的国家和地区的数据。

［8］这些百分数所依据的资料来源同表 6.3。

［9］本段中所引用的"未来十四地"中进一步细分的国家组在发展中国家总人口和 GDP 总量中所占的比重在计算时所依据的资料来源同表 7.1。

［10］本段中所用到的在"未来十四地"当中进一步细分的国家组在发展中国家世界出口、进口、外国直接投资和移民汇款总量中所占的比重，在计算时所依据的资料来源同表 7.1。

［11］2006 年，这六个国家和地区当中任意一个在加工制成品的世界贸易（包括出口和进口）总额中所占的比重：中国（8.5%），韩国（3%），中国台湾地区（2.6%），墨西哥（2.4%），马来西亚（2.7%），泰国（1.2%）。有必要注意的是，印度和巴西也相差不远，其占比分别达到了 1.2% 和 1%，但是这还不足以使它们在发展中国家世界的加工制成品出口大国中获得一席之地。本处用到的各个国家所占的比重出自斯特根和梅美多维奇的研究（2011年，第 16 页）。

［12］本段所提到的在发展中国家制造业增加值总量中占比排前五位的国家，它们的占比数据计算时所依据的资料来源同表 7.2。

［13］有必要说明在发展中国家制造业增加值总量中占比排前五位的国家各自所占的比重。在 1970 年时，分别为：中国（29.3%），阿根廷（9.7%），墨西哥（7.9%），巴西（7.5%），印度（7%）。在 2010 年时，分别为：中国（45.2%），巴西（6.6%），韩国（6.6%），印度（5.3%），墨西哥（4.2%）。当然，这些国家随着时间的推移，其相对重要性也发生了变化。中国所占比重从 1970 年的 29.3% 一度下降到 1990 年的 17.9%，但是在 20 世纪 90 年代有所回升，到 2000 年时达到了 31.9%，在之后的十年里也增长得非常迅速。这表明一直到

1990 年，其他国家的工业增长率都要比中国高。但是中国的工业增长率在 90 年代中期后来居上，在 21 世纪头十年里又要比其他国家增长得快很多。在 1970—2010 年，阿根廷的占比出现了最大程度的下滑，从占比 9.7% 下降到了 1.6%。中国台湾地区的占比从 1970 年的 1.4% 增长到了 1990 年的 6.3%，但是 2010 年的时候又下降到了 2.7%。南非、智利和埃及的占比也经历了类似的持续下跌，而印度尼西亚、泰国和马来西亚的占比则出现了稳定的增长。

[14] 有关"未来十四地"的工业化经验有非常多的文献。如果在这里对这些多元化的发展经验展开讨论就会偏题。确实，考虑到篇幅有限，即便最重要的参考资料，要是全部引用也会有困难。所以，这个注释提供了一些关于这个话题的参考文献。要想对拉丁美洲的工业化经历进行系统化的分析，参见贝尔托拉和奥坎波（2012 年）的研究。要想对东亚的工业化经历进行系统化的分析，参见韦德（1990 年）和张夏准（2004 年）的研究。还有一些针对某个国家的工业化经历进行研究的文献：阿根廷（迪亚兹-亚历杭德罗，1970 年），巴西 [菲什洛（Fishlow），1972 年；贝尔（Baer），1995 年]，墨西哥 [罗（Ros），1994 年]，印度（纳亚尔，1994 年 b），印度尼西亚 [希尔，1996 年；布斯（Booth），1998 年]，马来西亚 [乔莫（Jomo），1993 年；拉西亚（Rasiah），1995 年]，泰国（拉尔，1998 年），中国台湾地区 [拉尼斯（Ranis），1992 年]，韩国（阿姆斯登，1989 年；张夏准，1996 年）。同样，还可以参见阿姆斯登（2007 年）的研究。阿姆斯登（2001 年）对她称为"其他国家"的 12 个国家进行了进一步区分，在其中又分出了三个国家组：那些有政府资产的（中国、印度、韩国和中国台湾地区），那些有外国参与的（阿根廷、智利、墨西哥、印度尼西亚、马来西亚和泰国）以及那些走了一条二者兼具的道路的（巴西和土耳其）。

[15] 这一占比也许是阿姆斯登所发展出来的有关工业化后进国家的假说的理论基础（2001 年）。她认为，是加工制造经验把这 12 个国家和地区——

阿根廷、巴西、智利、墨西哥、土耳其、中国、印度、印度尼西亚、韩国、中国台湾地区和泰国——区分开来的，她把这些国家和地区称为发展中国家世界当中的"其他国家"，其余的则被称为"剩下的国家"。那些前进和落后国家之间的区别就是 1950 年左右开始的加工制造业经验。她进一步提出，在"其他国家"内部，不同类型的加工制造业经验决定了它们之间的不同。

第 8 章

［1］要想看针对这一问题系统化的分析，包括支持性的证据，参见米拉诺维奇（Milanovic，2005 年）的研究。本段接下来的讨论也是据此展开的。

［2］本段当中提出的比率是根据联合国国民经济核算数据当中根据当年价格和当前汇率算出的人均 GDP 水平计算出来的，同样也参考了麦迪森的在线数据库当中根据 1990 年国际美元水平得出的人均 GDP 水平。

［3］在 1970 年、1990 年和 2010 年，最富裕的国家分别是百慕大岛、瑞士和卢森堡，最贫困的国家分别是老挝、越南和索马里。

［4］在 1970 年、1990 年和 2010 年，最贫困的国家分别是马拉维、乍得和扎伊尔，1970 年最富裕的国家是瑞士，1990 年和 2010 年最富裕的国家都是美国。

［5］工业化国家对于世界各区域之间的不平等产生了很大的影响，以泰尔指数为例，1960 年是 0.61，1980 年是 0.67，2000 年是 0.69，而体现出世界各个区域间不平等的泰尔指数在 1960 年是 0.45，1980 年是 0.51，到了 2000 年又成了 0.45（联合国，2006 年，表 8.1）。在这项分析当中，工业化（发达）国家包括北美洲国家、西欧国家、日本和大洋洲国家。发展中国家世界由以下区域组成：拉丁美洲、非洲、西亚、东亚和南亚（中国、印度、印度尼西亚、菲律宾、韩国、中国台湾地区、泰国、孟加拉国、中国香港地区、马来西亚、缅甸、尼泊尔、巴基斯坦、新加坡和斯里兰卡）以及亚

洲的其他国家。东欧和俄罗斯地区是单独另分的区域。

［6］本段当中提出来的各个区域所占的比率所依据的资料来源同前面注释2中的来源。

［7］本段中用到的最不发达国家的数据来自联合国贸易和发展会议（2011年）的数据库。有一些来自更早些时候联合国贸易和发展会议的年报《最不发达国家年报》。《福布斯》的"世界亿万富翁榜"当中提到，在2010年时，世界上前20位的亿万富翁的净资产就有6340亿美元。在2010年，所有最不发达国家加起来，其GDP总量只有6140亿美元。以购买力平价为标准，最不发达国家人均GDP水平与发展中国家和工业化国家作比，这个数据是根据世界银行的《世界发展指标》计算出来的。

［8］这张表包括了发展中国家世界当中的东欧和中亚国家，因为这是根据世界银行的分类而来，尽管这与整本书当中使用的分类都不一致，因为本书当中的三个区域为亚洲、非洲和拉丁美洲，拉丁美洲也包括加勒比海沿岸国家。东欧和中亚国家贫困人口的数量和占比与整个发展中国家世界的规模相比都非常小，几乎可以忽略不计。

［9］要对21世纪头十年非洲的经济表现进行分析，特别是分析其快速的增长和良好的管理，参见诺曼（Noman），博奇韦（Botchwey），斯坦（Stein）和斯蒂格利茨2012年的研究。

［10］比如，在美国，前1%的人在国民总收入中所占的比重从1980年的8.2%增长到了1990年的13%、2000年的16.5%、2006年的18%，而前0.1%的人在国民总收入中所占的比重从1980年的2.2%增长到了1990年的4.9%、2000年的7.1%、2006年的8%。在英国，前1%的人在国民总收入中所占的比重从1981年的6.7%增长到了1990年的9.8%、2000年的12.7%、2005年的14.3%，而前0.1%的人在国民总收入中所占的比重从1981年的1.5%增长到了1995年的3.1%、2005年的5.2%[阿特金森，皮凯蒂（piketty）和萨

埃（saez），2012 年]。

第 9 章

[1] 这种预测大部分都是针对下分出来的一小组国家而进行的。频繁被引用的高盛研究数据（奥尼尔等，2004 年）试图去预测巴西、俄罗斯、印度和中国（金砖国家）在 2050 年时的 GDP 总量和人均 GDP 水平。更为复杂的罗森（2008 年）的研究则是针对中国和印度进行的。现在，围绕这一主题出现了许多的变化。要对这方面的文献进行讨论，参见纳亚尔（2010 年）的研究。

[2] 要看对这一论点进行的较有说服力的解释，参见张夏准（2010 年）的研究。还有一些研究和证据显示，非洲在 21 世纪头十年里的经济表现提供了让人看到希望而非绝望的理由（诺曼，博奇韦，斯坦和斯蒂格利茨，2012 年）。在这种背景下，有必要注意到的是，在 1951—1980 年，非洲的GDP 增长率与工业化国家的 GDP 增长率一致，这在资本主义发展的黄金时代也算高的，并且并不比亚洲和拉丁美洲的 GDP 增长率低出太多（表 4.6）。类似的，在 2001—2008 年，非洲的 GDP 年均增长率超过了 5%，尽管比亚洲要低，但是要高出拉丁美洲的增长率，并且几乎是工业化国家 GDP 年均增长率的三倍（表 4.7）。

[3] 这一论点和阿马蒂亚·森提出的发展即自由的概念类似。森（1999年）认为发展就是要进一步扩大人们自由的范围，让人们能够自由享受幸福生活、社会机遇和政治权利。这种自由不仅仅是发展主要终止点的组成部分，作为实现发展的关键方法也是非常重要的。

[4] 本段中提出的论点是根据作者早期的著述而得来的。要看在世界经济这个大环境下，针对金融危机和大萧条对发展中国家产生的影响而进行的分析，参见纳亚尔（2011 年）的研究。同样，可参见奥坎波（2011 年）的研究。

要看针对工业化国家发生的金融危机出现的原因和造成的后果进行的分析，参见泰勒（2010年）的研究。

〔5〕针对这一话题有相当多的文献，在这里进行讨论就会离题太远。这个问题一再被强调，是因为出现了复杂的问题和互相驳斥的观点。比如，可参见斯特恩（Stern，2007年）、福利（Foley，2009年），希尔（Heal，2009年）、霍尔（Khor，2010年）和联合国（2011年）的研究。

〔6〕要看针对这一问题的讨论和证据支持，参见罗森（2008年）的研究。

参考文献

Abramovitz, Moses (1986). "Catching Up, Forging Ahead and Falling Behind", *Journal of Economic History*, 46: 385–406.

Acemoglu, Daron, Simon Johnson, and James Robinson (2005). "The Rise of Europe: Atlantic Trade, Institutional Change and Economic Growth", *American Economic Review*, 95: 546–79.

Acemoglu, Daron and James Robinson (2012). *Why Nations Fail: The Origins of Power,Prosperity and Poverty*, New York: Crown Business, Random House.

Allen, Robert C. (2009). *The British Industrial Revolution in Global Perspective*, Cambridge:Cambridge University Press.

Amsden, Alice H. (1989). *Asia's Next Giant: South Korea and Late Industrialization*, New York: Oxford University Press.

Amsden, Alice H. (2001). *The Rise of the Rest: Challenges to the West from Late Industrializing Economies*, New York: Oxford University Press.

Amsden, Alice H. (2007). *Escape from Empire: The Developing World's Journey through Heaven and Hell*, Cambridge, Mass: The MIT Press.

Amsden, Alice H., J. Kochanowicz, and Lance Taylor (eds) (1994). *The Market Meets its Match: Restructuring the Economies of Eastern Europe*, Cambridge, Mass: Harvard University Press.

Arrow, Kenneth J. (1962), "The Economic Implications of Learning by Doing", *Review of Economic Studies*, 29: 155–73.

Atkinson,A.B.(1987). "On the Measurement of Poverty", *Econometrica*, 55: 749–764.

Atkinson, A.B. and François Bourguignon (2001). "Poverty and Inclusion from a World Perspective", in Joseph E. Stiglitz and Pierre-Alain Muet (eds) *Governance, Equity and Global Markets*, Oxford: Oxford University Press.

Atkinson, A.B. and T. Piketty (2007). *Top Incomes over the Twentieth Century: A Contrast between Continental European and English-Speaking*

Countries, Oxford: Oxford University Press.

Atkinson, A.B. and T. Piketty (eds) (2012). *Top Incomes: A Global Perspective*, Oxford:Oxford University Press.

Atkinson, A.B., T. Piketty, and E. Saez (2012). "Top Incomes in the Long Run of History" in A.B. Atkinson and T. Piketty (eds) *Top Incomes: A Global Perspective*, Oxford: Oxford University Press.

Atkinson, A.B. and Joseph E. Stiglitz (1969). "A New View of Technological Change" ,*Economic Journal*, 79: 573–8.

Baer, Werner (1995). *The Brazilian Economy: Growth and Development*, Westport: Praeger Publishers.

Bairoch, Paul (1975). *The Economic Development of the Third World since 1900*, London:Methuen.

Bairoch, Paul (1981). "The Main Trends in National Income Disparities since the Industrial Revolution" , in P. Bairoch and M. Levy-Laboyer (eds) *Disparities in Economic Development since the Industrial Revolution*, Basingstoke: Macmillan.

Bairoch, Paul (1982). "International Industrialization Levels from 1750 to 1980" , *Journal of European Economic History*, 11: 269–333.

Bairoch, Paul (1983). "A Comparison of Levels of GDP per capita in Developed and Developing Countries: 1700–1980" , *Journal of Economic History*, 43: 27–41.

Bairoch, Paul (1993). *Economics and World History: Myths and Paradoxes*, Chicago:Chicago University Press.

Bairoch, Paul and Richard Kozul-Wright (1996). "Globalization Myths: Some Historical Reflections on Integration, Industrialization and Growth in the World Economy" ,*UNCTAD Discussion Paper 13*, Geneva: United Nations.

Baran, Paul A. (1957). *The Political Economy of Growth*, New York: Monthly Review Press.

Baumol, W.J. (1967). "Macroeconomics of Unbalanced Growth: The Anatomy of Urban Crisis" , *American Economic Review*, 57: 415–26.

Baumol, W.J. (1986). "Productivity Growth, Convergence and Welfare: What the Long- Run Data Show" , *American Economic Review*, 76: 1072–1085.

Bell, M. and K. Pavitt (1993). "Accumulating Technological Capability in Developing Countries" , *Proceedings of the World Bank Annual Conference* on *Development Economics,*1992: 257–81.

Bértola, Luis and José Antonio Ocampo (2012). *The Economic Development of Latin America since Independence,* Oxford: Oxford University Press.

Bhaduri, Amit and Deepak Nayyar (1996). *The Intelligent Person's Guide to Liberalization,*New Delhi: Penguin Books.

Bhagwati, Jagdish (1978). *Foreign Trade Regimes and Economic Development: Anatomy and Consequences of Exchange Control,* Cambridge, Mass: Ballinger.

Blanchard, Olivier (2011). *Macroeconomics,* New York: Prentice Hall.

Booth, A. (1998). *The Indonesian Economy in the Nineteenth and Twentieth Centuries: A History of Missed Opportunities,* New York: St. Martin's Press.

Brenner, Robert (1985). "Agrarian Class Structure and Economic Development in Pre-Industrial Europe", in T.H. Aston and C.H.E. Philpin (eds) *The Brenner Debate: Agrarian Class Structure and Economic Development in Pre-Industrial Europe,* Cambridge: Cambridge University Press.

Brenner, Robert (1993). *Merchants and Revolution: Commercial Change, Political Conflict and London's Overseas Traders, 1550–1653,* Cambridge: Cambridge University Press.

Bourguignon,François and Christian Morrisson (2002). "The Size Distribution of Income among World Citizens: 1820–1992", *American Economic Review,* 92: 727–44.

Chang, Ha-Joon (1996). *The Political Economy of Industrial Policy,* London: Macmillan.

Chang, Ha-Joon (2002). *Kicking Away the Ladder: Development Strategy in Historical Perspective,* London: Anthem Press.

Chang, Ha-Joon (2004). "East Asian Industrialization", in H.J. Chang (ed.) *Rethinking Development Economics,* London: Anthem Press.

Chang, Ha-Joon (ed.) (2007). *Institutional Change and Economic Development,* Tokyo:UNU Press and London: Anthem Press.

Chang, Ha-Joon (2007a). *Bad Samaritans: Rich Nations, Poor Policies and the Threat to the Developing World,* London: Random House.

Chang, Ha-Joon (2010). *23 Things They Don't Tell You about Capitalism,* New York:Bloomsbury Press.

Chen, Shaohua and Martin Ravallion (2008). "The Developing World is Poorer than We Thought, But No Less Successful in the Fight against Poverty",

Policy Research Working Paper 4703, Washington DC: The World Bank.

Chen, Shaohua and Martin Ravallion (2012). "More Relatively-Poor People in a Less Absolutely-Poor World", *Policy Research Working Paper 6114*, Washington DC: The World Bank.

Chenery, Hollis B. (1960). "Patterns of Industrial Growth", *American Economic Review*,50: 624–54.

Chenery, Hollis B. and A. Strout (1966). "Foreign Assistance and Economic Development", *American Economic Review*, 56: 679–733.

Clark, Colin (1940). *The Conditions of Economic Progress*, London: Macmillan.

Clark, Gregory (2007). *A Farewell to Alms: A Brief Economic History of the World*, Princeton: Princeton University Press.

Clark, Gregory (2009). "Review of Angus Maddison, Contours of the World Economy:1–2030 AD", *Journal of Economic History*, 69: 1156–61.

Clemens, Michael A. and Jeffrey G. Williamson (2002). "Close Jaguar Open Dragon:Comparing Tariffs in Latin America and Asia before World War II", *NBER Working Paper Number w9401*, Cambridge, Mass: National Bureau of Economic Research.

Coase, R.H. (1937). "The Nature of the Firm", *Economica*, 4: 386–405.

Cornia, Giovanni Andrea and Sampsa Kiiski (2001). "Trends in Income Distribution in the post-World War II period: Evidence and Interpretation", *WIDER Discussion Paper89*, Helsinki: UNU-WIDER.

Dahlman, Carl, B. Ross-Larson, and Larry Westphal (1987). "Managing Technological Development: Lessons from Newly Industrializing Countries", *World Development*,15: 759–75.

Deaton, Angus (2005). "Measuring Poverty in a Growing World (or Measuring Growth in a Poor World)", *Review of Economics and Statistics*, 87: 353–78.

De Long, Bradford (1988). "Productivity Growth, Convergence and Welfare: Comment", *American Economic Review*, 78: 1138–54.

Diamond, Jared (1997). *Guns, Germs and Steel: The Fate of Human Societies*, New York:W.W. Norton.

Diaz-Alejandro, Carlos F. (1970). *Essays on the Economic History of the Argentine Republic*,New Haven: Yale University Press.

Diaz-Alejandro, Carlos F. (1975). "Trade Policies and Economic Development", in P. B. Kenen (ed.) *International Trade and Finance: Frontiers for Research*, Cambridge:Cambridge University Press.

Dunning, John H. (1983). "Changes in the Level Structure of International Production", in Mark Casson (ed.) *The Growth of International Business*, London: Allen and Unwin.

Easterly, William (2001). *The Elusive Quest for Growth*, Cambridge, Mass: The MIT Press.

Eichengreen, Barry and P. Gupta (2009). "The Two Waves of Services Sector Growth", *NBER Working Paper Series*, WP Number 14968, Cambridge, Mass: National Bureau of Economic Research.

Evans, Peter (1995). *Embedded Autonomy: States and Industrial Transformation*, Princeton:Princeton University Press.

Feenstra, R. (1998). "Integration of Trade and Disintegration of Production in the Global Economy", *Journal of Economic Perspectives*, 12: 31–50.

Findlay, Ronald (1976). "Relative Backwardness, Direct Foreign Investment and the Transfer of Technology: A Simple Dynamic Model", *Quarterly Journal of Economics*,92: 1–16.

Findlay, Ronald and Kevin H. O'Rourke (2007). *Power and Plenty: Trade, War and the World Economy in the Second Millennium*, Princeton: Princeton University Press.

Fisher, A.G.B (1935). *The Clash of Progress and Security*, London: Macmillan.

Fishlow, Albert (1972). "Origins and Consequences of Import Substitution in Brazil", inL.E. Di Marco (ed.) *International Economics and Development: Essays in Honour of Raul Prebisch*, New York: Academic Press.

Foley, Duncan (2009). "Economic Fundamentals of Global Warming", in J.M. Harris and N.R. Goodwin (eds) *Twenty-First Century Macroeconomics: Responding to the Climate Challenge*, Cheltenham: Edward Elgar.

Foreman-Peck, James (1983). *A History of the World Economy: International Economic Relations since 1850*, Brighton: Wheatsheaf Books.

Frank, Andre Gunder (1971). *Capitalism and Underdevelopment in Latin America*, Harmondsworth:Penguin Books.

Frank, Andre Gunder (1998). *Re-Orient: Global Economy in the Asian Age*, Berkeley:University of California Press.

Furtado, Celso (1970). *Economic Development in Latin America*, Cambridge: Cambridge University Press.

Gereffi, G., J. Humphrey and Timothy Sturgeon (2005). "The Governance of Global Value Chains", *Review of International Political Economy*, 12: 78–104.

Gerschenkron, Alexander (1962). *Economic Backwardness in Historical Perspective*, Cambridge,Mass: Harvard University Press.

Gomulka, Stanislaw (1970). "Extensions of the Golden Rule of Research of Phelps", *Review of Economic Studies*, 37: 73–93.

Heal, Geoffrey (2009). "The Economics of Climate Change: A Post-Stern Perspective", *Climate Change*, 96: 275–97.

Helleiner, Gerald K. (1973). "Manufactured Exports from Less Developed Countries and Multinational Firms", *Economic Journal*, 83: 21–47.

Helleiner, Gerald K. (ed.) (1992). *Trade Policy, Industrialization and Development*, Oxford:Clarendon Press.

Hill, Christopher (1966). *The Century of Revolution: 1603–1714*, New York:W.W. Norton.

Hill, H. (1996). *The Indonesian Economy Since 1966*, Cambridge: Cambridge University Press.

Hirschman, Albert O. (1958). *The Strategy of Economic Development*, New Haven: Yale University Press.

Hobsbawm, Eric (1987). *The Age of Empire, London: Weidenfeld and Nicolson.*

Hobson, John M. (2004). *The Eastern Origins of Western Civilization*, Cambridge: Cambridge University Press.

Humphrey, J. and Hubert Schmitz (2002). "How Does Insertion in Global Value Chains Affect Upgrading in Industrial Clusters", *Regional Studies*, 36: 1017–27.

Hymer, Stephen (1972). "The Multinational Corporation and the Law of Uneven Development", in J. Bhagwati (ed.) *Economics and World Order from the 1970s to the 1990s*. London: Macmillan.

ILO (1936). *World Statistics of Aliens: A Comparative Study of Census Returns 1910–1920–1930, Studies and Reports*, Series O (Migration),

Geneva: International Labour Office.

Jomo, K.S. (1993). *Industrializing Malaysia: Policy, Performance, Prospects*, London:Routledge.

Kaldor, Nicholas (1962). "Comment on Economic Implications of Learning by Doing" ,*Review of Economic Studies*, 29: 246–50.
Kaldor, Nicholas (1966). *Causes of Slow Rate of Growth in the United Kingdom*, Cambridge:Cambridge University Press.
Kaplinsky, Raphael (2005). *Globalization, Poverty and Inequality*, Cambridge: Polity Press.
Khor, Martin (2010). "The Equitable Sharing of Atmospheric and Development Space" ,*Research Paper 33*, Geneva: South Centre.
Kindleberger, Charles P. (1996). *World Economic Primacy: 1500–1990*, New York: Oxford University Press.
Kravis, I.B., A. Heston, and R. Summers (1982). *World Product and Income*, Baltimore:The Johns Hopkins University Press.
Krueger, A.O. (1978). *Foreign Trade Regimes and Economic Development: LiberalizationAttempts and Consequences*, New York: National Bureau of Economic Research.
Krugman, Paul (1987). "Is Free Trade Passé?" , *Journal of Economic Perspectives*, 1: 131–44.
Kuznets, Simon (1966). *Modern Economic Growth: Rate, Structure and Spread*, New Haven:Yale University Press.
Kuznets, Simon (1971). *Economic Growth of Nations*, Cambridge, Mass: Harvard University Press.

Lall, Sanjaya (1987). *Learning to Industrialize: The Acquisition of Technological Capability in India*, Basingstoke: Macmillan.
Lall, Sanjaya (1990). *Building Industrial Competitiveness in Developing Countries*, Paris:OECD Development Centre.
Lall, Sanjaya (1991). "Explaining Industrial Success in the Developing World" , in V.N. Balasubramanyam and S. Lall (eds) *Current Issues in Development Economics*,London: Macmillan.
Lall, Sanjaya (1992). "Technological Capabilities and Industrialization" , *World Development*,20: 165–86.

Lall, Sanjaya (1997). "Imperfect Markets and Fallible Governments: The Role of the state in Industrial Development", in Deepak Nayyar (ed.) *Trade and Industrialization*, Delhi:Oxford University Press.

Lall, Sanjaya (1998). "Thailand's Manufacturing Competitiveness: An Overview", in J. Witte and S. Koeberle (eds) *Competitiveness and Sustainable Economic Recovery in Thailand*, Bangkok: National Economic and Social Development Board.

Lall, Sanjaya (2000). "The Technological Structure and Performance of Developing Country Exports", *Oxford Development Studies*, 28: 337–69.

Lall, Sanjaya (2001). *Competitiveness, Technology and Skills*, Cheltenham: Edward Elgar.

Landes, David S. (1969). *The Unbound Prometheus: Technological Change and Industrial Development in Western Europe since 1750 to the Present*, Cambridge: Cambridge University Press.

Landes, David S. (1999). *The Wealth and Poverty of Nations: Why Some Are so Rich and Some so Poor*, New York: W. W. Norton.

Lee, Eddy (ed.) (1981). *Export-Led Industrialization and Development*, Geneva: ILO.

Lewis, W. Arthur (1954). "Economic Development with Unlimited Supplies of Labour",*The Manchester School*, 22: 139–91.

Lewis, W. Arthur (1978). *The Evolution of the International Economic Order*, Princeton:Princeton University Press.

Lin, Justin and Ha-Joon Chang (2009). "Should Industrial Policy in Developing Countries Conform to Comparative Advantage or Defy It?", *Development Policy Review*, 27:483–502.

Little, I.M.D., T. Scitovsky, and M. Scott (1970). *Industry and Trade in Some Developing Countries: A Comparative Study*, London: Oxford University Press.

Lucas, Robert E. (2000). "Some Macroeconomics for the 21st Century", *Journal of Economic Perspectives*, 14: 159–68.

Maddison, Angus (1983). "A Comparison of Levels of GDP per capita in Developed and Developing Countries, 1700–1980", *Journal of Economic History*, 43: 27–41.

Maddison, Angus (1989). *The World Economy in the Twentieth Century*, Paris: OECD Development Centre.

Maddison, Angus (1995). *Monitoring the World Economy: 1820–1992*, Paris: OECD Development Centre.

Maddison, Angus (2001). *The World Economy: A Millennial Perspective*, Paris: OECD Development Centre.

Maddison, Angus (2003). *The World Economy: Historical Statistics*, Paris: OECD.

Maddison, Angus (2007). *Contours of the World Economy, 1–2030 AD: Essays in Macroeconomic History*, Oxford: Oxford University Press.

Marglin, Stephen and Juliet Schor (eds) (1990). *The Golden Age of Capitalism*, Oxford:Clarendon Press.

Massey, D. (1988). "Economic Development and International Migration in Comparative Perspective", *Population and Development Review*, 14: 383–413.

McMillan, Margaret and Dani Rodrik (2011). "Globalization, Structural Change and Productivity Growth", in M. Bacchetta and M. Jansen (eds) *Making Globalization Socially Sustainable*, Geneva: ILO-WTO.

Milanovic, Branko (2005). *Worlds Apart: Measuring International and Global Inequality*,Princeton: Princeton University Press.

Milanovic, Branko (2011). *The Haves and the Have-Nots: A Brief and Idiosyncratic History of Global Inequality*, New York: Basic Books.

Morris, Ian (2010). *Why The West Rules—For Now: The Patterns of History and What They Reveal about the Future*, New York: Farrar, Straus and Giraux, Picador.

Nayyar, Deepak (1978). "Transnational Corporations and Manufactured Exports from Poor Countries", *Economic Journal*, 88: 59–84.

Nayyar, Deepak (1988). "Political Economy of International Trade in Servises", *Cambridge Journal of Economics*, 12: 279–98.

Nayyar, Deepak (1994). *Migration, Remittances and Capital Flows: The Indian Experience*,Delhi: Oxford University Press.

Nayyar, Deepak (1994a). "International Labour Movements, Trade Flows and Migration Transitions", *Asia and Pacific Migration Journal*, 3: 31–48.

Nayyar, Deepak (ed.) (1994b). *Industrial Growth and Stagnation: The Debate in India*,Delhi: Oxford University Press.

Nayyar, Deepak (1996). "Free Trade: Why, When and For Whom?", *Banca Nazionale del Lavoro Quarterly Review*, 49: 333–50.

Nayyar, Deepak (1997). "Themes in Trade and Industrialization", in

Deepak Nayyar (ed.)*Trade and Industrialization*, Delhi: Oxford University Press.

Nayyar, Deepak (1998). "International Trade and Factor Mobility: Economic Theory and Political Reality" , in Deepak Nayyar (ed.) *Economics as Ideology and Experience*,London: Frank Cass.

Nayyar, Deepak (2002). "Cross-Border Movements of People" , in Deepak Nayyar (ed.)*Governing Globalization: Issues and Institutions*, Oxford: Oxford University Press.

Nayyar, Deepak (2003). "Globalization and Development Strategies" , in John Toye (ed.)*Trade and Development: Directions for the Twenty-first Century*, Cheltenham: EdwardElgar.

Nayyar, Deepak (2006). "Globalization, History and Development: A Tale of Two Centuries" ,*Cambridge Journal of Economics*, 30: 137–59.

Nayyar, Deepak (2008). "International Migration and Economic Development" , in Narcis Serra and Joseph E. Stiglitz (eds) *The Washington Consensus Reconsidered:Towards a New Global Governance*, Oxford: Oxford University Press.

Nayyar, Deepak (2008a). "The Internationalization of Firms from India: Investment,Mergers and Acquisitions" , *Oxford Development Studies*, 36: 111–31.

Nayyar, Deepak (2008b). *"Learning to Unlearn from Development"*, Oxford Development Studies, 36: 259–80.

Nayyar, Deepak (2009). "Developing Countries in the World Economy: The Future in the Past?" , *WIDER Annual Lecture 12*, Helsinki: UNU-WIDER.

Nayyar, Deepak (2010). "China, India, Brazil and South Africa in the World Economy:Engines of Growth?" , in Amelia U. Santos-Paulino and Guanghua Wan (eds) *Southern Engines of Global Growth*, Oxford: Oxford University Press.

Nayyar, Deepak (2011). "The Financial Crisis, the Great Recession and the Developing World" , *Global Policy*, 2: 20–32.

Nayyar, Deepak (2011a). "Economic Growth and Technological Capabilities in Emerging Economies" , *Innovation and Development*, 1: 245–58.

Nayyar, Gaurav (2012). *The Service Sector in India's Economic Development*, New York:Cambridge University Press.

Nayyar, Rohini (1991). *Rural Poverty in India: An Analysis of Inter-State Differences*, Delhi:Oxford University Press.

Nelson, Richard and E.S. Phelps (1966). "Investment in Humans, Technological Diffusionand Economic Growth", *American Economic Review*, 56: 69–75.

Nelson, Richard and S.J. Winter (1982). *An Evolutionary Theory of Economic Change*,Cambridge: Cambridge University Press.

Noman, Akbar, Kwesi Botchwey, Howard Stein, and Joseph E. Stiglitz, (2012). *Good Growth and Governance in Africa: Rethinking Development Strategies*, Oxford: Oxford University Press.

North, Douglass C. (1990). *Institutions, Institutional Change and Economic Performance*,Cambridge: Cambridge University Press.

Ocampo, José Antonio (2011). "Global Economic Prospects and the Developing World" ,*Global Policy*, 2: 10–19.

Ocampo, José Antonio and Joseph E. Stiglitz (eds) (2008). *Capital Market Liberalizationand Development*, Oxford: Oxford University Press.

Ocampo, José Antonio, Codrina Rada, and Lance Taylor (2009). *Economic Structure,Policy and Growth in Developing Countries*, New York: Columbia University Press.

Ohkawa, K. and Henry Rosovsky (1973). *Japanese Economic Growth: Trend Acceleration in the Twentieth Century*, Stanford: Stanford University Press.

O'Neill, J., S. Lawson, D. Wilson, et al. (2004). *Growth and Development: The Path to 2050*, London: Goldman Sachs.

O'Rourke, Kevin and Jeffrey G. Williamson (1999). *Globalization and History: The Evolution of a Nineteenth Century Atlantic Economy*, Cambridge, Mass: The MIT Press.

Pack, H. and L. Westphal (1986). "Industrial Strategy and Technological Change:Theory and Reality" , *World Development*, 12: 87–128.

Palma, J. Gabriel (2011). "Homogeneous Middles vs. Heterogeneous Tails, and the End of the Inverted-U: It's All About the Share of the Rich" , *Development and Change*,42: 87–153.

Parthasarathi, Prasannan (2011). *Why Europe Grew Rich and Asia Did Not: Global Economic Divergence, 1600–1850*, Cambridge: Cambridge University Press.

Perlin, Frank (1983). "Proto-Industrialization and Pre-Colonial South Asia" , *Past and Present*, 98: 30–95.

Pogge, Thomas and Sanjay Reddy (2010). "How Not to Count the Poor" , in Joseph E. Stiglitz, Sudhir Anand, and Paul Segal (eds) *Debates in the Measurement of Poverty*,Oxford: Oxford University Press.

Polanyi, Karl (1944). *The Great Transformation: The Political and Economic Origins of Our Times*, Boston: Beacon Press.

Pomeranz, Kenneth (2000). *The Great Divergence: China, Europe and the Making of the Modern World Economy*, Princeton: Princeton University Press.

Pritchett, Lant (1996). "Measuring Outward Orientation in LDCs: Can it Be Done?" ,*Journal of Development Economics*, 49: 307–35.

Pritchett, Lant (1997). "Divergence, Big Time" , *Journal of Economic Perspectives*, 11: 3–17.

Ranis, Gustav (ed.) (1992). *Taiwan: From Developing to Mature Economy*, Boulder: Westview Press.

Rasiah, R. (1995). *Foreign Capital and Industrialization in Malaysia*, London: Macmillan.

Reinert, Erik S. (2007). *How Rich Countries Got Rich and Why Poor Countries Stay Poor*,New York: Carroll and Graf.

Robertson, D.H. (1938). "The Future of International Trade" , *Economic Journal*, 48: 1–14.

Rodrik, Dani (1992). "Closing the Productivity Gap: Does Trade Liberalization Really Help?" In G.K. Helleiner (ed.) *Trade Policy, Liberalization and Development*, Oxford:Clarendon Press.

Rodrik, Dani (1997). *Has Globalization Gone Too Far?* Washington DC: Institute for International Economics.

Rodrik, Dani (2005). "Rethinking Growth Strategies" , *WIDER Annual Lecture 8*, Helsinki:UNU-WIDER.

Ros, Jamie (1994). "Mexico's Trade and Industrialization Experience since 1960" , in G.K. Helleiner (ed.) *Trade Policy and Industrialization in Turbulent Times*, New York:Routledge.

Rosenberg, N. (1994). *Exploring the Black Box: Technology, Economics, and History*, Cambridge:Cambridge University Press.

Rowthorn, Robert E. (2008). "The Renaissance of China and India" , in Philip Arestis and John Eatwell (eds) *Issues in Economic Development and Globalization: Essays in Honour of Ajit Singh*, London: Palgrave.

Rowthorn, Robert E. and John R. Wells (1987). *De-Industrialization and Foreign Trade*,Cambridge: Cambridge University Press.

Said, Edward (1978). *Orientalism*, New York: Random House.

Sala-i-Martin, X. (2006). "The World Distribution of Income", *Quarterly Journal of Economics*, 121: 351–97.

Schumpeter, Joseph A. (1942). "The Creative Response in Economic History", *Journal of Economic History*, 7: 149–59.

Sen, Amartya (1976). "Poverty: An Ordinal Approach to Measurement", *Econometrica*, 44: 219–31.

Sen, Amartya (1999). *Development as Freedom*, New York: Alfred E. Knopf.

Shapiro, Helen and Lance Taylor (1990). "The State and Industrial Strategy", *World Development*, 18: 861–78.

Sharpston, M. (1975). "International Subcontracting", *Oxford Economic Papers*, 27:94–135.

Solimano, Andrés (ed.) (2008). *The International Mobility of Talent: Types, Causes and Development Impact*, Oxford: Oxford University Press.

Solow, Robert M. (1956). "A Contribution to the Theory of Economic Growth", *Quarterly Journal of Economics*, 70: 65–94.

Stalker, P. (1994). *The Work of Strangers: A Survey of International Labour Migration*, Geneva: International Labour Office.

Stern, Nicholas (2007). *The Economics of Climate Change*, Cambridge: Cambridge University Press.

Stewart, Frances (1985). *Planning to Meet Basic Needs*, London: Macmillan.

Stewart, Frances (2007). "Do We Need a 'New Great Transformation'? Is One Likely?", in George Mavrotas and Anthony Shorrocks (eds) *Advancing Development: Core Themesin Global Economics*, Basingstoke: Palgrave Macmillan.

Stiglitz, Joseph E. (1989). "On the Economic Role of the State", in A. Heertje (ed.) *The Economic Role of the State*, Oxford: Basil Blackwell.

Stiglitz, Joseph E. (1998). "More Instruments and Broader Goals: Moving toward the Post-Washington Consensus", *WIDER Annual Lecture 2*, Helsinki: UNU-WIDER.

Streeten, Paul (1981). *First Things First: Meeting Basic Needs in Developing Countries*, Oxford: Oxford University Press.

Sturgeon, Timothy J. and Olga Memedovic (2011). "Mapping Global Value Chains:Intermediate Goods and Structural Change in the World Economy", *Development Policy and Strategic Research Branch Working Paper*

05/2010, UNIDO, Vienna.

Taylor, Lance (1994). "Gap Models", *Journal of Development Economics*, 45: 17–34.

Taylor, Lance (2007). "Development Questions for 25 Years", in George Mavrotas and Anthony Shorrocks (eds) *Advancing Development: Core Themes in Global Economics*,Basingstoke: Palgrave Macmillan.

Taylor, Lance (2010). *Maynard's Revenge: The Collapse of Free Market Macroeconomics*,Cambridge, Mass: Harvard University Press.

Tinker, H. (1974). *A New System of Slavery: The Export of Indian Labour Overseas: 1830–1920*, Oxford: Oxford University Press.

UNCTAD (1994). *World Investment Report 1994*, Geneva: United Nations.

UNCTAD (2006). *World Investment Report: FDI from Developing Countries and Transition Economies: Implications for Development*, New York and Geneva: United Nations.

UNCTAD (2011). *The Least Developed Countries 2011 Report*, New York and Geneva:United Nations.

UNIDO (1981). *World Industry in 1980*, New York: United Nations.

United Nations (2006). *Diverging Growth and Development, World Economic and Social Survey 2006*, New York: United Nations.

United Nations (2011). *The Great Green Technological Transformation, World Economic and Social Survey 2011*, New York: United Nations.

Veblen, Thorstein (1915). *Imperial Germany and the Industrial Revolution*, London:Macmillan.

Wade, Robert (1990). *Governing the Market: Economic Theory and the Role of Government in East Asian Industrialization*, Princeton: Princeton University Press.

Williamson, Jeffrey G. (1996). "Globalization, Convergence and History", *Journal of Economic History*, 56: 277–306.

Williamson, Jeffrey G. (2002). "Winners and Losers over Two Centuries of Globalization", *WIDER Annual Lecture 6*, Helsinki: UNU-WIDER.

Williamson, John (1994). *The Political Economy of Policy Reform*, Washington DC:Institute of International Economics.